שיעורים בעברית
שלב א

Camera-ready copy for this volume has been furnished by the author.

שיעורים בעברית
שלב א

Lessons in Modern Hebrew

Level I

Edna Amir Coffin

Ann Arbor The University of Michigan Press

Copyright © by The University of Michigan 1977
All rights reserved
ISBN 0-472-08225-6
Library of Congress Catalog Card No. 76-49149
Published in the United States of America by
The University of Michigan Press and simultaneously
in Rexdale, Canada, by John Wiley & Sons Canada, Limited
Manufactured in the United States of America

1986   1985   10   9

PREFACE

The writing of this book was a direct result of a need for a comprehensive textbook in Modern Hebrew to be used in instruction at university and other adult language classes outside of Israel. The materials presented in this book aim at maintaining a level of linguistic and cultural content commensurate with the background and ability of its intended users. The guidelines for learning and the study materials are especially designed for the English speaking student who wants to acquire an active control of Modern Israeli Hebrew (MIH).

MIH as a language of both written and oral communications is the target language. This needs emphasis as there is often a tendency to present beginning students with more than one level of language. Hebrew has a long history, and as a result it can be classified according to its many historical stages of development, each of which has its own unique characteristics. Thus Biblical Hebrew, Mishnaic Hebrew, Medieval Literary Hebrew, 18th and 19th century early Modern Hebrew, and Modern Israeli Hebrew, all have many unifying features, but can also be distinguished from one another as sub-languages within one language grouping. While MIH exhibits many of the characteristics of the earlier stages of Hebrew, it has developed and continues to develop a character of its own. What is "correct" (normative) for Biblical Hebrew, is not necessarily acceptable in MIH. The differences encompass all areas of language: vocabulary usage, morphological and syntactic structures, and phonological features. Modern Hebrew itself has more than one stage of development, and thus the Hebrew used for writing literature in the 19th century in Europe is not the same Hebrew employed by writers in Israel today, and certainly not the same as the spoken medium of today.

For the purpose of language study it is not only necessary to define

what stage of Hebrew is being taught, but also the style of MIH being
presented. Every language has several distinctive styles and registers
which are used by different social, geographical or ethnic groups, and at
different social circumstances. Speech communities can thus be defined by
such criteria as age, socio-economic classes or special environments. The
same speaker may employ different styles of language for different activities:
a formal style for delivering a speech, an informal style while talking to
friends, and children's language while addressing one's baby. In MIH the
geographical factor is not one of consequence, as the various parts of
Israel have not developed noticable dialects. However, it is possible to
distinguish such styles as: formal address language, street language, army
slang, children's language, the language of the communication media, modern
fiction style, and standard spoken Hebrew.   In the spoken language, while
no geographical dialects have emerged, there are certain characteristics of
speech which distinguish communities of speakers by their country of origin
outside of Israel.

The mixed style of language presented in this text is the communication
language and the standard spoken language. Substandard spoken dialects
such as street language or children's language are avoided.   Literary Hebrew
as used in contemporary works of fiction, is presented in the later reading
selections, especially in Level II, when the selections themselves suggest
the necessity for such a style.

Lessons in Modern Hebrew is a series of two volumes and is designed
to cover the elementary as well as the intermediate stages of MIH instruction.
Level I is designed to cover the elementary stage of instruction, while
Level II provides instruction for the intermediate level. While no specific
time is assigned for covering the materials in these books, each one can be
completed in one academic year.

Lessons in Modern Hebrew, Level I contains the following subject
matters: an introduction to reading, writing and pronunciation of MIH,
a discussion of the sound system, major verb conjugation patterns (not inclu-
ding the passive conjugations of pu'al and huf'al which are included in
Level II); nouns and prepositions and their inflections; the root and

pattern system; and many of the major syntactic structures of MIH.

The student is given explanations of grammar and vocabulary in English, which are followed by drills and exercises to reinforce the new concepts. The drills are highly controlled in order to establish command over new patterns and structures. They are followed by less controlled exercises (in the same lesson) in order to give the student ample opportunity to use the new vocabulary items and structures for individual expression.

All four language skills are presented simultaneously: (1) comprehension of written and oral materials; (2) reading of unvoweled texts; (3) writing of directed sentences and paragraphs as well as free compositions and (4) speaking. Speaking serves not only for communication but to test the student's ability to produce correct sentences instantaneously as well as check on his control of vocabulary. Extensive readings without vowels demand that the student know his vocabulary well as well as recognize grammatical patterns. Writing encourages correct spelling as well as building correct sentences and experimenting with new vocabulary items and structures.

There is emphasis on both audio-lingual intensive drills in class or with the use of tapes, as well as on the cognitive approach to language learning. The latter offers the students explanations, contrastive analysis and makes extensive use of such exercises as translations from one language to the other. Because of the audio-lingual emphasis for teaching all four skills, and since the texts are unvocalized, there are tapes which accompany each lesson. The tapes constitute an integral part of the instructional materials, and greatly enhance correct pronunciation, reading competence, and control of new structures.

The Structure of the Book. The book contains an introduction, as well as twenty lessons. Sixteen lessons present new materials, while four lessons are review lessons. There is a Hebrew-English glossary at the end of the volume. A list of verbs used in the first volume is also included, containing verb forms in all tenses and moods, organized by pattern and root. An additional list of prepositions which appeared in the first volume, with their inflections, also appears at the end of the book. This is followed by an appendix, which contains notes on MIH phonology and some rules of vocalization.

The Structure of the Lessons. The format of each of the sixteen lessons where new materials are presented is similar. Each lesson starts with a list of new vocabulary items. The vocabulary items may be bound morphemes, words, or idioms. The Hebrew listing is done in two columns. The first column presents the new items in their unvocalized form, while the second column provides the vocalization for the item. When nouns are presented the gender indication appears in the first column. The plural form is provided in the second column. If adjectives, nouns which refer to people, or verbs are presented, no gender indication is given. The singular masculine and the singular feminine forms are presented in both columns when the new item is a noun or an adjective. When verbs are given, the first column contains the vocalized forms of the verbs in tense, while the middle column contains the infinitive forms, often with the preposition which usually follows the particular verb. Equivalences in English are given in the third column.

Vocabulary notes are attached to the section dealing with new vocabulary items. These notes may provide explanations for a particularly problematical item, which can cause some confusion for the English speaking student. Or, beginning with Lesson 12, the vocabulary notes present the students with roots and some of their derivations, both in the noun and in the verb systems, as well as their usage in idiomatic expressions. These notes are meant to heighten the students' awareness and comprehension of the nature of roots and their relationships in the semantic system of MIH. These lists are not meant to be studied as new vocabulary items.

Basic Texts follow the introduction to vocabulary. Their function is to introduce the new vocabulary items as well as the new grammatical structures in context. Thus, they are included in a meaningful reading which can be used for drilling oral expression, comprehension and reading skills as well.

Most of the texts are organized around a specific topic. Choice of vocabulary is thus not only determined by lists of frequency but also by the topic of the text. The texts are not voweled, as it is felt that the students must get used to the standard way in which texts of MIH are printed today in Israel. Occasionally, to avoid confusion, parts of individual words contain vowels. The texts contain both dialogues and reading passages. In Lessons in Modern Hebrew, Level II, all of the reading selections consist of passages rather than dialogues. All texts are recorded on tapes, and correct readings can be achieved by using the tapes which accompany the texts.

Grammar and Exercises. Several major grammar points are presented in each lesson. The structure is explained using many examples. The grammar notes are followed by drills and exercises, so that the students can immediately apply what they learn. The drills contained in the lesson are designed to teach the new constructions by having the students "overlearn" them. These activities can take place in class and outside of class, using tapes. There are several types of such drills: repetition drills, substitution drills and transformation drills. The written exercises, on the other hand, contain problem solving assignments as well as creative activities. Included are translations, completion of sentences, choice of items within sentences, as well as suggestions for compositions.

Additional texts and activities are provided at the end of each lesson in order to review and expand the knowledge gained by the student in that particular lesson.

The review lessons at the end of each segment of four lessons are extremely important, as they give the students an opportunity to review both grammar and vocabulary, and to integrate what they have learned. While not all vocabulary can be included, but there is an attempt to use many of the less frequently used items.

The author of this book has consulted frequency lists accumulated by Balgur, Rieger and Haramati, as well as the Hebrew-English dictionaries of Alcalay and Levenston-Sivan.

בלגור, רפאל. רשימת מילות יסוד לבית הספר, ת"א, ארצר המורה,1968.

ריגר, אליעזר. אוצר מלות היסוד של הלשון העברית השימושית, ירושלים, הוצאת בית המדרש למורים העברי, תרצ"ה.

הרמתי, שלמה. "רשימת מלים יסודיות לחינוך קוראי עברית בתפוצות",
ספר קמרט, המועצה להנחלת הלשון, ירושלים, תשל"א.

Alcalay, Reuven. The Complete Hebrew-English Dictionary, Prayer Book Press,
Hartford, Connecticut, 1965.

Levenston, E. A. and Sivan, R. The Megiddo Modern Dictionary Hebrew-English,
The Megiddo Publishing Co., Tel Aviv, 1966.

An appendix at the end of Level I includes a description of the sound
system in MIH, and some rules of vocalization. A Hebrew-English glossary
can also be found, following the appendix, in which the Hebrew items appear
in unvoweled form.

Tapes are provided for each lesson and are an integral part of the
course. They supply the students with correct vowels necessary for reading
the text and reinforce correct pronunciation, as well as develop listening
skills. The tape for each lesson contains the vocabulary list, basic
and additional texts, some tables, and all drills presented in the grammar
section.

I would like to thank Professors Arnold Band of the Near Eastern Studies
Department at UCLA and Professor Ernest McCarus of the Near Eastern Studies
Department at the University of Michigan for their help and encouragement.
Special thanks are due to the teaching fellows in the Modern Hebrew classes
at the University of Michigan for their many suggestions. In particular I
appreciated the countless efforts of Oded Borowski, Deborah Lanyi, Miri
Livnat and Ziona Kopelovich-Hanash.

TABLE OF CONTENTS

INTRODUCTION TO READING, WRITING, AND PRONUNCIATION

The Hebrew Alphabet

The Hebrew alphabet consists of twenty two letters, all of which rep-
resent consonants. Vowels are represented by a set of symbols consisting of
diacritical marks, most of which appear below or above the consonants. Modern
Hebrew texts are written with or without the vowel markings.

There are two sets of alphabetical symbols: a set used in print, and a
set used in writing (the cursive alphabet). The Hebrew letters have a numerical
value and are used for counting, and as such, they are used to indicate dates in
the Hebrew calendar.

Hebrew is written from right to left. None of the letters are joined.
The space left between words is exceedingly important, as there is no other
formal indication of the beginning and the end of individual words.

In these lessons there is a limited use of romanized transcription for
Hebrew letters. For the most part, symbols used in the transcription of Hebrew
letters resemble the English letters of corresponding sounds. The following
symbols, however, need some explanation: /x/ is used to represent the letters
ח xet and כ xaf, which are pronounced like the ch in the name Bach in the
original German. The symbol /c/ is used to represent צ cadi, which is
pronounced ts, and the symbol /'/ stands for the letters א alef and ע ayin,
which are silent except when combined with vowels: ga-'on גאון , pa-'il
פעיל.

Table of Consonants

Name of Letter	Transcription	Number Value	Cursive	Print	Letter
/alef/	'	1	א	א	אלף
/bet/; /vet/	b; v	2	ב	ב	בית
/gimel/	g	3	ג	ג	גימל
/dalet/	d	4	ד	ד	דלת
/he/	h	5	ה	ה	הא
/vav/	v	6	ו	ו	וו
/zayin/	z	7	ז	ז	זין
/xet/	x	8	ח	ח	חית
/tet/	t	9	ט	ט	טית
/yod/	y	10	י	י	יוד
/kaf/; /xaf/	k; x	20	כ;ך	כ;ך	כף
/lamed/	l	30	ל	ל	למד
/mem/	m	40	מ;ם	מ;ם	מם
/nun/	n	50	נ;ן	נ;ן	נון
/samex/	s	60	ס	ס	סמך
/ayin/	'	70	ע	ע	עין
/pe/; /fe/	p; f	80	פ;ף	פ;ף	פא
/cadi/	c	90	צ;ץ	צ;ץ	צדי
/kof/	k	100	ק	ק	קוף
/resh/	r	200	ר	ר	ריש
/shin/;/sin/	sh; s	300	ש	שׁ;שׂ	שין
/tav/	t	400	ת	ת	תו

Notes:

The special symbol /´/ is combined with the three letters צ cadi,

ז zayin, and ג gimel to represent sounds found only in words of foreign

origin. Thus צ׳ is pronounced /ch/ as in Charley צ׳ארלי; ז׳ is /ž/ as in

garage גראז׳; and ג׳ is /j/ as in George ג׳ורג.

The following five letters כ kaf, מ mem, נ nun, פ pe, and

צ cadi have two forms: a non-final form used when the letter appears in an

initial or medial position in the word, and a final form used only when it is

the last letter in a word.

Final	Non-final	Letter
ך	כ	כף
ם	מ	מם
ן	נ	נון
ף	פ	פא
ץ	צ	צדי

The three letters ב bet, כ kaf, and פ pe, represent consonants

whose phonetic values change according to their position in a word or syllable.

The presence of a diacritical mark, called dagesh דגש, in the letters indi-

cates one type of sound. Thus the letters ב,כ,פ with a dagesh are pronounced

/b/ בּ, /k/ כּ, /p/ פּ. The absence of a dagesh in these same letters

indicates another type of sound, and the letters ב,כ,פ without a dagesh are

pronounced /v/ ב, /x/ כ, /f/ פ. When in the initial word position, the

letters are always pronounced /b/, /k/, /p/, while in the final word position the

letters are always pronounced /v/, /x/, /f/.

Examples:

/bayit/	"house"	בּית	/sav/	"grandfather"	סב
/perek/	"chapter"	פרק	/kaf/	"spoon"	כף
/kerem/	"vineyard"	כרם	/derex/	"way"	דרך

The letter שׁ shin represents two different sounds: /sh/ and /s/. This difference is also indicated by a diacritical mark: a dot appearing at the top right hand side of the letter שׁ signifies the sound /sh/, while a dot at the top left hand side שׂ signifies /s/.

Examples:

/shalom/	"peace"	שָׁלוֹם
/sara/	"Sarah"	שָׂרָה

The Vowel System

In the Hebrew writing system there are nine simple vowel signs and three compound vowel signs. These do not reflect the vowel phonemes (sound units) currently used in Modern Hebrew, but rather those of an earlier period when this vowel system was devised. Chosen over two other types of voweling systems, the Tiberian one is currently in use.

Today there are five major vowels in the sound system of Modern Hebrew, and another two which function as alternates. The five major vowels are: a, o, i, u, e; and the alternate vowels are: ey, and ə (short /e/). While short and long vowels did exist in the past, at present the length of a vowel is determined by the stress on the word. Linking several words in normal rapid speech affects the vowel length by either shortening or eliminating vowels.

4

Table of Vowels

Transcription	Name of Vowel	Vowel Sign	Vowel
/a/ as in car	kamac	חָ	קמץ
/o/ as in more	kamac katan	חָ	קמץ קטן
/a/ as in car	patax	חַ	פתח
/e/ as in set	cere	חֵ	צירה
or /ey/ as in rate		חֵי	
/e/ as in set	segol	חֶ	סגול
			חיריק
/i/ as in deep	xirik xaser	חִ	חיריק חסר
/i/ as in deep	xirik male	חִי	חיריק מלא
			חולם
/o/ as in more	xolam xaser	חֹ	חולם חסר
/o/ as in more	xolam male	חוֹ	חולם מלא
/u/ as in room	kubuc	חֻ	קבוץ
/u/ as in room	shuruk	חוּ	שורוק
			שוא
/ / as in remote	shva-na	חְ	שוא-נע
0	shva-nax	חְ	שוא-נח

Compound Vowels:

Transcription	Name of Vowel	Vowel Sign	Vowel
/o/ as in more	xataf-kamac	חֳ	חטף-קמץ
/a/ as in car	xataf-patax	חֲ	חטף-פתח
/e/ as in set	xataf-segol	חֱ	חטף-סגול

The Sound System

Although many Hebrew sounds are quite similar to English ones, they are not identical. The following table contains the sounds which have corresponding phonemes in English and sounds which are different from English.

Table of Sounds

A. Sounds with corresponding phonemes in English:

Hebrew Letters	Transcription	Examples
ד	/d/	as in deep
ו,ב	/v/	as in value
בּ	/b/	as in bread
ז	/z/	as in zero
פּ	/p/	as in play
פ,ף	/f/	as in proof
ט,ת	/t/	as in flat
שׂ,ס	/s/	as in snow
צ,ץ	/c/	as in boats
צ',ץ'	/č/	as in Charley
שׁ	/sh/	as in fish
ק,כּ	/k/	as in keg
ה	/h/	as in hot
ג	/g/	as in glad
ג'	/j/	as in joy
ז'	/ž/	as in measure

<u>Table of Sounds</u> (cont'd)

מ, ם	/m/	as in <u>m</u>ay
נ, ן	/n/	as in <u>n</u>ever
י	/y/	as in <u>y</u>ear

B. Sounds different from English:

ר	/r/	two possible pronunciations: a. similar to French or German /r/ back uvular trill b. similar to Russian or Spanish /r/ front tongue trill
ל	/l/	"light" /l/ as pronounced in <u>l</u>et rather than the one combined with /a/ or /o/ as in ca<u>ll</u>
ח, כ, ך	/x/	pronounced like <u>ch</u> in German Ba<u>ch</u>
א, ע	/'/	glottal stop

The voiceless stops /p/, /t/, and /k/ are often aspirated when in an initial position in English, but little or no aspiration occurs in Hebrew. These stops are uttered clearly at the end of words, unlike English where they tend to disappear in final position.

The sound /x/ does not exist in the English sound system. English speakers, therefore, tend to pronounce it as /h/. There is a tendency to confuse /x/ with /h/ and to substitute one for the other, especially when they occur in close proximity. A clear description of the /x/ sound was given by H. Blanc in his advice to beginning students: it is a "sound... produced in the rearmost portion of the mouth by scraping the back of the palate; it is the rasping sound

7

found in German words such as <u>Bach</u>." Students have often been exposed to this sound in foreign words or in foreign names, and with practice one should be able to produce it.

In Modern Hebrew the sound /r/ can be realized in two ways: among native speakers the most common pronunciation is that of an uvular trill, i.e., a trill produced in the back of the throat similar to the sound made while gargling. On the other hand, many oriental speakers, and others of Romanian or Russian origin, prefer to use the front trilled /r/ which exists in Arabic, Spanish, Russian and Romanian. This /r/ is produced by placing the tip of the tongue at the center of the roof of the mouth, directly behind the teeth. When the tongue is in this position, a trill is produced. Many English speakers find this front trilled /r/ easier to produce than the uvular trill. The English /r/ is not a satisfactory substitute for either one of the accepted pronunciations of the Hebrew /r/. With adequate drills the new /r/ can be mastered. After practicing both sounds of /r/, the student should choose whichever is easier for him to produce.

The Hebrew /l/ is produced in much the same manner as the initial English /l/. The tongue tip is centered directly behind the teeth touching the roof of the mouth, while the rest of the tongue is depressed. This tongue position is very important for the pronunciation of the "light" /l/. It is recommended that the student pronounce the following English words, while being fully aware of where and how the /l/ sound is produced: let, lesson, live, life. Contrast it with the /l/ produced following a vowel, i.e., the "dark" /l/: ball, full, hill. When the "dark" /l/ is pronounced, the speaker raises the back of his tongue, rather than depressing it, as is done when the "light" /l/ is produced. Once this difference is felt and understood, the student, with appropriate practice, should be able to adopt this new /l/ as part of his sound system when speaking Hebrew.

Many Israelis do not pronounce the sound /h/, especially when speaking at a normal pace. Although the student should be required to produce this sound, which is not foreign to his sound inventory, he should be aware that in rapid speech this sound is often dropped or replaced by /'/.

Hebrew vowels do not have exact equivalents in English. They are neither short nor long, but rather medium in length. Thus, neither "slip" nor "sleep", but rather something in between, would fit adequately the length of the Hebrew vowel /i/.

The /o/ and /a/ vowels in Hebrew are especially difficult for English speakers, for their length and the manner in which they are pronounced differ from that in English. In English, the /o/ vowel has several realizations, as in "home" as opposed to the one in "doll." The Hebrew /o/ is similar to the one produced in such English words as "short" or "storm."

The /a/ sound in Hebrew is similar to the English vowel as pronounced in the word "car", rather than to the /a/ as pronounced in the word "back."

Stress and Intonation Patterns

Stress in Modern Israeli Hebrew usually falls on the last or penultimate syllable (the syllable before the last). When the last syllable is accented, the stress is known as <u>milra'</u> מִלְרַע ; when the penultimate syllable is accented, the stress is known as mil'el מִלְעֵיל . The final syllable stress of milra'

predominates. In very few words of three syllables or more, especially ones of

foreign origin, the stress is put on the first syllable.

Examples:

milra':	/xavér/	"friend"	חָבֵר
mil'el:	/maxbéret/	"notebook"	מַחְבֶּרֶת
mil'el:	/télefon/	"telephone"	טֶלֶפוֹן

In Hebrew, stress is phonemic, that is, a stress pattern can make a

difference in meaning if two words are identical in all other respects. Stress

is a meaningful sound unit which constitutes a distinct feature in a word. Note

the difference in meaning resulting from the contrast in stress in the following

words:

/xéresh/	"quietly"	חֶרֶשׁ
/xerésh/	"deaf"	חֵרֵשׁ
/bíra/	"beer"	בִּירָה
/birá/	"capital"	בִּירָה

In the rapid speech of native speakers, words are often linked together.

A process of elisions, reductions and an assimilation of individual sounds, as

well as a change in the stress pattern occur. Observe the differences between

slow unnatural speech, where every word is pronounced separately, and normal

rapid speech, where the same words are linked together:

Slow Speech		Rapid Speech	
má zót oméret	מה זאת אומרת?	maztoméret	"what does it mean?"
míshehu hayá pó	מישהו היה פה.	míshwaya po	"somebody was here."

10

Note the loss of vowels and the /h/, as well as the change in stress. In the
sentences above, there is only one primary stress which is in the penultimate
position.

Intonation patterns are a matter of both individual languages and indi-
vidual styles. They can change the meaning of a string of words. A question
may be indicated by raising one's voice at the end of a sentence. By emphasizing
different parts of it, a sentence can take on new meanings. A change in into-
nation or tone of voice can convey attitudes such as surprise, contempt, threat,
involvement, or detachment. The sentence exists not only as a string of symbols,
but also as a speech act.

The pronunciation of sounds, correct stress, linking of units within a
sentence, pauses at right places, as well as intonation patterns of Israeli
speech, combine to produce the distinct speech patterns of native speakers of
Hebrew. Attention to these features must be paid at all levels of language
learning.

Hebrew Orthography

כְּתִיב חָסֵר וּכְתִיב מָלֵא

There are two writing systems in Modern Hebrew which coexist side by
side. One system involves the full use of vowel notations and diacritical marks
and is called <u>ktiv xaser</u> ("incomplete writing") כְּתִיב חָסֵר . The other does
not use the traditional vowel notation but uses the letters <u>alef</u> א , <u>yod</u> י,
and <u>vav</u> ו to indicate some of the vowels. This orthographic system is called
<u>ktiv malé</u> ("complete writing") כְּתִיב מָלֵא.

11

In Israel today, only a very limited body of literature uses the vowel signs. Most books, newspapers, advertisements, government communications, scholarly journals, bus schedules, legal documents, etc. appear without the vowel marks.

The characteristic feature of ktiv malé, as mentioned above, is the omission of vowel marks and the use of the letters alef א , yod י , and vav ו to indicate vowels. The letter yod י is inserted to indicate the vowel /i/ or the alternate vowel /ey/. The letter vav ו is used to indicate the sounds /o/ and /u/. The letters yod י and vav ו are used for the historically long vowels of: xirik malé חיריק מלא, as in /ir/ עיר "city"; xolam malé חולם מלא, as in /or/ אור "light"; and shuruk שורוק , as in /shuv/ שוב "again". The letter alef א can also be used to indicate the vowel /a/, but only in a limited set of words.

Examples:		malé	xaser	
Use of yod as vowel:	/kibuc/	קיבוץ	קִבּוּץ	"kibbutz"
Use of vav as vowel:	/m 'od/	מאוד	מְאֹד	"very"
Use of alef as vowel:	/iran/	איראן	אִירָן	"Iran"

Since the letters yod י and vav ו are used to indicate both vowels and consonants, additional rules in ktiv malé enable one to discern whether these letters are used as vowel indicators or whether they have a consonantal value.

Both the vav ו and the yod י are doubled in medial position if they have a consonantal value. Thus, the word /xavayah/ "life experience" will be written חֲוָיָה in ktiv xaser, and חווייה in ktiv malé. Most words ending in vav ו with consonantal value add the letter yod י before the vav ו

to indicate that it should be pronounced as the consonant /v/ and not as the vowels /o/ or /u/. For example, the following words are spelled /axshav/ עַכְשָׁו "now" and /stav/ סְתָו "fall" in ktiv xaser, while they are spelled עכשיו and סתיו in ktiv male. A yod ' at the end of a word commonly remains single, although it is possible to double it in final position if it has consonantal value. In initial position, the vav ו and yod ' commonly appear as a single letter, since Hebrew words begin with consonants and therefore there can be no confusion. The one exception is a variant of the conjunction /ve-/ וְ , which is vocalized /u-/ וּ in certain conditions: /mar ugveret/ מר וגברת "Mr. and Mrs.".

While ktiv male is designed to help the reader, it can also be confusing. Unvocalized texts do not use the extra vowel indicators and do not double the vav ו and yod ' with consistency. Standard rules have been adopted by the Hebrew Language Academy for ktiv male, but they are not always used. The full use of ktiv male seems to be dictated mostly by the need to disambiguate the reading of words which have the same consonantal base. In ktiv male words like /sefer/ סֵפֶר "book" and /siper/ סִפֵּר "told" are written as ספר and סיפר in order to avoid confusion. There is no problem of confusion with a word like /iton/ עִתּוֹן "newspaper", which only has one reading and appears both as עתון and עיתון in unvocalized texts.

The following sequence of consonants illustrates some of the difficulties encountered when reading unvoweled texts. A single chain of consonants can have several different readings and meanings:

13

1.	k.t.b.	/ktav/	"writing system" (n)	כְּתָב
2.	k.t.b.	/ktav/	"handwriting" (n)	כְּתָב
3.	k.t.b.	/katav/	"reporter" (n)	כַּתָּב
4.	k.t.b.	/katav/	"he wrote" (v)	כָּתַב
5.	k.t.b.	/ktov/	"write" (v)	!כְּתֹב
6.	k.t.b.	/katov/	"writing" (v.n.)	כָּתֹב
7.	k.t.b.	/kitev/	"he wrote on stone" (v)	כִּתֵּב

PRONUNCIATION DRILLS

Before you start reading, note that some of the consonants have a similar shape in print and can therefore be a source of confusion: kaf כ and bet ב ; tav ת and xet ח ; gimel ג and nun נ ; dalet ד ,resh ר , and final xaf ך ; he ה and xet ח ; final mem ם and samex ס .

The following drills were designed to develop your pronunciation skills as well as your ability to recognize the Hebrew letters. Tapes prepared for these drills are an essential part of the learning process. Each drill should be done several times. When listening to the tapes, alternate between the left column, which includes voweled words and an English translation, and the right column which is unvoweled. Listening to the sound of the words and at the same time concentrating on the visual shape of these words are an effective preparation for reading and enhance the acquisition of correct pronunciation.

Since most texts are printed and written without vowels, you should get used to the unvoweled system at the beginning, rather than rely on voweled texts only.

NOTE: Do not memorize the word lists! Drill for pronunciation with the aid of
tapes.

DRILL 1:   /p/ /f/ /t/ /k/ /x/   פ ת ט ק כ

פָּתַר	פתר	פָּעוֹט	פעוט
he solved		small child	

פִּתָּרוֹן	פיתרון	קָטַף	קטף
solution		he plucked	

פִּטְרִיָּה	פטריה	כֶּתֶם	כתם
mushroom		stain	

טִפָּה	טיפה	תִּקְתֵּק	תקתק
drop		he tapped; typed	

פֶּתִי	פתי	כָּתֵף	כתף
fool		shoulder	

פְּרוּטָה	פרוטה	תַּקִיף	תקיף
penny		strong, forceful	

בֶּטַח	בטח	כִּתָּה	כיתה
surely		class	

פֶּתֶק	פתק	טִיּוּל	טיול
a slip of paper		excursion	

פִּתְקָה	פתקה	דֶּלֶק	דלק
note		gasoline, fuel	

תִּקְרָה	תקרה	בַּת	בת
ceiling		daughter	

DRILL 2: /c/ צ ק

צלצול	צִלְצוּל	ringing; ring
צדיק	צַדִּיק	righteous
צרצר	צְרָצַר	cricket
מצלמה	מַצְלֵמָה	camera
צריך	צָרִיךְ	it is necessary
מצא	מָצָא	he found
בציר	בָּצִיר	vintage; grape harvest
ציון	צִיּוֹן	Zion
קיץ	קַיִץ	summer
מגהץ	מַגְהֵץ	iron

DRILL 3: /x/ /r/ /l/ ח כ ר ל

קריר	קָרִיר	cool
חליל	חָלִיל	flute
הר	הַר	mountain
להתחיל	לְהַתְחִיל	to begin
הורים	הוֹרִים	parents
לכלוך	לִכְלוּךְ	dirt
הרהר	הִרְהֵר	pondered
קר	קַר	cold
אחים	אַחִים	brothers
בחירות	בְּחִירוֹת	elections

DRILL 3 (cont'd)

בָּחוּר	בחור	צֹרֶךְ	צורך
young man		need	
רַחֲמִים	רחמים	לֶחֶם	לחם
pity		bread	
רְחוֹבוֹת	רחובות	מִלְחָמָה	מלחמה
streets		war	
בָּהִיר	בהיר	חֹרֶף	חורף
light		winter	

DRILL 4: Initial clusters: /pC/ /bC/

פְּתוּחָה	פתוחה	בְּרִיאוּת	בריאות
open		health	
פְּקִידִים	פקידים	בְּרֵרָה	ברירה
clerks; officials		choice	
פְּרָאִים	פראים	בְּלִי	בלי
wild ones		without	
פְּנִינִים	פנינים	בְּגָדִים	בגדים
pearls		clothes	
בְּדִיקָה	בדיקה	פְּלוּגָה	פלוגה
examination; check-up		army company	
בְּטוּחָה	בטוחה	פְּרָטִים	פרטים
she is sure		details	

DRILL 5: Initial Clusters: /tC/   /dC/

תְּפִלָּה prayer	תפילה	דְּבָרִים things; matters	דברים
תְּפָרִים stitches	תפרים	דְּגָלִים flags	דגלים
תְּשׁוּבָה response	תשובה	דְּרָכִים ways	דרכים
תְּרוּעָה shout; trumpet call	תרועה	דְּמָמָה stillness; hush	דממה
תְּנוּעָה traffic; movement	תנועה	דְּפוּס printing; press	דפוס
תְּרֵיסַר dozen	תריסר	דְּבוֹרָה bee	דבורה

DRILL 6: Initial Clusters: /sC/   /shC/

סְפָר border	ספר	שְׁבוּעָה oath	שבועה
סְלִיל coil; spool	סליל	שְׁפֵלָה lowlands	שפלה
סְתָו fall; autumn	סתיו	שְׁבִיל path	שביל
סְבִיבָה environment	סביבה	שְׁמָמָה wilderness	שממה

19

DRILL 6 (cont'd)

שבא	שְׁבָא Sheba	ספינה	סְפִינָה boat; ship
שוודיה	שְׁוֶדְיָה Sweden	שכר דירה	שְׂכַר דִּירָה rent

DRILL 7: Initial Cluster: /cC/

צפרדע	צְפַרְדֵּעַ frog	צליל	צְלִיל sound
צמחים	צְמָחִים plants	צדדים	צְדָדִים sides
צפיפות	צְפִיפוּת density; overcrowding	צבי	צְבִי deer
צחוק	צְחוֹק laughter	צפת	צְפַת Safed
צדקה	צְדָקָה charity	צהובה	צְהֻבָּה yellow
צנונית	צְנוֹנִית radish	צלב	צְלָב cross

DRILL 8: Initial Cluster: /gC/

גבורה	גְּבוּרָה heroism	גבול	גְּבוּל border
גדי	גְּדִי young goat; kid	גדולים	גְּדוֹלִים large

DRILL 8 (cont'd)

גְלוּלָה pill; capsule	גלולה	גְלוּיָה postcard	גלויה
בְּחִינוֹת גֶמֶר final examination	בחינות גמר	גְרוּטָא junk	גרוטא
גְמַלִים camels	גמלים	גְשָׁמִים rains	גשמים

DRILL 9: Initial Cluster: /kC/

כְּרוּבִית cauliflower	כרובית	קְרָבוֹת battles	קרבות
כְּנֶסֶת Knesset	כנסת	כְּשֵׁרִים fit; proper	כשרים
כְּלָלִים rules	כללים	קְנִיּוֹת purchases; shopping	קניות
קְרִיאָה reading	קריאה	כְּלָבִים dogs	כלבים
כְּסָפִים funds; finances	כספים	קְבִיעוּת tenure	קביעות
קְמָטִים wrinkles	קמטים	קְלִיטָה absorption	קליטה
קְטַנִּים small	קטנים	כְּחֻלִּים blue	כחולים

DRILL 10: Vowels

/a/ (ָ ַ ֲ)

ערבית	עֲרָבִית	שלום	שָׁלוֹם
	Arabic		peace; hello
יער	יַעַר	שנה	שָׁנָה
	woods; forest		year
נער	נַעַר	למה	לָמָה
	youth; boy		why?
אהבה	אַהֲבָה	נהר	נָהָר
	love		river

/o/ (וֹ ֹ ָ)

מלון	מָלוֹן	עולם	עוֹלָם
	hotel		world
תודה	תּוֹדָה	רצון	רָצוֹן
	thanks		will
לא	לֹא	תורה	תּוֹרָה
	no		Torah
קול	קוֹל	דוד	דּוֹד
	voice; sound		uncle; beloved
עוני	עֹנִי	נוער	נֹעַר
	poverty		youth
עלון	עָלוֹן	תועלת	תּוֹעֶלֶת
	pamphlet; bulletin		usefulness

DRILL 10 (cont'd)

/u/ (וּ ֻ)

אוּלַי perhaps	אולי	שָׁאוּל Saul	שאול
חוּלְצָה blouse; shirt	חולצה	סֻלָּם ladder	סולם
סוּס horse	סוס	גּוּר cub	גור

/i/ (ִי ִ)

טִיּוּל trip; excursion	טיול	אִי island	אי
בִּירָה beer	בירה	לִירָה Lira	לירה
הִלֵּל Hillel	הילל	בְּלִי without	בלי

/e/ (ֶ ֵ ֵי)

לֶחֶם bread	לחם	סֵפֶר book	ספר
דֶּלֶק gasoline; fuel	דלק	כֶּסֶף money	כסף
צֶמֶד pair	צמד	חָבֵר friend	חבר
שָׁלֵם complete; whole	שלם	צֶוֶת crew	צוות

DRILL 10 (cont'd)

/ai/ (ַי)

הַלְוַאי if only	הלואי	דְּוַאי sickness	דואי
כְּדַאי worthwhile	כדאי	בַּנַּאי builder	בנאי

/ei/ (ֵי)

בֵּית- house of...	בית-	כְּדֵי in order to	כדי
שְׁמֵי- skies of...	שמי-	עַל יְדֵי by means of	על ידי

/oi/ (וֹי)

אוֹי וַאֲבוֹי Alas!	אוי ואבוי		

DRILL 11: Stress

חֶרֶשׁ quietly	חרש	טַעַם taste	טעם
חֵרֵשׁ deaf	חרש	טָעַם he tasted	טעם
לַחַשׁ whisper	לחש	דְּבוֹרָה Deborah	דבורה
לָחַשׁ he whispered	לחש	דְּבוֹרָה bee	דבורה

DRILL 11 (cont'd)

צַעַד step	צעד	רָצָה she ran	רצה
צָעַד he stepped	צעד	רָצָה he wanted	רצה
שַׁעַל step	שעל	בִּירָה beer	בירה
שָׁאַל he asked	שאל	בִּירָה capital city	בירה
סַעַד welfare	סעד	לִירוֹת Liras	לירות
סָעַד he ate	סעד	לִירוֹת to shoot	לירות

DRILL 12: Note the differences between /h/ and /x/

חָלוֹם dream	חלום	בָּכִיר senior	בכיר
הֲלוֹם here; to here	הלום	בָּהִיר light color	בהיר
חוֹרִים holes	חורים	חֶלֶם Chelm	חלם
הוֹרִים parents	הורים	הֶלֶם shock	הלם

DRILL 12 (cont'd)

חִלֵּל played the flute	חילל	חֵן charm	חן
הִלֵּל praised	הילל	הֵן yes	הן
לָכֶם to you	לכם	נָחַר snored	נחר
לָהֶם to them	להם	נָהָר river	נהר

DRILL 13: Note the differences between /c/ and /s/

שָׂרָה Sarah	שרה	אֶרֶס poison	ארס
צָרָה trouble	צרה	אֶרֶץ country	ארץ
בָּשָׂר meat	בשר	סִלְסֵל curled	סלסל
בָּצַר he harvested	בצר	צִלְצֵל rang	צלצל
פָּרַשׂ he spread	פרש	שָׂמַח he was happy	שמח
פָּרַץ he broke into	פרץ	צָמַח he grew	צמח

READING EXERCISES

The reading exercises are part of the preparation for reading without vowels. Sentences and paragraphs for reading are provided for this purpose. Voweled and unvoweled sentences appear side by side, as well as an English translation. At the end there are eight short reading exercises which appear without any vowels. These exercises are based on previous readings and provide a transition to reading materials which are unvoweled.

The exercises are most beneficial when used in conjunction with the tapes accompanying them. All exercises should be done more than once, using both voweled and unvoweled texts.

Example of Format:

English	Voweled Text	Unvoweled Text
Patience!	סַבְלָנוּת!	סבלנות!
All beginnings are difficult.	כָּל הַתְחָלוֹת קָשׁוֹת.	כל התחלות קשות.
Good luck!	בְּהַצְלָחָה!	בהצלחה!

EXERCISE A:

What is your name? (masc. sing.)	מַה שִּׁמְךָ?	מה שמך?
My name is	שְׁמִי דָּוִד.	שמי דוד.
	שְׁמִי מֹשֶׁה.	שמי משה.
	שְׁמִי יַעֲקֹב.	שמי יעקוב.
	שְׁמִי מִיכָאֵל.	שמי מיכאל.

What is your name? (fem. sing.)	מַה שְּׁמֵךְ?	מה שמך?
My name is	שְׁמִי מִרְיָם.	שמי מרים.
	שְׁמִי דַּלְיָה.	שמי דליה.
	שְׁמִי רִבְקָה.	שמי ריבה.

EXERCISE B:

What is your name? (masc. sing.)	מַה שִּׁמְךָ?	מה שמך?
My name is	שְׁמִי מֹשֶׁה אֲלוֹן.	שמי משה אלון.
	שְׁמִי דָּוִד כֹּהֵן.	שמי דוד כהן.
	שְׁמִי יַעֲקֹב יָדִין.	שמי יעקוב ידין.
	שְׁמִי מִיכָאֵל שָׁרוֹן.	שמי מיכאל שרון.

What is your name? (fem. sing.)	מַה שְּׁמֵךְ?	מה שמך?
My name is	שְׁמִי לֵאָה לֵוִי.	שמי לאה לוי.
	שְׁמִי דַּלְיָה שָׁרוֹן.	שמי דליה שרון.
	שְׁמִי נָעֳמִי כַּרְמֶל.	שמי נעמי כרמל.

EXERCISE B (cont'd)

My name is	שְׁמִי רָחֵל כֹּהֵן.	שמי רחל כהן.
	שְׁמִי זִיוָה אֹרֶן.	שמי זיוה אורן.
	שְׁמִי לֵאָה קֶשֶׁת.	שמי לאה קשת.
	שְׁמִי טַלְיָה חָבָן.	שמי טליה חבן.
	שְׁמִי צִבְיָה לִבְנַת.	שמי צביה לבנת.
	שְׁמִי הֲדַסָּה גּוּר.	שמי הדסה גור.

EXERCISE C:

On what street do you live? (masc. sing.)	בְּאֵיזֶה רְחוֹב אַתָּה גָר?	באיזה רחוב אתה גר?
I live on ____ Street.	אֲנִי גָר בִּרְחוֹב הַיַּרְקוֹן.	אני גר ברחוב הירקון.
	אֲנִי גָר בִּרְחוֹב הֶרְצְל.	אני גר ברחוב הרצל.
	אֲנִי גָר בִּרְחוֹב הַיָּם.	אני גר ברחוב הים.
	אֲנִי גָר בִּרְחוֹב הַמְּלָכִים.	אני גר ברחוב המלכים.
	אֲנִי גָר בִּרְחוֹב גְּאוּלָה.	אני גר ברחוב גאולה.

Where do you live? (fem. sing.)	אֵיפֹה אַתְּ גָּרָה?	איפה את גרה?
I live in	אֲנִי גָּרָה בְּתֵל-אָבִיב.	אני גרה בתל-אביב.
	אֲנִי גָּרָה בִּירוּשָׁלַיִם.	אני גרה בירושלים.
	אֲנִי גָּרָה בְּחֵיפָה.	אני גרה בחיפה.
	אֲנִי גָּרָה בְּאַשְׁקְלוֹן.	אני גרה באשקלון.
	אֲנִי גָּרָה בִּבְאֵר-שֶׁבַע.	אני גרה בבאר-שבע.
	אֲנִי גָּרָה בִּטְבֶרְיָה.	אני גרה בטבריה.

EXERCISE D:

Good morning, ...!	בֹּקֶר טוֹב, אֶסְתֵּר.	בוקר טוב, אסתר.
	בֹּקֶר טוֹב, יַעֲקֹב.	בוקר טוב, יעקוב.
	בֹּקֶר טוֹב, רָחֵל.	בוקר טוב, רחל.
	בֹּקֶר טוֹב, מֹשֶׁה.	בוקר טוב, משה.
	בֹּקֶר טוֹב, דָּוִד.	בוקר טוב, דוד.
Good evening, ...!	עֶרֶב טוֹב, לֵאָה.	ערב טוב, לאה.
	עֶרֶב טוֹב, רִבָה.	ערב טוב, ריבה.
	עֶרֶב טוֹב, חַבָּה.	ערב טוב, חבה.
	עֶרֶב טוֹב, מֹשֶׁה.	ערב טוב, משה.
	עֶרֶב טוֹב, יוֹסֵף.	ערב טוב, יוסף.
Hello, ...	שָׁלוֹם, יוֹסֵף.	שלום, יוסף.
Be seeing you, ...	לְהִתְרָאוֹת, דַּלְיָה.	להתראות, דליה.
Goodbye, ...	שָׁלוֹם, מֹשֶׁה.	שלום, משה.
	שָׁלוֹם, חַבָּה.	שלום, חבה.
	שָׁלוֹם, מִרְיָם.	שלום, מרים.
	לְהִתְרָאוֹת, דָּן.	להתראות, דן.

EXERCISE E:

How are you, ...? (masc. sing.)	מַה שְּׁלוֹמְךָ, דָּוִד?	מה שלומך, דוד?
Fine, thank you.	שְׁלוֹמִי טוֹב.	שלומי טוב.

EXERCISE E (cont'd)

How are you, ...?	מַה שְׁלוֹמְךָ, דָּן?	מה שלומך, דן?
Fine, thank you.	שְׁלוֹמִי טוֹב.	שלומי טוב.
	מַה שְׁלוֹמְךָ, מֹשֶׁה?	מה שלומך, משה?
	שְׁלוֹמִי טוֹב.	שלומי טוב.
How are you, ...? (fem. sing.)	מַה שְׁלוֹמֵךְ, רָחֵל?	מה שלומך, רחל?
Fine, thank you.	טוֹב, תּוֹדָה.	טוב, תודה.
	מַה שְׁלוֹמֵךְ, מִרְיָם?	מה שלומך, מרים?
	טוֹב, תּוֹדָה.	טוב, תודה.
	מַה שְׁלוֹמֵךְ, אֶסְתֵּר?	מה שלומך, אסתר?
	טוֹב, תּוֹדָה.	טוב, תודה.
How are you, ...?	מַה שְׁלוֹמְךָ, דָּוִד?	מה שלומך, דוד?
Fine.	בְּסֵדֶר.	בסדר.
	מַה שְׁלוֹמֵךְ, דִּיבָה?	מה שלומך, דיבה?
	בְּסֵדֶר.	בסדר.
How are things?	מַה בִּשְׁמַע?	מה בשמע?
Everything is alright.	הַכֹּל בְּסֵדֶר.	הכל בסדר.
There's nothing new.	אֵין חָדָשׁ.	אין חדש.

EXERCISE F: Useful Expressions

Thank you, sir!	תּוֹדָה, אֲדוֹנִי.	תודה, אדוני.
You are welcome.	עַל לֹא דָבָר.	על לא דבר.
Thank you, ma'am.	תּוֹדָה, גְּבִרְתִּי.	תודה, גברתי.
You are welcome.	עַל לֹא דָבָר.	על לא דבר.
Excuse me.	סְלִיחָה.	סליחה.
If you please.	בְּבַקָּשָׁה.	בבקשה.
Just a minute! (Hold it!)	רֶגַע! רֶגַע!	רגע! רגע!
Patience!	סַבְלָנוּת!	סבלנות!
There is no time.	אֵין זְמַן.	אין זמן.
Happy holiday!	חַג שָׂמֵחַ.	חג שמח.
To you, too.	גַּם לָכֶם.	גם לכם.
Greetings to Rivka.	דְּרִישַׁת שָׁלוֹם לְרִבְקָה.	דרישת שלום לרבקה.
Greetings to Dan.	דְּרִישַׁת שָׁלוֹם לְדָן.	דרישת שלום לדן.
What happened?	מַה קָּרָה?	מה קרה?
Nothing.	שׁוּם דָּבָר.	שום דבר.
Help! Help!	עֶזְרָה! הַצִּילוּ!!	עזרה! הצילו!!
Quiet!!	שֶׁקֶט!	שקט!

EXERCISE G: Unvocalized Conversations

Dialogue A:	שיחה א׳
Hello, Danni.	שלום, דני.
Hello, Dalia.	שלום, דליה.
How are you, Danni?	מה שלומך, דני?
Fine, thank you. And you?	טוב, תודה. מה שלומך?
I am fine.	שלומי טוב.
What is new?	מה חדש?
There's nothing new.	אין חדש.

Dialogue B:	שיחה ב׳
What is your name, ma'am?	מה שמך, גברתי?
My name is Esther Cohen.	שמי אסתר כהן.
Where do you live?	איפה את גרה?
I live in Haifa.	אני גרה בחיפה.
What street do you live on?	באיזה רחוב את גרה?
On Hayam Street.	ברחוב הים.

Dialogue C:	שיחה ג׳
Good morning, Moshe.	בוקר טוב, משה.
Good morning, David.	בוקר טוב, דוד.
What's new?	מה נשמע?
Everything is O.K.	בסדר.

Dialogue C (cont'd)

Have a nice holiday.

You too.

Dialogue D:

Excuse me, sir.

Yes?

Pardon me. May I sit down?

Just a minute.

Sir!

Patience, please.

Dialogue E:

What's happened?

Nothing.

May I sit down?

Please, do.

What is new?

There's nothing new.

Dialogue F:

Ma'am, do you live in Tel Aviv?

No. I live in Jerusalem.

שיחה ג׳ (המשך)

חג שמח.

גם לכם.

שיחה ד׳

סליחה, אדוני.

כן?

סליחה, אפשר לשבת?

רגע, רגע.

אדוני!!

סבלנות!

שיחה ה׳

מה קרה?

שום דבר.

אפשר לשבת?

בבקשה.

מה נשמע?

אין חדש.

שיחה ו׳

גברתי, את גרה בתל-אביב?

לא. אני גרה בירושלים.

34

Dialogue F (cont'd)	שיחה ו׳ (המשך)
What is your name?	מה שמך?
My name is Dalia Cohen.	שמי דליה כהן.

Dialogue G:	שיחה ז׳
Do you live in Haifa?	אתה גר בחיפה?
Yes, I live in Haifa.	כן, אני גר בחיפה.
Where in Haifa?	איפה בחיפה?
On Herzel Street.	ברחוב הרצל.

Dialogue H:	שיחה ח׳
There's no time.	אין זמן!
Patience, sir.	סבלנות, אדוני.
There's no time, ma'am.	אין זמן, גברתי.
Patience, please.	סבלנות, בבקשה!

Dialogue I:	שיחה ט׳
Good evening, Yakov.	ערב טוב, יעקוב.
Good evening, Miriam.	ערב טוב, מרים.
How are you?	מה שלומך?
Fine, thank you. Everything is alright.	טוב, תודה. בסדר.
May I sit down?	אפשר לשבת?
Yes, please.	כן, בבקשה.

INTRODUCTION TO HEBREW SCRIPT

Most of the letters of the Hebrew cursive alphabet are formed by drawing circles, parts of circles and lines. The letters are not attached. The size of the letters is extremely important. Most letters fit between two imaginary lines, and the others are formed in relationship to the size of these two lines:

Example: עּ ךּ קּ אּ פּ הּ טּ

The starting point for drawing the letters and the direction in which they are drawn is important. Illegible and "non-native"-like writing often results from simply drawing the letters without regard to direction or starting point. In the following exercises both direction and starting point are indicated and should be carefully observed.

Some letters resemble one another in writing, and the individual differences should be carefully observed. Size, direction, and individual differences in shape distinguish these letters from one another:

1. The letters kaf כ and resh ר are similar. Note that the resh stops abruptly at the bottom line:

2. The cadi צ and the dalet ד look very much alike, the main difference being that of size, i.e. the cadi צ is larger than the dalet ד :

3. Both gimel ג and zayin ז extend under the bottom line, the main difference being the direction which they face:

4. The <u>vav</u> ו , <u>yod</u> י , and final <u>nun</u> ן are all straight lines, but they differ in their size and location between the two lines of writing:

5. <u>Tav</u> ת and <u>xet</u> ח are differentiated by the extra little line the <u>tav</u> ת has at the bottom line:

6. <u>Samex</u> ס and final <u>mem</u> ם are also similar in shape. The <u>samex</u> ס is a plain circle, while the <u>mem</u> ם has an additional tail on the left hand side at the bottom:

Exercise a: ה=𝒫 ח=ח ב=ב ר=ר **תרגיל א:**

בחר חברה בחור רחב חרב

רחבה רחוב חרוב החבר חרבה

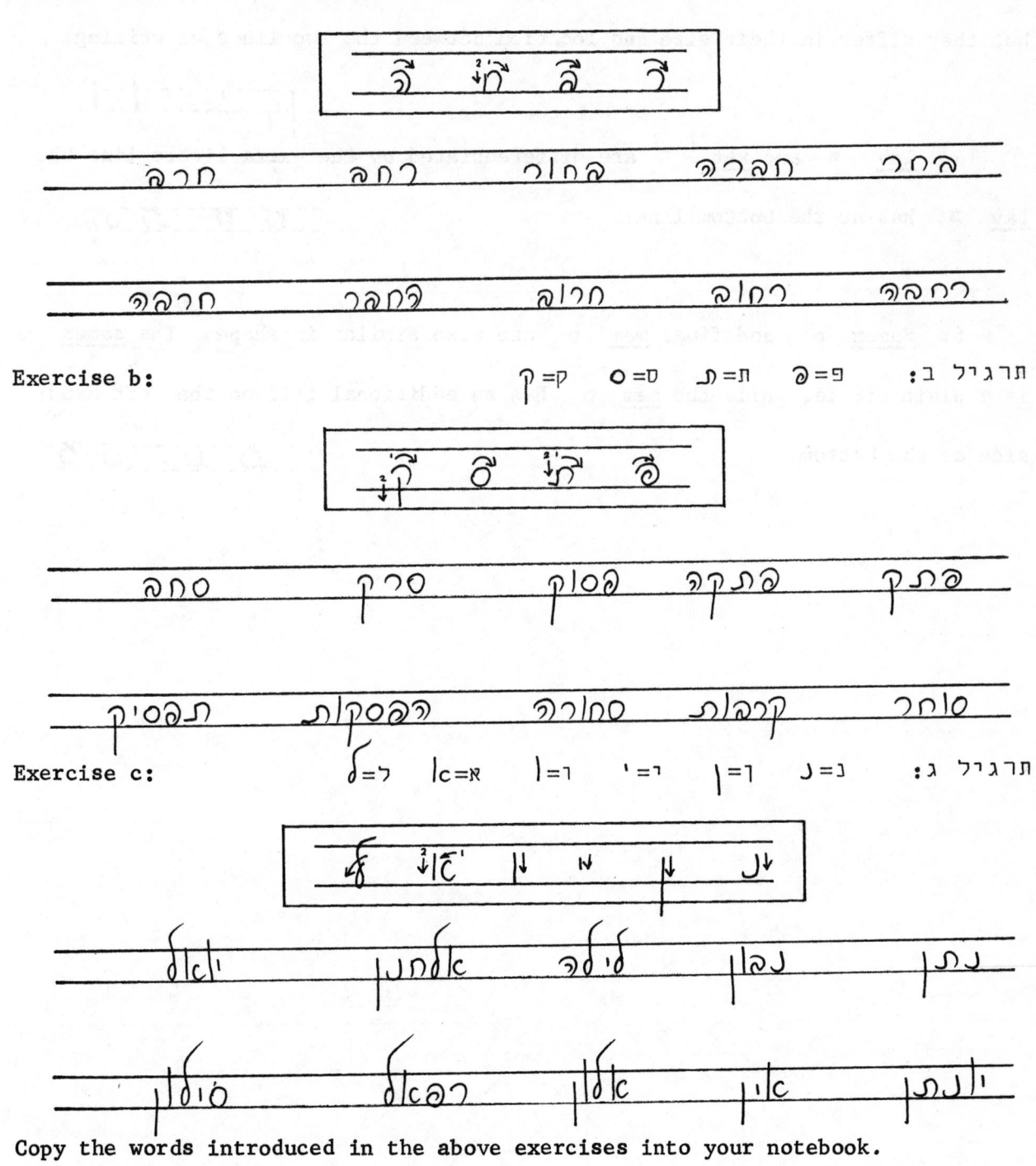

Exercise b: ק=ק ס=ס ת=ת פ=פ **תרגיל ב:**

פתק פתקה פסוק סרק סחב

סוחר קרבות סחורה הפסקות תפסיק

Exercise c: ל=ל א=א ו=ו י=י ן=ן נ=נ **תרגיל ג:**

נתן נבון לילה אלחנן יואל

יונתן אין אלון רפאל סילן

Copy the words introduced in the above exercises into your notebook.

Exercise d:

ם=ס   מ=א   ך=ק   כ=כ   ד=∂   : תרגיל ד

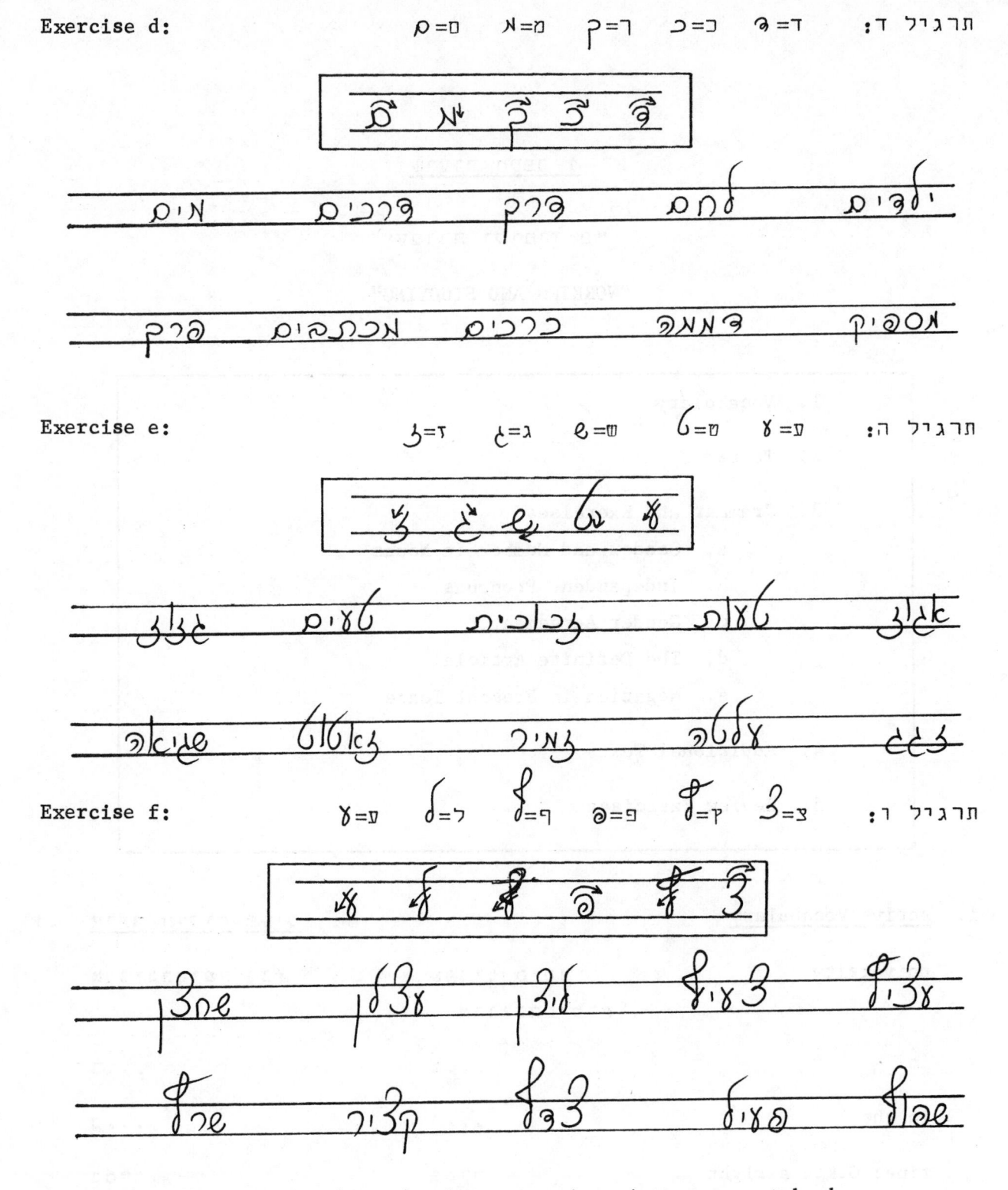

Exercise e: ז=ן   ג=ג   ש=ש   ט=ט   ע=א   : תרגיל ה

Exercise f: ע=א   ל=ל   ף=ק   פ=פ   ק=ק   צ=צ   : תרגיל ו

Copy the words introduced in the above exercises into your notebook.

39

שיעור מספר 1

"עבודה ולימודים"

"WORKING AND STUDYING"

1. Vocabulary
2. Texts
3. Grammar and Exercises
   a. Gender and Number in Nouns
   b. Independent Pronouns
   c. Gender Agreement
   d. The Definite Article
   e. Negation in Present Tense
4. Additional Texts
5. Review Exercises

1. Active Vocabulary — אוצר מילים פעיל .1

university	אוּנִיבֶרְסִיטָה אוּנִיבֶרְסִיטוֹת	אוניברסיטה (נ)
in	...בְּ	...ב
in the	...בַּ	...ב
fine; O.K.; alright	בְּסֵדֶר	בסדר
Ms.; Mrs.	גְּבֶרֶת	גברת
also; too	גַּם	גם

Dr.	דּוֹקְטוֹר	ד״ר (דוקטור)
the (definite article)	...הַ	...ה
I go; I am going	אֲנִי הוֹלֵךְ	אני הולך
history	הִסְטוֹרְיָה	הסטוריה (נ)
and	...וְ	...ו
good	fem טוֹב - טוֹבָה masc	טוב - טובה
to	...לְ	...ל
to the	...לַ	...ל
no; not	לֹא	לא
(to) where (Action)	לְאָן?	לאן?
so long!; See you!	לְהִתְרָאוֹת	להתראות
I study; I am studying	אֲנִי לוֹמֵד	אני לומד
what	מַה?	מה?
teacher	מוֹרֶה - מוֹרָה	מורה - מורה
government	מֶמְשָׁלָה מֶמְשָׁלוֹת	ממשלה (נ)
Mr.	מַר	מר
student	סְטוּדֶנְט - סְטוּדֶנְטִית	סטודנט - סטודנטית
book	סֵפֶר סְפָרִים plural(m)	ספר (ז)
work, job, paper(as in write)	עֲבוֹדָה עֲבוֹדוֹת	עבודה (נ)
Hebrew	עִבְרִית	עברית (נ)
I work; I am working	אֲנִי עוֹבֵד	אני עובד
I do; I make	אֲנִי עוֹשֶׂה	אני עושה

clerk; official	פָּקִיד - פְּקִידָה	פקיד - פקידה
physician	רוֹפֵא - רוֹפְאָה	רופא - רופאה
lesson; homework; class session	שִׁעוּר שִׁעוּרִים	שיעור (ז)
peace; hello; good-bye	שָׁלוֹם	שלום (ז)
language	שָׂפָה שָׂפוֹת	שפה (נ)
thank you; thanks	תּוֹדָה תּוֹדוֹת	תודה (נ)
pupil; student	תַּלְמִיד - תַּלְמִידָה	תלמיד - תלמידה

<u>Expressions and Phrases</u> <u>ביטויים וצירופים</u>

There is nothing new.	אֵין חָדָשׁ!
All right.	בְּסֵדֶר גָּמוּר!
Everything is fine.	הַכֹּל בְּסֵדֶר!
Not bad.	לֹא רַע.
What is new?	מַה חָדָשׁ?
How are things? (lit.: What is heard?)	מַה נִּשְׁמַע?
How are you?	מַה שְּׁלוֹמְךָ?/מַה שְּׁלוֹמֵךְ?
I am well.	שְׁלוֹמִי טוֹב.
Thank God!	תּוֹדָה לָאֵל!

2. Dialogues — שיחות .2

<u>שיחה א׳</u>

אורי (ז): שלום אביבה.

אביבה (נ): שלום אורי. מה שלומךָ?

אורי: שלומי טוב, תודה. מה שלומךְ?

אביבה: בסדר. מה אַתָּה עושה בירושלים?

אורי: אני סטודנט באוניברסיטה.

אביבה: גם אני סטודנטית.

אורי: מה את לומדת?

אביבה: אני לומדת שׂפות. מה אתה לומד?

אורי: אני לומד הִסטוריה.

<u>Dialogue A</u>:

Uri: Hello Aviva.

Aviva: Hello Uri. How are you?

Uri: I am fine, thank you. How are you?

Aviva: Fine. What are you doing in Jerusalem?

Uri: I am a student at the university.

Aviva: I am also a student.

Uri: What are you studying?

Aviva: I am studying languages. What are you studying?

Uri: I am studying history.

שיחה ב'

דני (ז): יוסי! שלום!

יוסי (ז): שלום דני! מה שלומךָ?

דני: בסדר גמור.

יוסי: אתה לומד בָּאוּניברסיטה?

דני: לא! תודה לאל!

יוסי: מה אתה עושה בירושלים?

דני: אני פקיד בממשלה. ואתה?

יוסי: אני רופא ב"הֲדַסָּה".

דני: לאן אתה הולך?

יוסי: אני הולך לעבוֹדה.

דני: גם אני.

יוסי: שלום ולהתראות.

דני: שלום! שלום!

Dialogue B:

Danni: Yossi! Hello!

Yossi: Hello Danni. How are you?

Danni: All right!

Yossi: Are you studying at the university?

Danni: No! Thank God!

Yossi: What are you doing in Jerusalem?

Danni: I am a clerk in the government. And you?

Yossi: I am a doctor at "Hadassa".

Danni: (To) Where are you going?

Yossi: I am going to work.

Danni: Me too.

Yossi: Good-bye and I'll be seeing you.

Danni: Good-bye!

3. Grammar and Exercises

3.a. Gender and Number in Nouns

Every noun in Hebrew has a gender: masculine זָכָר and feminine נְקֵבָה . Nouns in Hebrew also have a number feature: singular יָחִיד and plural רַבִּים . Animate nouns (those referring to human beings and other living beings) have four forms which reflect their gender and number features. Note the following table:

Animate Nouns			
Plural – רַבִּים		Singular – יָחִיד	
Fem. – נקבה	Masc. – זכר	Fem. – נקבה	Masc. – זכר
סְטוּדֶנְטִיוֹת	סְטוּדֶנְטִים	סְטוּדֶנְטִית	סְטוּדֶנְט
תַּלְמִידוֹת	תַּלְמִידִים	תַּלְמִידָה	תַּלְמִיד
פְּקִידוֹת	פְּקִידִים	פְּקִידָה	פָּקִיד
רוֹפְאוֹת	רוֹפְאִים	רוֹפְאָה	רוֹפֵא

Feminine singular nouns usually end with the suffix הָ-, or ת- , while masculine nouns do not have special endings.

In the plural of animate nouns, masculine nouns usually end with the suffix ־ִים , and feminine nouns with the suffix ־וֹת . (There are a few exceptions.)

While animate nouns have a real and grammatical gender which coincide, other nouns have an assigned grammatical gender. They are designated as either "masculine" or "feminine" in Hebrew. This gender distinction is extremely important to remember. Most feminine nouns in this category end in ־ָה or ־ת, while only a few of the masculine nouns do.

Inanimate Nouns			
Feminine - נְקֵבָה		Masculine - זָכָר	
Pl. - רבים	Sing. - יחיד	Pl. - רבים	Sing. - יחיד
עבוֹדוֹת	עבוֹדָה	שיעוּרִים	שיעור
מֶמְשָׁלוֹת	מֶמְשָׁלָה	סְפָרִים	סֵפֶר

Countries, continents and cities are one class of <u>feminine</u> nouns, regardless of whether they have formal feminine endings or not:

Countries: Israel, England, France, Egypt. יִשְׂרָאֵל, אַנְגְּלִיָּה, צָרְפַת, מִצְרַיִם.

Cities: Tel Aviv, Jerusalem, Haifa, New York, San Francisco. תֵּל-אָבִיב,

יְרוּשָׁלַיִם, חֵיפָה, נְיוּ יוֹרְק, סַן-פְרַנְצִיסְקוֹ.

Continents: Africa, Australia, Europe, Asia, America. אַפְרִיקָה, אוֹסְטְרַלְיָה,

אֵירוֹפָּה, אַסְיָה, אֲמֶרִיקָה.

3.b. Independent Pronouns שמות גוף

In Hebrew there is a set of independent subject pronouns. The singular and plural first person pronouns (i.e., I and we) are the same in both masculine and feminine. The pronouns in second and third persons have distinct masculine and feminine forms. Note the following table:

רבים			יחיד		
we		אֲנַחְנוּ	I		אֲנִי
you	m.	אַתֶּם	you	m.	אַתָּה
	f.	אַתֶּן		f.	אַתְּ
they	m.	הֵם	he		הוּא
	f.	הֵן	she		הִיא

3.c. Gender Agreement

In Hebrew, two nouns can combine to form a sentence. One noun functions as the subject, while the other noun functions as the predicate:

Example: Dan (is) a clerk. דן פקיד.

Notice that in Hebrew, in the present tense, the two nouns alone add up to a sentence and the verb "is" is not used.

When the subject of the sentence is an animate noun, i.e., a noun referring to a person or a living being, the predicate noun following it must agree with the subject noun in gender and number. The four possible forms will be masculine singular, feminine singular, masculine plural and feminine plural. In inanimate nouns there is also agreement between noun and predicate.

Masculine Singular:	Dan (is) a clerk.	דן פקיד.
Feminine Singular:	Ruth (is) a clerk.	רות פקידה.
Masculine Plural:	Dan and Yossi (are) clerks.	דן ויוסי פקידים.
Feminine Plural:	Ruth and Aviva (are) clerks.	רות ואביבה פקידות.

In all four cases the predicate "clerk" changes according to the gender and number of the subject. In English, since there is no gender indication in nouns, the only changes are in the number feature, i.e. from singular to plural:

clerk ---> clerks.

The subjects used above are nouns, or more specifically proper names. The subject may also be a pronoun and follow the same rules:

Examples:

I (am) a clerk.	אני פקיד. אני פקידה.
We (are) clerks.	אנחנו פקידים. אנחנו פקידות.
They (are) clerks.	הם פקידים. הן פקידות.
She (is) a clerk.	היא פקידה.
He (is) a clerk.	הוא פקיד.

Note that in Hebrew the first person pronoun does not contain gender features, and depends on the speaker to reveal that feature. It shows up in an overt form in the predicate.

3.c.1. Repetition Drill   תרגיל שינון

The following sentences contain nouns of different number and gender. Repeat the sentences:

| Teacher: "Mr. Cohen is a doctor." | מורה: מר כהן רופא. |
| Student: .... | תלמיד: מר כהן רופא. |

גברת כהן פקידה.

מר כהן ומר כספי רופאים.

ד"ר ריבה שרון רופאה.

ריבה ורות סטודנטיות.

דבי ודוד תלמידים.

3.c.2. Fill-in Exercise — תרגיל השלמה

Look up the four forms of the noun "pupil" and fill in the correct form:

Example: "Yossi is a pupil."

יוסי ___תלמיד___ .

דבי ___תלמיד___ .

חבה ___תלמידה___ .

רות ___תלמידה___ .

אביבה ורות ___תלמידות___ .

אורי ודבי ___תלמידים___ .

מר יוסף כספי ___תלמיד___ .

3.c.3. Repetition Drill — תרגיל שינון

In the following exercise various nouns and pronouns are used as subjects.
Repeat the sentences:

Example: "I am a clerk in El-Al."

מורה : אני פקיד ב"אֶל-עַל".

תלמיד : אני פקיד ב"אל-על".

אתה פקיד ב"אל-על".

את פקידה ב"אל-על".

הוא פקיד ב"אל-על".

אנחנו פקידים ב"אל-על".

הן פקידות ב"אל-על".

אורי פקיד ב"אל-על".

חַבָּה פקידה ב"אל-על".

חבה ורות פקידות ב"אל-על".

3.c.4. Fill-in Exercise — תרגיל השלמה

Look up the four forms of "teacher" and fill in the correct form:

Example: "I am a teacher in Tel Aviv." — אני ___מורה___ בתל-אביב.

אנחנו ___מורים___ באוניברסיטה.

אתן ___מורות___ בירושלים.

הוא ___מורה___.

ריבה ___מורה___.

היא ___מורה___.

את ___מורה___.

דליה ואביבה ___מורות___.

הם ___מורים___.

3.c.5. Substitution Drill — תרגיל התאמה

Substitute the following subject nouns or pronouns, and change the sentence accordingly.

Example:

I am a student at the university.	מ: אני סטודנט בָּאוניברסיטה.
SHE	היא
She is a student at the university.	ת: היא סטודנטית באוניברסיטה.

אתה. הוא. ירסי. אביבה ורות. אנחנו. אתם. הם. את.

3.d. The Definite Article

The definite article in Hebrew ("the" in English) is not a separate word but is prefixed to the noun. It consists of the consonant ה combined with an /a/ vowel. In the standard form of spoken Modern Hebrew the definite article nearly always appears in this shape. In voweled texts, however, there are four variants: three are pronounced as /ha/ ה , while the fourth is pronounced as /he/ ה . See the following examples:

"the house"	הַבַּיִת
"the man"	הָאִישׁ
"the room"	הַחֶדֶר
"the mountains"	הֶהָרִים

The rules for the variants in the voweling of the definite article are discussed in the Appendix on page 493 . For the purposes of this course the standard form of spoken Modern Hebrew is the accepted form since this is the current usage among native speakers.

3.d.1. Exercise   תרגיל

Write the definite form of the following nouns:

	פקידה		תלמיד
	אוניברסיטת		מורה
	מורים		רופאים _physician_
	תלמידה		ספר
	גברת		שיעורים _lessons_
	עבודה _job, work_		שפה _language_

51

3.e. Negation

The particle לֹא is used to negate the predicate in the present tense in the standard form of spoken Hebrew. In more formal Hebrew, the particle אֵין is used for the same purposes. In this course the more common לֹא will be used for negation.

Example:

Ruth Sharon is a student.   .רות שָׁרוֹן סטודנטית

Ruth Sharon is not a student.   .רות שרון לא סטודנטית

3.e.1. Transformation Drill

Change the positive statements to negative statements by adding the negative particle לֹא to the predicate:

מַר כֹּהֵן תלמיד -------> מר כהן לא תלמיד. *for*

דני לא מורה לעברית. -------- דני מורה לָעברית

דני לא סטודנטית. -------- ריבה סטודנטית

הסטודנט לא פקיד בממשלה <-------- הסטודנט פקיד בממשלה

המורות לא תלמידות. <-------- המורות תלמידות

גברת שרון לא מורה בתל אביב <-------- גברת שרון מורה בתל אביב

מר וגברת כהן לא פקידים באוניברסיטה <-------- מר וגברת כהן פקידים באוניברסיטה

דייר דָוִד כֹּהֵן לא רופא ב"הדסה" <-------- דייר דָוִד כֹּהֵן רופא ב"הדסה"

3.e.2. Translate the following sentences: :תרגם לעברית

1. Dan is a student at the university in Jerusalem.

   דן סטודנט בָּאוּנִיבֶרְסִיטָה בִּירוּשָׁלַיִם.

2. We are students at the university in Jerusalem.

   אֲנַחְנוּ סטודנטים בָּאוּנִיבֶרְסִיטָה בִּירוּשָׁלַיִם.

3. Dr. Cohen is a doctor at Hadassah.

   דייר כֹּהֵן רוֹפֵא בְּהֲדַסָּה.

52

4. He is a doctor.

הוא רופא

5. Rina is a clerk at the university.

רינה פקידה באוניברסיטה.

6. She is not a clerk, she is a teacher.

היא לא פקידה, היא מורה.

7. Danni is a teacher in San Francisco.

דני מורה בסן-פרנציסקו.

8. They are not teachers, they are students.

הם לא מורים, הם סטודנטים

9. Uri Zamir is a professor.

אורי צמיר פרופסור

10. He is not a professor, he is a teacher.

הוא לא פרופסור, הוא מורה.

11. Rina is not the clerk.

רינה לא הפקידה.

12. You (feminine plural) are the clerks.

אתן הפקידות.

13. The books are at the university.

הספרים באוניברסיטה.

14. They are at the university.

הם באוניברסיטה.

15. Rina Kaplan is a doctor in Hadassah.

רינה קפלן רופאה בהדסה.

16. He is a doctor. He works at Hadassah.

הוא רופא. הוא עובד בהדסה.

17. The students are not in Tel Aviv.

הסטודנטים לא בתל-אביב.

18. They are in Jerusalem.

הם בירושלים.

4. Additional Texts — שיחות נוספות .4

"Aviva Meets Friends" — "אביבה פוגשת חברים"

שיחה אי

אביבה: שלום יוסי, מה שלומך?

יוסי: שלומי טוב. מה בשמע?

אביבה: הכל בסדר. מה חדש?

יוסי: אין חדש.

שיחה א' (המשך)

אביבה: מה אתה עושה ב"הדסה"?

יוסי: אבי עובד ב"הדסה".

אביבה: אתה רופא?

יוסי: לא. אבי לא רופא.

אביבה: תודה לאל!

שיחה ב'

אורי: אביבה, מה את עושה?

אביבה: אבי לומדת. אבי תלמידה.

אורי: מה את לומדת?

אביבה: אבי לומדת שפות.

אורי: לאן את הולכת?

אביבה: אבי הולכת לשיעור בעברית.

אורי: שלום.

אביבה: להתראות.

שיחה ג'

אביבה: שלום, דבי.

דבי: שלום, אביבה.

אביבה: דבי, אתה עובד באוביברסיטה?

דבי: כן, אבי עובד באוביברסיטה.

אביבה: אתה סטודבט?

דבי: לא. אבי לא סטודבט. אבי פרופסור. ואת?

אביבה: אבי תלמידה. אבי לומדת.

5. <u>Review Exercises</u>   תרגילי חזרה .5

5.a. Translate the following passage: :תרגם

    Uri goes to work. He works at the university. He is a teacher.

Aviva also works at the university. She works and she studies. She is a

clerk and she studies languages.

    Uri is a teacher, and Aviva is a student.

5.b. Translate the following dialogue: :תרגם

Mr. Caspi: Hello, Mrs. Sharon.

Mrs. Sharon: Hello, Mr. Caspi. How are you?

Mr. Caspi: I am fine, and how are you?

Mrs. Sharon: Thank God, I too am fine.

Mr. Caspi: Are you a student at the university.

Mrs. Sharon: Yes and no.

Mr. Caspi: Yes and no?

Mrs. Sharon: I study and I work. What do you do at the university?

Mr. Caspi: I work. I am a teacher.

Mrs. Sharon: Where are you going?

Mr. Caspi: I am going to class.

Mrs. Sharon: Good bye.

Mr. Caspi: I'll see you!

שיעור מספר 2

"מקומות עבודה"

"PLACES OF WORK"

1. Vocabulary
2. Texts
3. Grammar and Exercises
   a. Verbs: General Introduction
   b. Conjugation in Present Tense
      1) בנין פָּעַל שְׁלֵמִים
      2) בנין פָּעַל ל״ה
4. Additional Texts
5. Review Exercises

1. Active Vocabulary — 1. אוצר מילים פעיל

opera	אוֹפֵּרָה אוֹפֵּרוֹת	אופרה (נ)
later; afterwards	אַחַר-כָּךְ (before קוֹדֶם)	אחר-כך
morning	בֹּקֶר בְּקָרִים	בוקר (ז)
house	בַּיִת בָּתִּים	בית (ז)
coffee house; cafe	בֵּית-קָפֶה בָּתֵּי-קָפֶה	בית-קפה (ז)

English	Hebrew (vocalized)	Hebrew
bank	בַּנְק	בנק (ז)
	בַּנְקִים	
to be	לִהְיוֹת	להיות
study; instruction; learning	לִמּוּד	לימוד (ז)
pl.: studies	לִמּוּדִים	
museum	מוּזֵיאוֹן	מוזיאון (ז)
	מוּזֵיאוֹנִים	
family	מִשְׁפָּחָה	משפחה (נ)
	מִשְׁפָּחוֹת	
library	סִפְרִיָּה	ספריה (נ)
	סִפְרִיּוֹת	
evening	עֶרֶב	ערב (ז)
	עֲרָבִים	
movie house; movies	(בֵּית) קוֹלְנוֹעַ	קולנוע (ז) סרטים סרט film
pl.: movie houses	בָּתֵּי קוֹלְנוֹעַ	
concert	קוֹנְצֶרְט	קונצרט (ז)
	קוֹנְצֶרְטִים	
cashier	קַפַּאי - קֻפָּאִית	קופאי - קופאית
coffee	קָפֶה	קפה (ז)
cafeteria	קָפֶטֶרְיָה	קפטריה (נ)
	קָפֶטֶרְיוֹת	
actor - actress	שַׂחְקָן - שַׂחְקָנִית	שחקן - שחקנית
tea	תֵּה	תה (ז)
theater	תֵּיאַטְרוֹן	תיאטרון (ז)
	תֵּיאַטְרוֹנִים	

Verbs		פעלים
to eat	לֶאֱכֹל (את)	אוֹכֵל – אוֹכֶלֶת
to go (to)	לָלֶכֶת (ל../אל)	הוֹלֵךְ – הוֹלֶכֶת
to learn; study	לִלְמֹד (את)	לוֹמֵד – לוֹמֶדֶת
to work (at, in)	לַעֲבֹד (ב...)	עוֹבֵד – עוֹבֶדֶת
to do	לַעֲשׂוֹת (את)	עוֹשֶׂה – עוֹשָׂה
to want; desire	לִרְצוֹת (את)	רוֹצֶה – רוֹצָה
to drink	לִשְׁתּוֹת (את)	שׁוֹתֶה – שׁוֹתָה

Expression and Phrases	ביטויים וצירופים
at home	בַּבַּיִת
homeward (to home)	הַבַּיְתָה
Good morning!	בֹּקֶר טוֹב !

2. Texts — 2. קטעי קריאה

קטע א׳

מה מִרְיָם אֲבִיבְרִי עושה בבנק?

מרים אביברי פקידה בבנק. היא עובדת בבנק. בבוקר היא הולכת לעבודה. בערב היא הולכת לשיעורים באוניברסיטה. היא לומדת והיא עובדת.

מה מרים רוצה לעשות?

מרים לא רוצה לעבוד בבנק. מרים לא רוצה ללכת לעבודה בבוקר, והיא לא רוצה ללכת לשיעורים באוניברסיטה בערב. מרים רוצה לעבוד

בתיאטרון. מרים רוצה להיות שחקנית ולא פקידה.

Text A

What is Miriam Avineri doing at the bank?

Miriam Avineri is a clerk at the bank. She works at the bank. In the morning she goes to work. In the evening she goes to classes at the university. She studies and she works.

What does Miriam want to do?

Miriam does not want to work at the bank. Miriam does not want to go to work in the morning, and she does not want to go to classes at the university in the evening. Miriam wants to work in the theater. Miriam wants to be an actress and not a clerk.

קטע ב׳

מה דָּוִד אביברי עושה בקולנוע?

דוד אביברי עובד בקולנוע. בבוקר הוא לא הולך לעבודה. בבוקר הוא בבית. בערב הוא הולך לעבודה בקולנוע. העבודה היא בערב. דוד הוא קופאי.

מה דוד אביברי רוצה לעשות?

דוד לא רוצה לעבוד בקולנוע. הוא לא רוצה לעבוד בערב. הוא רוצה לעבוד בבנק. הוא רוצה ללכת לעבודה בבוקר, וללכת הביתה (Homeward) בערב.

דוד רוצה להיות (to be) קופאי בבנק ולא בקולנוע.

Text B

What is David Avineri doing at the movie house?

David Avineri works at the movie house. In the morning he does not go to work. In the morning he is at home. In the evening he goes to work at the movie house. The work is in the evening. David is a cashier.

What does David Avineri want to do?

David does not want to work at the movie house. He does not want to work in the evening. He wants to work at the bank. He wants to go to work in the morning, and to go home in the evening. David wants to be a cashier at the bank and not at the movie house.

3. Grammar and Exercises

3.a. Verbs: General Introduction פעלים

Every verb in Hebrew is classified according to its root שֹׁרֶשׁ , root classification גִּזְרָה , and conjugation pattern בִּנְיָן . These concepts are foreign to the English verb system, but they are common in the verb systems of the Semitic languages.

In Hebrew, there are seven conjugation groups, each with its own conjugation pattern. They are: פָּעַל, נִפְעַל, פִּעֵל, פֻּעַל, הִפְעִיל, הֻפְעַל, הִתְפַּעֵל

The conjugation groups are discussed at greater length in Volume II. In Volume I, each verb will be identified by its conjugation group, its root, and its root classification.

In Hebrew verbs, the root is composed of a set of consonants which is common to several different words. For example, the verb לוֹמֵד and the noun תַּלְמִיד share the root ל-מ-ד . The individual consonants which make up the root (in this case ל-מ-ד) are known as radicals. Since the verb in Hebrew is known as פֹּעַל , the first radical (C1) is called פ׳ , the second radical (C2) ע׳ , and the third radical (C3) ל׳ . Thus, following our example, in the root ל-מ-ד , the C1 or פ׳ radical is ל , the C2 or ע׳ radical is מ , and the C3 or ל׳ radical is ד .

Verbs in Hebrew are divided into two main groups: regular and irregular. Whether a verb is regular or irregular is determined by its root. Regular verbs, called שְׁלֵמִים ("whole"), are verbs in which the radicals appear in all the forms of the verb conjugation. (See, for example, the conjugation of ל-מ-ד). Irregular verbs are those which have roots whose radicals are omitted or altered in certain conjugations (e.g., the verb root ע-שׂ-ה), or roots whose radicals affect the shape of the conjugation in some way. The roots of irregular verbs are identified by their irregular radical. For example, the verb root ע-שׂ-ה is identified by its irregular radical ה , i.e., the ל׳ radical, and is therefore known as a verb belonging to the ל"ה root classification. The irregularities in the Hebrew verbal system will become clearer as specific verbs are discussed.

3.b. Verbs in Present Tense

פעלים בבינוני

In present tense, every Hebrew verb has <u>four</u> forms which vary according to <u>gender</u> and <u>number</u>: masculine and feminine singular, and masculine and feminine plural. The verb is always accompanied by its subject, which may be either a noun or an independent subject pronoun.

The masculine singular form of the verb is unmarked. The feminine singular form may end in ת- or ה- . The masculine plural form always ends in ים- , and the feminine plural form always ends in ות- .

61

Fem. - נקבה	Masc. - זכר	
אני את ___ת/ה היא	אני אתה ___ הוא	יחיד Sing.
אנחנו אתן ___ות הן	אנחנו אתם ___ים הם	רבים Plural

3.b.I. Pa'al Conjugation of Regular Verbs — בנין פעל שלמים

Table A — טבלה א'

בִּנְיָן: פָּעַל — גִּזְרָה: שְׁלֵמִים — שֹׁרֶשׁ: ל-מ-ד

Conjugation: Pa'al — Regular verbs — Root: l-m-d

Infinitive - שם הפעל	Fem. - נקבה	Masc. - זָכָר
לִלְמֹד (ללמוד) to study; learn	אני / את / היא — לוֹמֶדֶת	אני / אתה / הוא — לוֹמֵד
	אנחנו / אתן / הן — לוֹמְדוֹת	אנחנו / אתם / הם — לוֹמְדִים

Examples: — דוגמאות:

1. Ruth is studying English. — 1. רות לומדת אנגלית.

2. Uri studies in Jerusalem. — 2. אורי לומד בירושלים.

3. They are learning (how) to work. — 3. הם לומדים לעבוד.

3.b.I.1. Repetition Drill — תרגיל שינון

Example: "I study Hebrew." — מ: אני לומד עברית.

ת: אני לומד עברית.

אנחנו לומדים עברית. אתם לומדים עברית. את לומדת עברית.

ריבה (נ). חנן (ז). הן. ריבה ורות.

3.b.I.2. Substitution Drill — תרגיל התאמה

Example: "Chanan studies history." — מ: חנן לומד הסטוריה.

רינה

ת: רינה לומדת הסטוריה.

אנחנו. אתם. הן. הסטודנטית. שמעון (ז). היא.

הסטודנטיות. שמעון ואורי. רינה וחנה.

The conjugation of ע-ב-ד in present tense is like that of ל-מ-ד (the root is combined with the pattern to form present tense forms).

בנית הפועל ע-ב-ד (לעבד) בבינוני היא בדיוק כמו ל-מ-ד.

לַעֲבֹד (לעבוד) to work	עוֹבֶדֶת	עוֹבֵד
	עוֹבְדוֹת	עוֹבְדִים

Examples: — דוגמאות:

1. Yoram works at the university. — .1 יוֹרָם עובד בָּאוניברסיטה.
2. Ruth works in the library. — .2 רות עובדת בַּסִּפריה.
3. They are working and studying. — .3 הם עובדים ולומדים.

3.b.I.3. Repetition Drill — תרגיל שינון

Ex.: "Jonathan works at the bank." — מ: יוֹנָתָן עובד בבנק.

ת: יונתן עובד בבנק.

אנחנו עובדים בבנק. אתן עובדות בבנק. רָחֵל עובדת בבנק.

ד"ר גוֹרֶן. הוא. הן. את. אתם.

3.b.I.4. Substitution Drill — תרגיל התאמה

Ex.: "Mr. Caspi works at the university." — מ: מר כספי עובד באוניברסיטה.

היא

ת: היא עובדת באוניברסיטה.

גַלְיָה (ב). מִרְיָם וְרוּת. הם. אתם. הוא. אתן. אני.

The conjugation of ה-ל-כ in present tense is also like that of ל-מ-ד.

נטית הפועל ה-ל-כ (ללכת) בבינוני היא גם בדיוק כמו ל-מ-ד.

לָלֶכֶת to go	הוֹלֶכֶת	הוֹלֵךְ
	הוֹלְכוֹת	הוֹלְכִים

Examples: — דוגמאות:

1. Ruth goes to work. — 1. רות הולכת לעבודה.
2. Ron is going to the concert. — 2. רוֹן הולך לקונצרט.
3. They are going to Hadassah. — 3. הם הולכים ל"הדסה".

3.b.I.5. Repetition Drill

תרגיל שינון

Ex.: "Ron is going to a concert."

מ: רון הולך לַקוֹנצרט.

ת: רון הולך לקונצרט.

אנחנו הולכים לקונצרט.   דַליָה (ב) הולכת לקונצרט.   אני הולכת

לקונצרט.   יוסי ורון.   דָנִי.   אתֶן.   רנת ודליה.

(handwritten: הולכות הולכים הולכות הולך)

3.b.I.6. Substitution Drill

תרגיל התאמה

Ex.: "We are going to work."

מ: אנחנו הולכים לַעבודה.

  אתה

ת: אתה הולך לעבודה.

יהוּדָה (ז) . רָחֵל. אתֶן. הפקידים.   הרופא.   הוּא.

הִיא.   אתם.   רָחֵל וחַנָה.

(handwritten: הולך הולכת הולכות הולכים הולך   הולכת הולכים הולכות)

The conjugation of א–כ–ל in present tense is also like that of ל–מ–ד.

נטית הפועל א–כ–ל בביגוני גם היא בדיוק כמו ל–מ–ד.

לאֱכֹל (לאכול) to eat	אוֹכֶלֶת	אוֹכֵל
	אוֹכְלוֹת	אוֹכְלִים

(handwritten left margin: דוגמאות)

Examples:

דוּגמאוֹת:

1. Dan eats at the cafeteria.

1. דן אוכל בקפטריה.

2. Rina eats at home.

2. רינה אוכלת בבית.

3. They are eating at the cafe.

3. הן אוכלות בבית קפה.

3.b.I.7. Repetition Drill — תרגיל שינון

Ex.: "Dan does not eat at the cafeteria."

מ: דן לא אוכל בקפטריה.

ת: דן לא אוכל בקפטריה.

רינה לא אוכלת בבית. אנחנו לא אוכלים בבנק. הן לא אוכלות

לא אוכל לא אוכלות לא אוכל

בבית קָפֶה. הוא. אתן. אני.

3.b.I.8. Substitution Drill — תרגיל התאמה

Ex.: "Rina eats at home."

מ: רינה אוכלת בַּבַּיִת.
הוא

ת: הוא אוכל בבית.

אוכלים אוכלות אוכלים אוכלות אוכלת אוכלים

אנחנו. הן. אתם. רינה וחנה. היא. הסטודנטים.

3.b.II. Pa'al Conjugation of ל"ה — בנין פעל ל"ה

The roots ע-ש-ה , ר-צ-ה , and ש-ת-ה belong to a class of irregular verbs called גזרת ל"ה . This class of roots is identified by the final radical ה which affects the way in which the verb is conjugated.

Table B — טבלה ב'

בנין: פָּעַל   גזרה: ל"ה   שֹׁרֶשׁ: ע-ש-ה

Inf. - שם הפועל	Fem. - נְקֵבָה	Masc. - זָכָר
לַעֲשׂוֹת to do; to make	אני, את, היא — עוֹשָׂה	אני, אתה, הוא — עוֹשֶׂה
	אנחנו, אתן, הן — עוֹשׂוֹת	אנחנו, אתם, הם — עוֹשִׂים

Examples: דוגמאות:

1. What is the clerk doing in the bank? — מה הפקיד עושה בבנק? .1

2. What does Rina do in the library? — מה רינה עושה בספריה? .2

3. What are you doing at the movies? — מה אתם עושים בקולנוע? .3

Note the differences between גזרת שלמים and גזרת ל״ה in the four forms of the present tense:

גִּזְרַת שְׁלֵמִים: לוֹמֵד, לוֹמֶדֶת, לוֹמְדִים, לוֹמְדוֹת

גִּזְרַת ל״ה: עוֹשֶׂה, עוֹשָׂה, עוֹשִׂים, עוֹשׂוֹת

In גזרת ל״ה the final ה in the singular is silent. The feminine singular form ends in the ָה- ending, rather than the ת- of the previous set of verbs. In the plural forms, the final radical ה is omitted altogether, and only the first two radicals remain.

The conjugation of the verbs ר-צ-ה and ש-ת-ה is like that of ע-ש-ה.

לִרְצוֹת to want	רוֹצוֹת	רוֹצִים	רוֹצָה	רוֹצֶה	ר-צ-ה
לִשְׁתּוֹת to drink	שׁוֹתוֹת	שׁוֹתִים	שׁוֹתָה	שׁוֹתֶה	ש-ת-ה

Examples: דוגמאות:

1. He wants and he does. — הוא רוצה והוא עושה. .1

2. What do you want to study? — מה אתה רוצה ללמוד? .2

I want to study English. — אני רוצה ללמוד אנגלית.

3. We want books. — אנחנו רוצים ספרים. .3

4. Dan drinks coffee in the morning. — .4 דן שותה קפה בבוקר.

5. Ruth drinks Coca-Cola in the cafeteria. — .5 רות שותה קוקה-קולה בקפטריה.

6. They don't drink coffee in the library. — .6 הם לא שותים קָפֶה בספריה.

3.b.II.1. Substitution Drill — תרגיל התאמה

Ex.: "What is Rivka doing in Hadassah?"

מ: מה רִבְקָה עושה ב"הדסה"?

הוא

ת: מה הוא עושה ב"הדסה"?

אֶסְתֵּר ורבקה. רבקה ורון. אתה. הרופאה. אוּרִי ודָנִי.

3.b.II.2. Substitution Drill — תרגיל התאמה

Ex.: "Ron wants to work for the government."

מ: רוֹן רוצה לעבוד בממשלה.

הם

ת: הם רוצים לעבוד בממשלה.

גַּלְיָה. רוֹן וגליה. אתן. אתם. את. הרופאים. היא.

3.b.II.3. Repetition Drill — תרגיל שינון

Ex.: "Rivka drinks coffee."

מ: רִבְקָה שותה קפה.

ת: רבקה שותה קפה.

אנחנו שותים בִּירָה. הן שותות תה. אוּרִי שותה קוֹקָה-קוֹלָה.

היא. אתם. רינה ודליה. אורי ודָנִי.

3.b.II.4. Fill-in Exercise — תרגיל השלמה

Fill in the blanks with the proper verb forms of לרצות .

Ex.: "What do you want to do?" — .1 מה את ___רוצה___ לעשות?

"I want to go to the university." — אני ___רוצה___ ללכת לאוניברסיטה.

2. מה אורי __רוצה__?

אורי __רוצה__ ללכת לקונצרט.

3. מה רבקה ורון __רוצים__ ללמוד?

הם __רוצים__ ללמוד שפות.

4. מה אסתר ורבקה __רוצות__?

הן __רוצות__ עבודה בממשלה.

5. מה אתה __רוצה__ לשתות?

אני __רוצה__ לשתות קפה.

3.b.II.5. <u>Places to go to</u>: <u>לאן ללכת?</u>

Review the following vocabulary items:

theater	-	תֵּיאַטְרוֹן
museum	-	מוּזֵיאוֹן
coffee house	-	בֵּית קָפֶה
movie house	-	קוֹלְנוֹעַ
opera	-	אוֹפֶּרָה
concert	-	קוֹנְצֶרְט
cafeteria	-	קָפֶטֶרְיָה

film - סרט, סרטים

The following sentences contain the verb "go" in present tense. Transform the sentences by changing the verb to a verb phrase containing the verb "want" in present tense and the verb "go" in its infinitive form:

1. אני <u>הולך</u> לתיאטרון -------> אני <u>רוצה ללכת</u> לתיאטרון.

Ex.: "I <u>am going</u> to the theater" -------> "I <u>want to go</u> to the theater."

2. אני הולכת לבית קפה ------->

3. דוד הולך לקפטריה --------->

4. ריבה הולכת לשתות קפה ---->

5. אנחנו הולכים לקולנוע -------←
רוצים ללכת

6. אנחנו הולכות לאופרה -------←
רוצים ללכת

7. אתם הולכים למוזיאון -------←
רוצות ללכת

8. הן הולכות לתיאטרון --------←

3.b.II.6. **Review of infinitives**   :תרגם לעברית

Translate the following sentences:

A. Danni, what do you want to do?

       I want to go to the theater.

You   I want to study languages.

we   I want to drink coffee.

they(F) I want to work in Jerusalem.

She   I want to eat at home.

B. Danni, what don't you want to do?

       I don't want to go to work.

You I don't want to study in the library.

we   I don't want to drink Coca-Cola.

they I don't want to work in the library.

She I don't want to eat in the cafeteria.

3.b.II.7. **What do you want to be?**   ?מה אתה רוצה להיות

The clue to the answer is a noun. Expand the noun to a sentence using the
subject given. Note that the noun will change in gender and number features
according to the subject of the sentence:

Ex.: DOCTOR   רופא

    CHANA: "Chana wants to be a doctor."   .חנה רוצה להיות רופאה :חנה

                                           שחקן

                       ._____ :דן ורון

70

פָּקִיד

גברת כהן: _____

תַּלְמִיד

דן: _____

מוֹרָה

רות ואביבה: _____

קוּפָּאִי

אורי: _____

שַׂחְקָן

מרים: _____

סְטוּדֶנְט

גליה ורות: _____

רוֹפֵא

אתם: _____

4. שׂיחות נוֹסְפוֹת   4. **Additional Texts**

שׂיחה א'

דוד: שלום ריבה, מה נשמע?

ריבה: הכל בסדר, מה שלומְךָ?

דוד: שלומי טוב, תודה. ומה שלומֵךְ?

ריבה: הכל בְּסֵדֶר.

שיחה ב׳

מתי: בוקר טוב, משה. מה חדש?

משה: שום דבר.

מתי: מה אתה עושה?

משה: אני עובד בבנק.

שיחה ג׳

רות: שלום יוסף. מה חדש?

יוסף: אין חדש. מה שלומֵך?

רות: לא רע. מה שלומך?

יוסף: הכל בסדר.

רות: שלום, שלום.

יוסף: להתראות.

שיחה ד׳

עודד: רעיה, מה את רוצה לעשות?

רעיה: אני לא רוצה לעבוד.

עודד: מה את רוצה?

רעיה: אני רוצה ללכת למוזיאון.

עודד: גם אני רוצה ללכת למוזיאון.

רעיה: אתה לא רוצה ללמוד?

עודד: לא. אני לא רוצה ללמוד ואני לא רוצה לעבוד.

דליה: דוד, לְאָן אתה הולך?

דוד: אני הולך לקפטריה.

דליה: אתה הולך לאכול בקפטריה?

דוד: לא. אני הולך לשתות קפה.

דליה: גם אני רוצה ללכת.

דוד: את לא רוצה ללמוד?

דליה: לא. אני רוצה לאכול ולשתות.

5. Review Exercises   5. תרגילי חזרה

תרגם:

5.a. Translate the following:

1. Rivka, what are you studying?

   רבקה, מה את לומדת?

2. Dan, what are you doing in Tel Aviv?

   דן, מה אתה עושה בתל-אביב?

3. I don't want to work in the bank.

   אני לא רוצה לעבוד בבנק.

4. Mr. Caspi, are you a clerk?

   מר כספי, אתה פקיד?

5. Mr. Caspi works for (in) the government.

   מר כספי עובד בממשלה.

6. We do not work at the university.

   אנחנו לא עובדים באוניברסיטה.

7. They want to study at the cafeteria.

   הם רוצים ללמוד בקפטריה.

8. Galia and Ruth are not physicians, they are actresses.

   גליה ורות לא רופאות הן שחקניות.

9. Chanan is going to the bank. He is a cashier at the bank.

   חנן הולך לבנק. הוא קופאי בבנק.

10. What is Dalia doing? Dalia is a teacher at the university.

    מה דליה עושה? דליה מורה באוניברסיטה.

11. Chanan and Dalia are eating and drinking in the cafeteria.

    חנן ודליה אוכלים ושותים בקפטריה.

5.b. Translate the following dialogue: תרגם:

- Mr. Ya'akovi, how are you? What's new?
- Nothing is new. I am working and working.
- What are they doing?
- They are working and working.
- What do they want to do?
- They want to go to the theater. They want to go to the movies.

  They want to go to the opera. They do not want to work.

5.c. Translate the following passage: תרגם:

Yonatan is a student at the university. He studies and he works. He goes to work and he goes to the university. He also goes to concerts, to the opera, and to the museum. He does not want to go home.

1. Change the subject of the passage to Ruth.
2. Change the subject to Yonatan and Ruth.
3. Change the subject to Ruth and Dalia.

5.d. Read the conversation below. Write a short passage about David and Rina and their friend Ron.

רון: דוד וריבה, לאן אתם הולכים?

- אנחנו הולכים לעבודה.
- אתם עובדים בספריה?
- לא. אנחנו לא עובדים בספריה. אנחנו עובדים בקפטריה.
- גם אני הולך לקפטריה.
- מה אתה עושה בקפטריה? אתה עובד?

- לא. אני אוכל ושותה בקפטריה.

- ואתה לא עובד?

- כן. אני עובד. אני עובד בספריה.

5.e. Read the following passage and change the subject from plural to singular (i.e., from we --> I, from you (pl.) --> you (singular)):

אנחנו הולכים לתיאטרון בערב. אנחנו שחקנים. אנחנו עובדים בתיאטרון. אתם לא הולכים לתיאטרון. אתם לא שחקנים. אתם הולכים לבית קפה. אתם לא עובדים בבית קפה. אתם אוכלים ושותים. גם אנחנו רוצים ללכת לבית קפה. מה לעשות?

5.f. Read and change the subject to: (1) masculine singular; (2) masculine plural; (3) feminine plural.

- לאן את הולכת?

- אני הולכת לעבודה.

- ואחר כך?

- אני הולכת לספריה.

- ואחר כך?

- אני הולכת לקפטריה.

- ואחר כך?

- אני הולכת לקולנוע.

- ואחר כך?

- אני הולכת לבית קפה.

- ואחר כך?

- אני הולכת הביתה.

שיעור מספר 3

"סטודנטים באוניברסיטה"

"STUDENTS AT THE UNIVERSITY"

---

1. **Vocabulary**
    a. Active Vocabulary
    b. Vocabulary Notes

2. **Texts**

3. **Grammar and Exercises**
    a. Equational and Verbal Sentences
    b. Verbs in Present Tense (cont'd)
    c. Conjunctions
    d. The אֶת Particle used with a Definite Object

4. **Additional Texts**

1.a. <u>Active Vocabulary</u>   אוֹצַר מִילִים פָּעִיל **1.א.**

English	Hebrew	
guest, visitor	אוֹרֵחַ – אוֹרַחַת	אורח – אורחת
after	אַחֲרֵי־	אחרי
man; person	אִישׁ	(ז) אִישׁ
people (pl.)	אֲנָשִׁים	
direct object particle	אֶת	את
many; much	הַרְבֵּה	הרבה

(handwritten above guest entry: אורח ם אורחות)

woman   אִשָּׁה

women   נָשִׁים

friend; member	חָבֵר - חֲבֵרָה	חבר - חברה
there is/are	יֵשׁ	יש
classroom; class	כִּתָּה כִּתּוֹת	כיתה (נ)
speak; talk	מְדַבֵּר - מְדַבֶּרֶת (לְדַבֵּר)	מדבר - מדברת (לדבר)
car	מְכוֹנִית מְכוֹנִיּוֹת	מכונית (נ)
letter	מִכְתָּב מִכְתָּבִים	מכתב (ז)
hotel	מָלוֹן מְלוֹנוֹת ; בָּתֵּי מָלוֹן	מלון (ז)
place	מָקוֹם מְקוֹמוֹת	מקום (ז)
office	מִשְׂרָד מִשְׂרָדִים	משרד (ז)
story; tale	סִפּוּר סִפּוּרִים	סיפור (ז)
on; about	עַל	על
with	עִם	עם
read	קוֹרֵא - קוֹרֵאת (לִקְרֹא)	קורא - קוראת (לקרוא)
serious	רְצִינִי - רְצִינִית	רציני - רצינית
song; poem	שִׁיר שִׁירִים	שיר (ז)
of (possesive prep.)	שֶׁל	של
station	תַּחֲנָה תַּחֲנוֹת	תחנה (נ)

There is not

אין

Verbs		פעלים
to sit (in)	לָשֶׁבֶת (ב...)	יוֹשֵׁב - יוֹשֶׁבֶת
to write	לִכְתֹּב (את)	כּוֹתֵב - כּוֹתֶבֶת
to meet	לִפְגֹּשׁ (את)	פּוֹגֵשׁ - פּוֹגֶשֶׁת
to know (something)	לָדַעַת (את)	יוֹדֵעַ - יוֹדַעַת
to hear	לִשְׁמֹעַ (את)	שׁוֹמֵעַ - שׁוֹמַעַת

Expressions and Phrases	ביטויים וצירופים
The University of Tel Aviv	אוּנִיבֶרְסִיטַת תֵּל אָבִיב (נ)
Department of History	חוּג לְהִסְטוֹרְיָה (ז)
gas station	תַּחֲנַת דֶּלֶק

1.b. Vocabulary Notes

The two Hebrew words כיתה and שיעור may be translated in English as "class." These two Hebrew nouns, however, have different references, distinguishable from each other, and should not be used interchangeably.

The word "class" in English has several distinct meanings, among which are the following four which refer to the instructional process:

1. a classroom
2. a course of instruction
3. a body of students meeting regularly to study the same subject
4. the period during which such a body meets, i.e., class session

In Hebrew, the word כיתה refers to either the place where instruction takes place, i.e., the classroom (1), or to the group of people which constitutes the student body of a particular course (3). The word שיעור, on the other hand, is used to mean a course of instruction (2), a class session (4), or a lesson. In the plural שיעורים, it can mean either: (1) courses; (2) class sessions; (3) lessons; or (4) homework.

class, classroom (group; place) - כיתה

lesson, class session, course (activity) - שיעור

homework - שיעורים

Examples:

1. אני הולך לכיתה.

2. אני הולך לשיעור בהסטוריה.

3. הכיתה היא כיתה טובה.

4. השיעור מעניין מאוד.

5. מה אתה עושה בשיעור לעברית?

בשיעור לעברית אני לומד עברית.

6. איפה הכיתות לכימיה?

הכיתות לכימיה הן באוניברסיטה.

1. I am going to class (room).
2. I am going to history class (session).
3. The class (group) is a good class.
4. The lesson is very interesting.
5. What do you do in Hebrew class (course)?

   In Hebrew class I study (learn) Hebrew.
6. Where are the chemistry classes (rooms)?

   The chemistry classes are at the university.

Use of Foreign Words in Hebrew

Hebrew contains a number of loan words from European languages. Scholarly disciplines is a category which contains many such nouns:

physics	פִיסִיקָה
chemistry	כִימְיָה
music	מוּסִיקָה
mathematics	מָתֵמָטִיקָה
psychology	פְּסִיכוֹלוֹגְיָה
philosophy	פִילוֹסוֹפְיָה
sociology	סוֹצְיוֹלוֹגְיָה
biology	בִּיוֹלוֹגְיָה
history	הִסְטוֹרְיָה

1.b.1. What Are You Studying? מה אתה לומד?

1. יוסף, מה אתה לומד? ביולוגיה

אני לומד ביולוגיה.

2. ריבה, מה את לומדת? הסטוריה

אני לומדת הסטוריה.

3. מה דוד לומד? כימיה

הוא לומד כימיה.

4. מה רעיה לומדת? פילוסופיה

רעיה לומדת פילוסופיה.

5. מה הסטודנטים לומדים? מתמטיקה

הם לומדים מתמטיקה.

6. מה הסטודנטיות לומדות? פסיכולוגיה

הן לומדות פסיכולוגיה.

Names of countries and their languages are similar to those used in English.

Observe:

English	אנגלית	England	אנגליה
Italian	איטלקית	Italy	איטליה
Romanian	רומנית	Romania	רומניה
Russian	רוסית	Russia	רוסיה
German	גרמנית	Germany	גרמניה
Japanese	יפנית	Japan	יפן
Chinese	סינית	China	סין

Others, however, differ:

Hebrew	עברית	Israel	ישראל
French	צרפתית	France	צרפת
Spanish	ספרדית	Spain	ספרד

1.b.2. I am Studying Languages — אני לומד שפות

1. מה אתה עושה בישראל? — עברית

אני לומד עברית בישראל.

2. מה אתה עושה באנגליה? — אנגלית

אני לומד אנגלית באנגליה.

3. מה רינה עושה בצרפת? — צרפתית

רינה לומדת צרפתית בצרפת.

4. מה אני וגליה עושים באיטליה? — איטלקית

אני וגליה לומדים איטלקית.

5. מה אתן עושות ביפן? — יפנית

אנחנו לומדות יפנית ביפן.

2. __Texts__   *adjective not proceeds pre noun*   קטעי קריאה .2

קטע א'

שׁמעוֹן עוֹבד במָלון.   הוא פקיד במלון.   במלון יֵשׁ הרבה אוֹרחִים.

יש הרבה עבודה.   בָּערב, אחרי העבודה, שמעון הוֹלך לבית קפה.   הוּא

יוֹשׁב ומדבר עם חברים.   בית קפה הוא מקוֹם טוב לפגוֹש חברים.

Text A

    Shimon works in a hotel. He is a clerk at the hotel. In the hotel
there are many guests. There is a lot of work. In the evening, after work,
Shimon goes to a cafe. He sits and talks with friends. A cafe is a good
place to meet friends.

קטע ב'

שׁוּלָה עובדת בתחנת דלק.   יש הרבה מכוֹניוֹת בתחנה.   יש הרבה

עבודה בתחנה.   שולה פוֹגשת הרבה אנשים בעבודה.   היא מדברת עם

האנשים.   בעבודה היא לומדת על מכוֹניוֹת ועל אנשים.

on/about

Text B

Shula works at a gas station. There are many cars at the station.
There is much work at the station. Shula meets many people at work. She
talks with the people. At work she learns about cars and about people.

of

קטע ג'

יוֹסי א. לומד באוניברסימת תל אביב.   הוא לומד בחוּג להסטוריה.

הוא לומד הסטוריה ופילוסופיה.   הוא גם עוֹבד וגם לומד.   הוא עוֹבד

במשׂרד בממשלה.   באוניברסיטה הוא לומד, במשׂרד הוא עוֹבד, וּבבית הוא

גם עובד וגם לומד.

Text C

Yossi A. is studying at the University of Tel Aviv. He studies in the Department of History. He studies history and philosophy. He works and also studies. He works in an office in the government. At the university he studies, at the office he works, and at home he (also) works and (also) studies.

קטע ד'

נִירָה ל. לומדת בחוג לאנגלית. היא שומעת שיעורים בספרות אנגלית. נירה תלמידה רצינית. היא לומדת הרבה. היא גם כותבת סיפורים ושירים בעברית ובאנגלית. בכיתה היא לומדת ובבית היא כותבת.

Text D

Nira L. studies in the English Department. She attends (hears) lectures in English literature. Nira is a serious student. She studies a lot. She also writes stories and poems in Hebrew and English. In class she studies and at home she writes.

3. Grammar and Exercises

3.a. Equational and Verbal Sentences

In Hebrew, equational sentences contain a predicate which does not have a verb in the present tense. In English, the same sentences contain a form of the verb "to be" which links the subject and the predicate.

Examples:

David is a student.   דוד סטודנט.

They are friends.   הם חברים.

In Hebrew the verb "to be" cannot be conjugated in present tense, and the predicate is linked to the subject without a verb. Examples of equational sentences have already been presented in Lesson 1 (see page 47).

Verbal sentences contain a predicate which includes a verb, as in the following examples:

David goes to the university.   דוד הולך לאוניברסיטה.

Rina works in the office.   רינה עובדת במשרד.

In equational sentences, when the subject is a noun or pronoun, the noun following it as the predicate agrees in gender and number with the subject. In verbal sentences, the verb in tense always agrees with the subject, both in gender and in number.

Equational Sentences

	Pred.- נשוא	Subj.- נושא	
masc. sing.:	סטודנט.	דוד	זכר יחיד:
fem. sing. :	פקידה בבנק.	רינה	נקבה יחידה:
masc. pl. :	חברים.	דוד ומשה	זכר רבים:
fem. pl. :	מורות.	רינה ודליה	נקבה רבות:

Verbal Sentences

	נשוא	נושא	
masc. sing.:	עובד בבנק.	דוד	זכר יחיד:
fem. sing. :	הולכת לקונצרט.	רינה	נקבה יחידה:

masc. pl.: זכר רבים: דָוִד ומֹשֶׁה לומדים מתמטיקה.

fem. pl. : נקבה רבות: רינה ודליה שותות קפה.

If the subject of a sentence consists of two or more nouns which are both masculine and feminine, the predicate must always be masculine plural. A group of nouns of mixed genders always takes the masculine plural form.

Examples:

נושא	נשוא
דוד ורינה	עובדים בבנק.
הסטודנטים והסטודנטיות	לומדים בבוקר.

An alternate way of forming equational sentences is to insert between the subject and predicate a third person pronoun which agrees in number and gender with the subject.

Examples:

David is a student at the university.	דוד הוא סטודנט באוניברסיטה.
Rina is a clerk in the bank.	רינה היא פקידה בבנק.
David and Rina are teachers.	דוד ורינה הם מורים.
Rina and Dalia are teachers.	רינה ודליה הן מורות.

The same cannot be done in verbal sentences:

דוד ~~הוא~~ לומד עברית.

רינה ~~היא~~ שותה קפה.

יוסי ומשה ~~הם~~ עובדים במלון.

חנה ומרים ~~הן~~ רוצות לעבוד.

3.a.1. Matching Drill תרגיל

Match columns I and II and form: (1) equational sentences; (2) sentences which include the third person pronoun.

דוגמאות: 1) מרים רופאה.

2) מרים היא רופאה.

I	II
מרים	רופאים
הן	מורה
רות ודן	אורח
אורי	קופאית
ריבה ירדני	שחקבים
יוסי ירדני	סטודנט
אביבה	תלמידות
אורי ואביבה	מורים
אביבה ומרים	פקידה
אורי ויוסי	תלמיד

3.a.2. Fill-in Exercise תרגיל השלמה

Fill in the correct subject pronoun:

דוגמא: הוא סטודנט.

______ תלמידה.　　______ איש.

______ מורה.　　______ שחקנית.

______ אורחים.　　______ סטודנטים.

______ פרופסור.　　______ קופאים.

הם ______ רופאים ב"הדסה".   הן ______ פקידות בממשלה.

הן ______ מורות לאנגלית.   הוא ______ רופא באוניברסיטה.

3.a.3. Fill-in Exercise — תרגיל השלמה

Complete the sentences according to the example: — השלם את החסר:

1. מה אורי עושה?

   אורי סטודנט. הוא לומד פסיכולוגיה.

2. מה אביבה עושה?

   אביבה סטודנטית. היא לומדת פילוסופיה.

3. מה אביבה ואורי עושים?

   אביבה ואורי סטודנטים. הם לומדים הסטוריה.

4. מה אורי עושה בתל אביב?

   אורי סטודנט בתל אביב.

5. מה אורה עושה בתל אביב?

   אורה סטודנטית בתל אביב.

6. מה אורה ואסתר עושות בתל אביב?

   אורה ואסתר סטודנטיות באוניברסיטת תל אביב.

7. מה חיים ואורי עושים בחיפה?

   חיים ואורי סטודנטים בחיפה.

8. מה אתה עושה?

   אני פקיד. אני עובד בבנק.

9. מה את עושה?

   אני פקידה. אני עובדת במלון.

.10 מה אתם עושים?

אנחנו פקידים. אנחנו עובדים ב"אל על".

.11 מה אתן עושות?

אנחנו פקידות. אנחנו עובדות בממשלה.

3.b. Verbs in Present Tense (cont'd) פעלים בבינוני (המשך)

בנין: פעל גזרה: שלמים ופ"ר

3.b.I.

לשבת (ב..) to sit (in)	יושבות	יושבים	יושבת	יושב	י-ש-ב
לכתב to write	כותבות	כותבים	כותבת	כותב	כ-ת-ב
לפגש (את) to meet	פוגשות	פוגשים	פוגשת	פוגש	פ-ג-ש

Examples: דוגמאות:

1. Rina sits at home. — .1 רינה יושבת בבית.

2. We are sitting in a cafe. — .2 אנחנו יושבים בבית קפה.

3. Jacob is writing a letter home. — .3 יעקב כותב מכתב הביתה.

4. Dalia writes a poem in class. — .4 דליה כותבת שיר בכיתה.

5. Dan meets students at the university. — .5 דן פוגש סטודנטים באוניברסיטה.

6. They meet friends in class. — .6 הן פוגשות חברות בכיתה.

3.b.I.1. **Substitution Drill** תרגיל התאמה

רינה יושבת בבית.

יוֹנָתָן (ז). יִצְחָק וְיַעֲקֹב. שְׁלוֹמִית וְדָלִית (נ). את. היא. הם.

3.b.I.2. **Substitution Drill** תרגיל התאמה

יעקב כותב מכתב.

מֹשֶׁה. רינה. יעקב ומשה. רינה ורות. אני. אתם. הן.

3.b.I.3. **Substitution Drill** תרגיל התאמה

דן פוגש סטודנטים באוניברסיטה.

דוד ויוסי. שושנה. שׁוֹשַׁנָּה ורות. אתה. אנחנו. היא. אתן.

3.b.II. Verbs: Final radical 'ע

(את) לָדַעַת to know	יוֹדְעוֹת	יוֹדְעִים	יוֹדַעַת	יוֹדֵעַ	י-ד-ע
(את) לִשְׁמֹעַ to hear	שׁוֹמְעוֹת	שׁוֹמְעִים	שׁוֹמַעַת	שׁוֹמֵעַ	ש-מ-ע

Note the changes that occur in the vowels of the singular masculine and feminine forms when the last radical is ע :

כּוֹתֵב : שׁוֹמֵעַ יוֹדֵעַ

כּוֹתֶבֶת: שׁוֹמַעַת יוֹדַעַת

Examples: דוגמאות:

1. I know (how) to write Hebrew. 1. אני יודע לכתוב עברית.

2. Rina and Gila know Hebrew.   .ריבה וגילה יודעות עברית   .2

3. Dan hears (listens to) music.   .דן שומע מוסיקה   .3

4. Yossi hears a good story.   .יוסי שומע סיפור טוב   .4

3.b.II.1. Substitution Drill   תרגיל התאמה

דן שומע מוסיקה.

שומע *שומעים* שומעות *שומעות*

אתה. דבורה. אנחנו. רחל ונירה. יעקב ורחל. הן. אני.
שומע

3.b.II.2. Substitution Drill   תרגיל התאמה

אני יודע לכתוב עברית.

יודע

רון. מרגלית (נ). רון ומרגלית. אתן. אתם. הוא. הן. דינה.
יודעת   *יודע*   *יודעים*   *יודעות*   *יודעת*

3.b.II.3. Fill-in Exercise.   תרגיל השלמה

א. 1. יוסף, מה אתה לומד? אני _לומד_ ביולוגיה.

   2. ריבה, לאן את הולכת? אני _הולכת_ לקונצרט.

   3. איפה אתן עובדות? אנחנו _עובדות_ בספריה.

   4. מה הם כותבים? הם _כותבים_ מכתבים.

ב. 1. דוד _יודע_ (י.ד.ע.) אנגלית.

   2. דן ויעקב _כותבים_ (כ.ת.ב.) ספר.

   3. מה הם _עושים_ (ע.ש.ה.)?

   4. דינה _שומעת_ (ש.מ.ע.) מוסיקה.

   5. הן _רוצות_ (ר.צ.ה.) לאכול.

   6. רון _פוגש_ (פ.ג.ש.) חברים בקפטריה.
      friends

ג. 1. לאן אתה _רוצה_ ללכת? אני _רוצה_ ללכת לעבודה.

   2. מה את _רוצה_ לקרוא? אני רוצה _לקרוא_ ספרים.

   3. מה אתם _רוצים_ לשמוע? אנחנו _רוצים_ לשמוע מוסיקה טובה.

90

4. מה רון ושולה רוצים לכתוב? רון ושולה רוצים לכתוב שיעורים.

5. מה דליה ושולה רוצות ללמוד? דליה ושולה רוצות ללמוד ספרות.

6. מה אתם רוצים לדעת? אנחנו רוצים לדעת עברית.

<u>Note:</u> <u>on the use of the particle גם "also; too"</u>

The particle גַם is used to conjoin and juxtapose nouns or verbs. It precedes the specific noun phrases or verb phrases which are being listed.

Examples: | דוגמאות:

<u>Subject listing</u>: <u>I</u> and also <u>he</u> work in the store.

גם אני וגם הוא עובדים בחנות.

<u>Verb listing</u>: I <u>study</u> and also <u>work</u>.

אני גם לומד וגם עובד.

<u>Object listing</u>: I study <u>Hebrew</u> and also <u>English</u>.

אני לומד גם עברית וגם אנגלית.

Each of the above sentences is built on two basic sentences. Here is one example.

Observe: Sentence A: He works. | משפט א: הוא עובד.

Sentence B: He studies. | משפט ב: הוא לומד.

We can either join these two sentences, or we can leave them separate. When we want to include the particle גם which comes to emphasize the coordinate relationship of these items, the following options exist:

1. without particle: he studies + he works = he studies and works.

1. הוא לומד.+ הוא עובד. = הוא לומד ועובד.

2. emphatic: he studies + he works = he studies and also works.

2. הוא לומד. + הוא עובד. = הוא עובד וגם לומד.

3. very emphatic: he studies + he works = he studies as well as works.

3. הוא לומד. + הוא עובד. = הוא גם עובד וגם לומד.

4. emphatic but not joined: he studies + he works = he studies. He also works.

4. הוא לומד. + הוא עובד. = הוא לומד. הוא גם עובד.

3.b.II.4. <u>Translation Exercise</u>   תרגם

Translate the following passage and dialogue into Hebrew: :תרגם לעברית

        Rivka is a student at the university in Jerusalem. She is studying

English and literature. Rafi is also a student at the university. He is

also studying languages. They are students in the English Department

(Department of English).

Rafi: Good morning, Rivka. How are you?

Rivka: Fine, thank you. How are things with you?

Rafi: Everything is fine. What are you doing in Jerusalem?

Rivka: I am a student at the university. I am studying languages and

            literature. What are you studying in Jerusalem?

Rafi: I am also studying languages.

Rivka: Are you also working? (You are also working?)

Rafi: Yes, I work at a gas station. And you?

Rivka: I work in the library.

Rafi: What are you doing?

Rivka: I am going to work.

Rafi: Good bye.

Rivka: I'll be seeing you.

3.c. <u>Conjunctions</u>

      The Hebrew conjunction וְ   /ve/ corresponds to the English "and." It is

never a separate word and is always attached to the word following it. The form

וְ /ve/ is always accepted in speech, even though there are preferred variants under prescribed conditions. (For a more detailed explanation of variants, see

Appendix, p. 495 .)

Examples: :דוגמאות

1. /moshe verina/   משה ורינה .1

        Moshe and Rina

2. /telaviv viyrushalayim/   תל אביב וירושלים .2

        Tel Aviv and Jerusalem

3. /mar ugveret yardeni/   מר וגברת ירדני .3

        Mr. and Mrs. Yardeni

In speech it is possible to say the following:

      /telaviv veyrushalayim/   תל אביב וירושלים

      /mar vegeveret yardeni/   מר וגברת ירדני

3.c.1. Exercise   תרגיל

Join the underlined words in a single sentence. If the subject changes from
singular to plural, change the sentence accordingly.

                                      :דוגמאות

                                אני קורא עברית. 1

אני קורא עברית ואנגלית.   אני קורא אנגלית.

                                אני כותב עברית. .2

אני כותב וקורא עברית.   אני קורא עברית.

                                אני פקיד במלון. .3

שלמה ואני פקידים במלון.   שלמה פקיד במלון.

                           רותי תלמידה לפילוסופיה. 1

                           חנה תלמידה לפילוסופיה.

רותי וחנה תלמידות לפילוסופיה.

93

2. רון <u>לומד</u> באוניברסיטה.
   רון <u>עובד</u> באוניברסיטה.

   רון לומד ועובד באוניברסיטה.

3. <u>רון</u> עובד בבית קפה.
   <u>דן</u> עובד בבית קפה.

   רון ודן עובדים בבית קפה.

4. <u>בירה</u> שומעת שיעורים.
   <u>דליה</u> שומעת שיעורים.

   בירה ודליה שומעות שיעורים.

5. רובית כותבת <u>שירים</u>.
   רובית כותבת <u>סיפורים</u>.

   רובית כותבת שירים וסיפורים.

6. אנחנו יודעים <u>ערבית</u>. _Arabic_
   אנחנו יודעים <u>עברית</u>.

   אנחנו יודעים ערבית ועברית.

7. <u>ד"ר כהן</u> רופא ב"הדסה".
   <u>ד"ר הררי</u> רופא ב"הדסה".

   ד"ר כהן וד"ר הררי רופאים ב"הדסה".

8. <u>הסטודנטים</u> הולכים לקונצרט.
   <u>הסטודנטיות</u> הולכות לקונצרט.

   הסטודנטים והסטודנטיות הולכים/הולכות לקונצרט.

Note: When the conjunction ו is added to a definite noun, both the conjunction and the definite article are joined to the noun and are not independent of it.

3.c.2. <u>Exercise</u>   תרגיל

Add the definite article to the noun, and a conjunction and definite article to the second noun:

1. סטודנט; תלמיד   <u>הסטודנט והתלמיד</u>

2. בית; אוניברסיטה   *הבית והאוניברסיטה*

3. מלון; בית   *המלון והבית*

94

4. איש; אשה ______ האיש והאשה

5. סיפור; שיר ______ הסיפור והשיר

6. אורח; אורחת ______ האורח והאורחת

7. מוזיאון; ספריה ______ המוזיאון והספריה

3.d. The Particle אֵת of the Direct Object

In Hebrew, there is a special particle את which links the verb of the sentence with the definite direct object. Verbal sentences include two basic components: (1) a subject, which is most often a noun or a pronoun; and (2) a predicate, which consists of a verb.

Example:

Subject: definite article + noun — נוֹשֵׂא: הָאִישׁ

Predicate: verb — נָשׂוּא: קוֹרֵא

When the predicate verb is a verb of action, it can be followed by a direct object:

Example:

"The man reads a book." — הָאִישׁ קוֹרֵא סֵפֶר.

Predicate: verb + object — נָשׂוּא: קורא ספר

If the object following the verb is a definite noun (definite article + noun), or a definite concept (proper names), the special particle את precedes it. If the object is not definite, no such particle is used.

Examples:

Definite Object: — אבחנו קוראים את הספר.

Indefinite Object: — אבחנו קוראים ספר.

Note: In Hebrew, names of languages and subjects of study are considered

indefinite. Thus, no את precedes them when they function as objects.

Examples:

"Uri writes English." אורי כותב <u>אנגלית</u>.

"Rina knows Hebrew." רינה יודעת <u>עברית</u>.

"Danni studies (learns) history." דני לומד <u>הסטוריה</u>.

Proper names of people, and names of places are considered <u>definite</u> in Hebrew.
When they function as direct objects, the particle את must be inserted before
the object.

Examples:

Proper Name: "We see Uri." אנחנו רואים <u>את אורי</u>.

Place Name: "We see Jerusalem." אנחנו רואים <u>את ירושלים</u>.

3.d.1. Transformation Drill תרגיל

Change the direct object from indefinite to definite and add את when the
object is definite:

Example: דוגמא: רון שומע שיר ---------> רון שומע את השיר

1. האורחת יודעת סיפור ---------<

2. הפקידה לומדת שפות ---------<

3. החברה כותבת ספר ---------<

4. התלמידים עושים שיעורים -----<

5. התלמידה כותבת עבודה --------<

6. הסטודנט שומע שיעור ---------<

7. הפקיד יודע שפות ---------<

96

8 . הרופא כותב מכתב ←--------- *את*

9 . האשה שומעת סיפורים ←--------- *את*

10 . התלמידות כותבות עבודות ←--- *את*

3.d.2. Fill-in Exercise   תרגיל השלמה

Blanks appear before all the direct objects. Insert the particle אֶת whenever it is required:

1 . האורחים יודעים __ *את* __ השפה.

2 . הם יודעים גם _____ עברית וגם _____ אנגלית.

3 . אורי כותב _____ שירים וסיפורים.

4 . הוא כותב __ *את* __ הספר לפיסיקה.

5 . התלמידים לא לומדים _____ מתמטיקה באוניברסיטה.

6 . הם לומדים _____ פסיכולוגיה.

7 . אנחנו שומעים __ *את* __ אורי.

8 . אנחנו רוצים _____ מקום במלון.

9 . אנחנו לא רוצים __ *את* __ המכונית.

10 . ריבה פוגשת _____ חברים בעבודה.

11 . היא פוגשת __ *את* __ החברים בירושלים.

4. Additional Texts   4 . שיחות נוספות

שיחה א׳

- יעקב ודינה, לאן אתם הולכים?

- אנחנו הולכים לשיעור באנגלית.

- מה אתם עושים בכיתה?

- אנחנו לומדים לקרוא ולכתוב.

- לכתוב ולקרוא? אתם לא לומדים לדבר?

- אנחנו לומדים גם לדבר.

- ואתם יודעים לדבר אנגלית?

- כן.

<u>שיחה ב׳</u>

- רון, מה אתה לומד?

- אני לומד מתמטיקה, פיסיקה, אֲסטרוֹנוֹמְיָה וכימיה.

- אתה לומד גם מתמטיקה, גם פיסיקה, גם אסטרונומיה וגם כימיה?

- כן. ומה אתה עושה?

- אני כותב שירים, קורא ספרים, ולומד פסיכולוגיה ואַסטרוֹלוֹגְיָה.

שיעור מספר 4

"אורחים בקיבוץ"

"GUESTS IN THE KIBBUTZ"

1. Vocabulary
   a. Active Vocabulary
   b. Vocabulary Notes
2. Texts
3. Grammar and Exercises
   a. Adjectives:
      I. in noun phrases
      II. as predicates
   b. The Interrogative Pronouns:
      I. Who? מִי?
      II. What? מַה?
   c. Verbs in Present Tense: פִּעֵל Conjugation
   d. The Demonstrative Pronouns
4. Additional Texts

1.a. Active Vocabulary — 1.א. אוצר מילים פעיל

food	אֹכֶל	אוכל (ז)
these	אֵלֶּה/אֵלּוּ	אלה/אלו
mother	אֵם/אִמָּא ← construct אִמָּהוֹת plural	אם/אמא (נ)

meal	אֲרוּחָה	ארוחה (נ)
	אֲרוּחוֹת	
woman; wife	אִשָּׁה	אשה (נ)
	נָשִׁים	
big; large	גָּדוֹל - גְּדוֹלָה	גדול - גדולה
this	זֶה - זֹאת/זוֹ	זה - זאת/זו
new	חָדָשׁ - חֲדָשָׁה	חדש - חדשה
store	חָנוּת	חנות (נ)
	חֲנוּיוֹת	
pretty; good-looking	יָפֶה - יָפָה	יפה - יפה
old (inanimate) (not for people)	יָשָׁן - יְשָׁנָה	ישן - ישנה
from		מִ...
from the		מֵהַ...
understand	מֵבִין - מְבִינָה (לְהָבִין)	מבין - מבינה
kitchen	מִטְבָּח	מטבח (ז)
	מִטְבָּחִים	
who?	מִי?	מי?
interesting	מְעַנְיֵן - מְעַנְיֶנֶת	מעניין - מעניינת
boring	מְשַׁעֲמֵם - מְשַׁעֲמֶמֶת	משעמם - משעממת
city; town	עִיר	עיר (נ)
	עָרִים	
small; little	קָטָן - קְטַנָּה	קטן - קטנה
a little bit	both precede noun קְצָת הַרְבֵּה	קצת
name	שֵׁם	שם (ז)
	שֵׁמוֹת	

Verbs		פעלים
to visit	לְבַקֵּר (את/ב...)	מְבַקֵּר - מְבַקֶּרֶת
to cook	לְבַשֵּׁל (את)	מְבַשֵּׁל - מְבַשֶּׁלֶת
to speak; talk	לְדַבֵּר (אל/עם)	מְדַבֵּר - מְדַבֶּרֶת
to teach	לְלַמֵּד (את)	מְלַמֵּד - מְלַמֶּדֶת
to tell; narrate	לְסַפֵּר (את/ל...)	מְסַפֵּר - מְסַפֶּרֶת

Expressions and Phrases	ביטויים וצירופים
together	בְּיַחַד
life (in general)	הַחַיִּים
old wives' tales (lit. grandmother's stories)	סיפורֵי סַבְתָּא
a lovely pair (a couple)	צֶמֶד חֶמֶד

1.b. Vocabulary Notes

(1) "Life"

In English, the concept "life" is not accompanied by either an indefinite or a definite article. In Hebrew, however, the same concept always appears with the definite article: החיים .

While "life" in English is a singular noun, in Hebrew, the same concept is a plural noun. Thus, the structure of the same sentence will be quite different in English and in Hebrew, as in the following example:

Hebrew: "The life are short". הַחַיִּים הֵם קְצָרִים.

English: "Life is short."

(2) The Plural Feature in Nouns

The plural ending for nouns is either ־ִים or ־וֹת . In verb and adjective forms these endings are indicative of gender as well as of plural features: ־ִים is the masculine ending, and ־וֹת is the feminine ending.

In the noun system, however, plural endings do not always reflect the gender feature. In animate nouns, with few exceptions, the plural endings do reflect gender:

"female teachers"	מוֹרוֹת	"male teachers"	מוֹרִים
"female doctors"	רוֹפְאוֹת	"male doctors"	רוֹפְאִים
"female clerks"	פְּקִידוֹת	"male clerks"	פְּקִידִים

There are a few exceptions, such as:

| "fathers" | אָבוֹת | "women" | נָשִׁים |

In inanimate nouns, the plural endings ־ִים and ־וֹת appear in both masculine and feminine nouns:

Feminine Plural		Masculine Plural	
"stores"	חֲנוּיוֹת	"stories"	סִיפּוּרִים
"languages"	שָׂפוֹת	"lessons"	שִׁיעוּרִים
"cities"	עָרִים	"places"	מְקוֹמוֹת
"stones"	אֲבָנִים	"streets"	רְחוֹבוֹת

The plural suffix does not alter the gender of the noun. רְחוֹבוֹת "streets" is not a feminine noun just because it has an ending associated with feminine plural, just as נָשִׁים "women" is not a masculine noun just because it has an ending associated with masculine.

When new nouns are studied, it is necessary to pay attention to their

102

gender, as well as to the plural form. In the plural, not only should the ending be learned, but attention should also be paid to the consonant and vowel composition, since in many cases there are differences between the singular and plural forms.

Observe:

"place"	מְקוֹמוֹת	מָקוֹם
"house"	בָּתִּים	בַּיִת
"city"	עָרִים	עִיר
"stone"	אֲבָנִים	אֶבֶן

2. <u>Dialogues</u> — <u>שיחות</u> .2

<u>Dialogue A</u> — <u>שיחה א׳</u>

- Who is this man?	- מי האיש הזה?
- This is the new teacher.	- זה המורה החדש.
- What is his name?	- מה שמו?
- His name is Yosef Giladi.	- שמו יוסף גִלעָדִי.
- What does he teach?	- מה הוא מלמד?
- He teaches English Language and Literature.	- הוא מלמד שפה וספרות אנגלית.

<u>Dialogue B</u> — <u>שיחה ב׳</u>

- Who is this woman?	- מי האשה הזאת?
- This is Zvi's mother.	- זאת אמא של צְבִי.
- What is she doing in the kibbutz?	- מה היא עושה בקיבוץ?

- She is visiting in the kibbutz.	היא מבקרת בקיבוץ. -
- What is Zvi doing?	מה עושה צבי? -
- Zvi is working in the kitchen.	צבי עובד במטבח. -

<u>Dialogue C</u>	<u>שיחה ג׳</u>
- Who are these people?	מי האנשים האלה? -
- They are new members in the kibbutz.	הם חברים חדשים בקיבוץ. -
- Do they speak Hebrew?	הם מדברים עברית? -
- A little.	קצת. -
- Do they understand Hebrew?	הם מבינים עברית? -
- Yes. They understand Hebrew.	כן. הם מבינים עברית. -
- What do they speak?	מה הם מדברים? -
- They speak French.	הם מדברים צרפתית. -

<u>Dialogue D</u>	<u>שיחה ד׳</u>
- Who are these women?	מי הנשים האלה? -
- These are Dov's guests.	אלה הן האורחות של דב. -
- Are they from the city?	הן מֵהָעִיר? -
- Yes. They are from the city.	כן. הן מהעיר. -
- What do they tell?	מה הן מספרות? -
- They tell stories.	הן מספרות סיפורים. -
- About what?	על מה? -
- About life in the big city.	על החיים בעיר הגדולה. -

3. Grammar and Exercises

3.a. Adjectives

Adjectives in Hebrew have four different forms which vary according to GENDER and NUMBER (like present tense forms in Hebrew). Observe the following table:

	PLURAL		SINGULAR	
	feminine	masculine	feminine	masculine
pretty	יָפוֹת	יָפִים	יָפָה	יָפֶה
good	טוֹבוֹת	טוֹבִים	טוֹבָה	טוֹב
new	חֲדָשׁוֹת	חֲדָשִׁים	חֲדָשָׁה	חָדָשׁ
old	יְשָׁנוֹת	יְשָׁנִים	יְשָׁנָה	יָשָׁן
big	גְּדוֹלוֹת	גְּדוֹלִים	גְּדוֹלָה	גָּדוֹל
small	קְטַנּוֹת	קְטַנִּים	קְטַנָּה	קָטָן
interesting	מְעַנְיְינוֹת	מְעַנְיְינִים	מְעַנְיֶינֶת	מְעַנְיֵין
boring	מְשַׁעַמְמוֹת	מְשַׁעַמְמִים	מְשַׁעֲמֶמֶת	מְשַׁעֲמֵם
serious	רְצִינִיּוֹת	רְצִינִיִּים	רְצִינִית	רְצִינִי

3.a.I. The Use of Adjectives in Noun Phrases

Adjectives modify nouns. In Hebrew noun phrases, the noun always precedes the adjective which modifies it. This word order within the noun phrase is obligatory. The gender and number of the adjective always agree with the gender and number of the noun it modifies. Adjective plural endings, unlike those of nouns, are real indications of gender: ים- is always added to plural masculine, and ות- to plural feminine.

Examples:

Masculine Singular: "a good story"   יחיד - סיפור טוב

Feminine Singular : "a new store"   יחידה - חנות חדשה

Masculine Plural : "good stories"   רבים - סיפורים טובים

Feminine Plural : "new stores"   רבות - חנויות חדשות

3.a.I.1. Repetition Drill   תרגיל שינון

Repeat the following noun + adjective phrases:

דוגמא: מורה: משרד יפה.   תלמידים רציניים.

תלמיד: משרד יפה.   תלמיד טוב.

שפה יפה.   ספר קטן.

חברות יפות.   פקידות רציניות.

תלמידה טובה.   בית ישן.

מורה חדש.   עבודה משעממת.

סטודנטים טובים.   ארוחת טובה.

קונצרט מעניין.   חברות קטנות.

משרדים גדולים.   אשה מעניינת.

רופא טוב.   נשים קטנות.

שיעור מעניין.   ערים יפות.

איש רציני.   מטבח גדול.

מקום משעמם.   מלון חדש.

Note: When the phrase is definite, both noun and adjective are preceded by the definite article.

Examples:

"The good book" הַסֵּפֶר הַטּוֹב

"The pretty women" הַנָּשִׁים הַיָּפוֹת

3.a.I.2. <u>Transformation Drill</u> <u>תרגיל</u>

Change the following indefinite phrases to definite phrases, according to the example given below:

Example: דוגמא: סיפור מעניין ←-------- הסיפור המעניין

ספר משעמם ←----------

רופא טוב ←----------

רופאים חדשים ←-------

ספר גדול ←----------

חיים משעממים ←-------

אורחים טובים ←-------

נשים מעניינות ←------

קיבוץ ישן ←----------

אוניברסיטה גדולה ←---

עיר גדולה ←----------

ערים קטנות ←---------

מוסיקה יפה ←---------

פקידות רציניות ←-----

מקומות יפים ←--------

מִטְבָּח חדש ←-----------

3.a.II. The Use of Adjectives as Predicates

Adjectives can function as predicates in sentences which do not contain verbs. When an adjective functions as a predicate in a sentence, it agrees in number and gender with the subject. In English, such sentences exist with the use of a form of the verb "to be." In Hebrew, however, the verb "to be" does not appear in present tense. The third person pronoun is often used to link the subject with the predicate. When the adjective functions as a predicate it does not contain the definite article.

Examples:

"The house is new."	הבית הוא חדש.	הבית חדש.
"The city is big."	העיר היא גדולה.	העיר גדולה.
"The books are interesting."	הספרים הם מעניינים.	הספרים מעניינים.
"The students are good."	התלמידות הן טובות.	התלמידות טובות.

3.a.II.1. Transformation Drill תרגיל

Change the following phrases to sentences as indicated by the example:

דוגמא: סטודנטים טובים --------> הסטודנטים הם טובים

אנשים מעניינים -------->

ספרים משעממים --------->

סיפור טוב ------------->

סיפור חדש ------------->

עיר משעממת ------------>

חיים מעניינים --------->

שירים משעממים --------->

(א) אוניברסיטה קטנה ────────<

(ב) קמפוס יפה ────────<

(ג) ספרות חדשה ────────<

(ד) עבודה מעניינת ────────<

(ה) רופאות חדשות ────────<

(ו) אורח רציני ────────<

(ז) קיבוצים יפים ────────<

(ח) קפה טוב ────────<

3.a.II.2. Exercise   תרגיל

Complete the following table making the changes indicated by the example:

הבית (הוא) יפה	הבית היפה *(the nice house)*	בית יפה *(The house is nice)*
(הארוחה היא טובה)	(הארוחה הטובה)	ארוחה טובה
(המלונות הם חדשים)	(המלונות החדשים)	מלונות חדשים
(המכתבים הם מעניינים)	(המכתבים המעניינים) *interesting*	מכתבים מעניינים
(הבתים הם ישנים)	(הבתים הישנים) *The houses are old*	בתים ישנים *The Houses are old*
(הסיפור הוא משעמם)	(הסיפור המשעמם)	סיפור משעמם
(המקום הוא מעניין)	(המקום המעניין)	מקום מעניין
(הקיבוץ הוא גדול)	(הקיבוץ הגדול)	קיבוץ גדול

3.b. The Interrogative Pronoun

3.b.I. WHO? מִי?

"Who?" מי? refers to the subject of the sentence. If a verb follows the question word, it usually appears in third masculine singular form. It is a general and not a specific question. The answer is specific.

Examples:

Who is studying here? מי לומד כאן?
  Moshe is studying here. משה לומד כאן.

Who works in the kitchen? מי עובד במטבח?
  Rina works in the kitchen. רינה עובדת במטבח.

If a noun follows the question word, by its nature it contains specific information as to gender and number.

Examples:

Who is the teacher here? מי (הוא) המורה כאן?

Who are the new students? מי (הם) התלמידים החדשים?

Who is the guest from Haifa? מי (היא) האורחת מחיפה?

3.b.II. WHAT? מַה?

The interrogative pronoun "what?" מה? usually poses a question about the predicate in the sentence.

Examples:

What do you do? מה את עושה?
  I am a clerk in the bank. אני פקידה בבנק.

What do you study? מה אתה לומד?
  I study mathematics. אני לומד מתמטיקה.

The word order after מַה can be changed for emphasis or for stylistic reasons:
noun subject and verb can change places. Observe the following example:

מה <u>משה עושה</u> במטבח?

מה <u>עושה משה</u> במטבח?

The word order <u>cannot</u> be changed when the subject is a <u>pronoun</u>:

Correct form: מה <u>הוא עושה</u> כאן?

Incorrect form: מה <u>עושה הוא</u> כאן?

3.b.1. <u>Exercise</u>   תרגיל

Form questions to the following answers. Each question should refer to the under-
lined part of the answer.

Example: :דוגמא

1. _____ <u>מי</u> לומד צרפתית?

<u>הסטודנטים</u> לומדים צרפתית.

2. _____ מה לומדים הסטודנטים?

הסטודנטים לומדים <u>צרפתית</u>.

1. _____ מ' מספּר סיפורים?

always 3rd person singular following מ'

<u>האורחים</u> מספרים סיפורים.

2. _____ מה מספרים האורחים?

האורחים מספרים <u>סיפורים</u>.

3. _____ מ' מדברת עברית?

<u>האורחת</u> מדברת עברית.

4. _____ מ' מבשל ארוחות?

מבשל (sing m)

<u>צבי ורינה</u> מבשלים ארוחות.

.5 ?מה צבי ורינה מבשלים

צבי ורינה מבשלים ארוחות.

.6 ?מי כותבת שיעורים

התלמידות כותבות שיעורים.

.7 ?מה כותבות התלמידות

התלמידות כותבות שיעורים.

.8 ?מי כותב מכתבים

התלמיד כותב מכתבים.

.9 ?מי עובד בבנק

הפקידות עובדות בבנק.

.10 ?מי עובד במטבח

הנשים עובדות במטבח.

3.c. Verbs in Present Tense (cont'd) — פעלים

Pi'el Conjugation of Regular Verbs — בנין פִּעֵל שלמים

The verbs in the previous lessons were of the Pa'al conjugation. The verbs presented here are present tense verbs of the Pi'el conjugation. All present tense verb forms in Pi'el have a מ prefix, which is part of the verb stem. The vowel pattern of Pi'el verbs is different from that of Pa'al. In the regular verbs שְׁלֵמִים the sequence is /a-e/ vowels. The second vowel is omitted in the plural forms, and the stress is shifted to the last syllable.

Note the difference between Pa'al and Pi'el:

Pa'al:	"study"	לוֹמְדוֹת	לוֹמְדִים	לוֹמֶדֶת	לוֹמֵד	פָּעַל:
Pi'el:	"teach"	מְלַמְּדוֹת	מְלַמְּדִים	מְלַמֶּדֶת	מְלַמֵּד	פִּעֵל:

בִּנְיָן: פִּעֵל   גִּזְרָה: שְׁלֵמִים   שֹׁרֶשׁ: ל-מ-ד

Inf. - שֵׁם הַפֹּעַל	Fem. - נְקֵבָה	Masc. - זָכָר
לְלַמֵּד to teach	אני את מְלַמֶּדֶת היא	אני אתה מְלַמֵּד הוא
	אנחנו אתן מְלַמְּדוֹת הן	אנחנו אתם מְלַמְּדִים הם

Examples: דוגמאות:

1. Rina teaches Hebrew. — .1 רינה מְלַמֶּדֶת עברית.

2. The teacher teaches the poem. — .2 המורה מְלַמֵּד את השיר.

3. They teach English. — .3 הם מְלַמְּדִים אנגלית.

Note: The words

is studying	לוֹמֵד
is teaching	מְלַמֵּד
a pupil	תַּלְמִיד

are all related, and share the same root ל-מ-ד .

3.c.1. Substitution Drill — תרגיל התאמה

"Who teaches history?" — מי מלמד הסטוריה?

אני. הוא. אנחנו. הם. רינה. המורים. הפרופסור.

המוֹרָה החדשה. אתן.

The conjugation of the following verbs in present tense is like that of "to teach" לְלַמֵּד . The root is combined with the conjugation pattern to form the present tense forms.

לְסַפֵּר to tell	מְסַפְּרוֹת	מְסַפְּרִים	מְסַפֶּרֶת	מְסַפֵּר	ס-פ-ר
לְדַבֵּר to speak	מְדַבְּרוֹת	מְדַבְּרִים	מְדַבֶּרֶת	מְדַבֵּר	ד-ב-ר
לְבַקֵּר to visit	מְבַקְּרוֹת	מְבַקְּרִים	מְבַקֶּרֶת	מְבַקֵּר	ב-ק-ר
לְבַשֵּׁל to cook	מְבַשְּׁלוֹת	מְבַשְּׁלִים	מְבַשֶּׁלֶת	מְבַשֵּׁל	ב-ש-ל

Examples: דוגמאות:

1. The student tells interesting tales. .1 התלמיד מספר סיפורים מעניינים.

2. Rina speaks English. .2 רינה מדברת אנגלית.

3. The guests are visiting the kibbutz. .3 האורחים מבקרים בקיבוץ.

4. Ruthi and Chana are cooking food. .4 רותי וחנה מבשלות אוכל.

3.c.2. <u>Substitution Drill</u> <u>תרגיל התאמה</u>

"Margalit tells old wives' tales." מרגלית מספרת סיפורי סבתא.

דרן. האורחים. הסטודנטים. הפרופסור. המורות. אנחנו.

החבר החדש. אתם.

3.c.3. __Substitution Drill__   תרגיל התאמה

"Jonathan speaks Spanish."   יונתן מדבר סְפָרְדִית.

הקופאי.   הפקיד.   רינה וצבי.   צבי.   האורח מאמריקה.   האשה.
מדבר   מדבר   מדברים   מדבר   מדבר   מדברת

3.c.4. __Substitution Drill__   תרגיל התאמה

"We are visiting (in) the museum."   אנחנו מבקרים במוזיאון.
                                                              מבקרים

הן.   האורחת.   גברת שפירא.   אתם.   הוא.   רינה.   מר דרור.
מבקרות   מבקרת   מבקרת   מבקרים   מבקרת   מבקר

הסטודנט מקנדה.   השחקנים.
מבקר   מבקרים

3.c.5. __Substitution Drill__   תרגיל התאמה

"Moshe cooks good food."   משה מבשל אוכל טוב.
                                                              מבשלים
אתם.   מבשלים
מבשל
אתן.   מי?   יונתן.   הן.   צבי ורינה.   האמא של צבי.
מבשלות   מבשל   מבשל   מבשלות מבשלים   מבשלת

שושנה.   שושנה ורותי.
מבשלת   מבשלות

3.d. __The Demonstrative Pronouns__   הכנוי הרומז: זה, זאת/זו, אלה/אלו

(1) The demonstrative pronoun agrees in gender and number with the noun to which

     it refers:

               this (masc. sing.)   זָכָר - יָחִיד: זֶה

               this (fem. sing.)   נְקֵבָה - יְחִידָה: זֹאת/זוֹ*

               these (plural)   זָכָר וּנְקֵבָה - רַבִּים: אֵלֶה/אֵלוּ*

     The starred items may be used interchangeably -- they are both correct.

                                  115

(2) When a demonstrative pronoun precedes a noun, it is translated into English as "this is" or "these are."

This is a kibbutz.	‏זה קיבוץ.‏
This is a guest.	‏זאת אורחת.‏
These are students.	‏אלה תלמידים.‏

As in all equational sentences, it is possible to insert the third person pronoun between the subject and the predicate.

‏זה הוא קיבוץ.‏

‏זאת היא אורחת.‏

‏אלה הם תלמידים.‏

(3) When using the demonstrative pronoun in a phrase, the pronoun follows the noun. The definite article is usually prefixed to both the noun and the pronoun.

This man	‏האיש הזה‏
This woman	‏האשה הזאת‏
These people	‏האנשים האלה‏

In literary style the definite article may be omitted: ‏ספר זה‏

Examples: ‏דוגמאות:‏

(1) The demonstrative pronoun as subject of an equational sentence:

This is a nice house.	‏זה בית יפה.‏
This is a nice library.	‏זאת ספריה יפה.‏
These are nice houses.	‏אלה בתים יפים.‏

116

(2) Demonstrative pronoun phrase:

This __house__ is nice.   .הבית הזה יפה

This __library__ is nice.   .הספריה הזאת יפה

These __houses__ are nice.   .הבתים האלה יפים

Observe the differences between the use of the demonstrative pronoun in a phrase
and when it is used as a subject of a sentence:

This __house__ is nice.   .הבית הזה יפה

This __is__ a nice house.   .זה בית יפה
                                           .זה (הוא) בית יפה

3.d.1. __Exercise__   תרגיל

Read the following sentences and translate them into English:

קרא את המשפטים הבאים ותרגם לאנגלית:

1.   מה זה?   זה ספר מעניין.
      This is an interesting book

      זאת עיר יפה.
      This is a nice city

      אלה ספרים באנגלית.
      These are English books

2.   מי זה?   זה סטודנט מאמריקה.
      This is a student from America.

      זאת המורה לעברית.
      This is the Hebrew teacher.

      אלה האורחים מאפריקה.
      These are guests from Africa.

3.   הספר הזה הוא ספר מעניין.
      This book is an interesting book

      העיר הזאת היא עיר יפה.
      This city is a pretty city

      האנשים האלה לומדים רוסית.
      These people study Russian.

      הנשים האלה הן רציניות.
      These women are serious

117

3.d.2. Fill-in Exercise — תרגיל השלמה

Complete the following sentences with "this is" or "these are":

מי זה?

1. ___זה___ התלמיד החדש.
2. ___זאת___ שושנה מבאר שבע.
3. ______ המורה המשעממת.
4. ______ הסטודנטים מאמריקה.
5. ______ סטודנטית רציבית.
6. ______ רופאה טובה.
7. ______ פקידים חדשים.
8. ______ פרופסור מהאוניברסיטה.
9. ______ אנשים מעניינים.
10. ______ איש טוב.

3.d.3. Transformation Drill — תרגיל

Change the following sentences according to the given example:

1. זה תלמיד חדש ----------→ התלמיד הזה חדש.
2. זאת שחקנית מעניינת ---→
3. אלה בתים ישנים -------→
4. זה שיעור משעמם -------→
5. אלה פקידים רציניים ---→
6. אלה אנשים טובים ------→
7. זה אורח מאמריקה ------→
8. זאת אשה יפה ----------→

‏.9 אלה נשים טובות ‎------>

‏.10 זאת אורחת חדשה ‎------>

3.d.4. Exercise

‏תרגיל

Complete the following sentences according to the given example:

‏מה זה? .1 זה ספר מעניין.

‏.2 זאת ארוחה גדולה.

‏.3 זה בנק ישן.

‏.4 אלה חיים טובים.

‏.5 זה מטבח חדש.

‏.6 אלה סיפורים מעניינים.

‏.7 אלה ערים גדולות.

‏.8 זה אוכל טוב.

‏.9 זאת עיר קטנה.

‏.10 זה מלון ישן.

3.d.5. Transformation Drill

‏תרגיל

Change the following sentences according to the given example:

‏.1 זה בית יפה ‎----------> הבית הזה (הוא) יפה.

‏.2 זה מוזיאון חדש ‎------>

‏.3 זאת ספריה ישנה ‎------>

‏.4 אלה חברים מעניינים ‎-->

‏.5 זאת פקידה רצינית ‎---->

‏.6 אלה פרופסורים מהאוניברסיטה ‎-->

7. זה קולנוע גדול --------->
הקולנוע הזה הוא גדול

8. אלה מקומות מעניינים --->
המקומות האלה הם מעניינים.

9. זאת קפטריה טובה -------->
הקפטריה הזאת היא טובה.

10. זה מלון קטן ----------->
המלון הזה הוא קטן.

3.d.6. Exercise

תרגיל

Expansion of Direct Object: Change the direct object from indefinite to definite and add the appropriate demonstrative pronoun.

Example:

דוגמא:

ריבה מספרת סיפורים -----> ריבה מספרת את הסיפורים האלה.

רותי לומדת שפות ---------> רותי לומדת את השפות האלה.

1. דן מבשל ארוחה ------------> דן מבשל את הארוחה הזאת.

2. הם מבקרים חברים ---------> הם מבקרים את החברים האלה.

3. צבי מלמד שיר ------------> צבי מלמד את השיר הזה.

4. הם רוצים אוכל ------------> הם רוצים את האוכל הזה

5. היא כותבת מכתב ----------> היא כותבת את המכתב הזה.

6. הן אוכלות ארוחה ----------> הן אוכלות את הארוחה הזאת.

7. הוא שומע מוּסיקה ----------> הוא שומע את המוסיקה הזאת

8. גברת כהן יודעת סיפורים --> גברת כהן יודעת את הסיפורים האלה

9. רותי עושה שיעורים -------> רותי עושה את השיעורים האלה

10. רון שותה קפה ------------> רון שותה את הקפה הזה

4. Additional Texts — 4. קטעי קריאה

א. משֶׁה מִזְרָחִי מספר:

אני לומד אנגלית. הספר משעמם, המורה משעמם. השיעור משעמם. מה אני עושה בשיעור? אני מדבר ומדבר.... המורה מלמד ומספר סיפורים באנגלית. ואני מדבר ומספר סיפורים בעברית. המורה מלמד אבל אני לא לומד. אני לא עושה שיעורים, ואני לא יודע אנגלית.

ב. במטבח:

צבי עובד במטבח. גם ריבה עובדת במטבח. הם עובדים במטבח בְּיַחַד. הם מבשלים אֲרוּחוֹת. ריבה מלמדת את צבי לבשל אוכל יִשְׂרְאֵלִי ‎together‎
וצבי מלמד את ריבה לבשל אוכל אֲמֵרִיקָאִי. צבי וריבה הם "צמד חמד".

שיעור חזרה מספר 1

(שיעורים 1-4)

REVIEW LESSON NO. 1

1. Review of verbs: Go over the verbs in Lessons 1-4 and complete the following sentences with the appropriate verbs. Use all the verbs included in the list, and use each verb at least once.

Verb list: to understand

פעלים: לקרוא, לכתוב, לעבוד, לעשות, לרצות, להבין,
לשתות, לאכול, לשמוע, לבקר, לבשל, לדעת, לדבר,
לשבת, לספר, לפגוש, ללמוד, ללכת.

Breakfast

.1 אתם אוכלים ארוחת בוקר בקפטריה?

לא. אנחנו אוכלים ארוחת בוקר בבית.

.2 אורי, אתה עובד בבנק?

לא. אני עובד בתחנת דלק.

.3 האורחות מהקיבוץ הולכות במוזיאון?

כן. הן מבקרות במוזיאון.

.4 ריבה, אנחנו לא מבינים את האורח מאמריקה -- הוא
לא מדבר עברית. את מדברת אנגלית?

.5 אמא של צבי מבשלת אוכל טוב.

גם צבי מבשל אוכל טוב.

.6 דינה לא הולכת עם חברים בעבודה. היא עובדת
ולא הולכת.

7. דן, אתה יודע לאן אמא הולכת?

לא. אני לא יודע לאן היא הולכת.

8. ריבה וחנה יושבות בבית קפה גם בבוקר וגם בערב.

גם אני יושב עם ריבה וחנה בבית קפה.

9. מי מבין מתמטיקה?

לא אני! ד״ר ירושלמי מבין מתמטיקה.

10. הרופא של צבי מספר סיפורים על העבודה ב״הדסה״.

11. דוד, מה אתה עושה בירושלים?

אני לא עושה הרבה.

12. לאן אתם הולכים?

אנחנו הולכים לספריה, ואחר-כך אנחנו הולכים לקולנוע.

13. ריבה ודינה פוגשות הרבה אנשים בעבודה.

14. רון, אתה קורא ספר טוב?

כן. אני קורא ספר טוב.

15. אתן שומעות מוסיקה?

כן. אנחנו הולכות לקונצרטים ו שומעות מוסיקה.

16. אמא של ריבה לא שותה בירה ולא שותה וויסקי.

17. דוד, מה אתה רוצה לעשות?

אתה רוצה ללכת לקולנוע?

18. ריבה עושה שיעורים. ריבה גם כותבת מכתבים.

אנחנו לא עושים שיעורים ולא כותבים מכתבים.

2. Translate the following passages:

A. These guests are from Japan. They are visiting at the university. They speak Japanese, English and they understand Hebrew.

At the university they are meeting Israeli professors and Israeli students. The guests are interesting people. They tell many interesting stories about Japan and about the studies at the universities in Japan. They are from the city Tokyo, and they teach at the university in Tokyo.

B. Mrs. Cohen is sitting in the kitchen. Uri is also sitting in the kitchen together with Mrs. Cohen. Mrs. Cohen wants to cook an Israeli meal. Uri wants to teach Mrs. Cohen to cook Israeli food. They sit and drink coffee and talk about food, about work and about life. Mrs. Cohen tells Uri stories about the family and Uri tells Mrs. Cohen stories about the work in the cafeteria. Uri and Mrs. Cohen are very good friends.

3. Using WHO מי as a question word, form questions to the following answers.

.1 ______________________?

זה המורה החדש להסטוריה.

.2 ______________________?

זאת האורחת של ריבה.

.3 ______________________?

אלה הפקידים מֵהַממשלה.

.4 ______________________?

דני עובד בספריה.

.5 ?________

הרופא מדבר עם גברת כהן.

Using WHAT מה as a question word, form questions to the following answers.

.1 ?________

אני לומד צרפתית באוניברסיטה.

.2 ?________

אני אוכלת ארוחת ערב.

.3 ?________

אנחנו קוראים עיתון.

.4 ?________

אנחנו רוצות ספר טוב.

.5 ?________

אני שומע מוסיקה טובה.

4. Translate the following sentences:

1. This is a very good meal.
2. This meal is very good.
3. These are large stores.
4. These stores are large.
5. These women are interesting women.
6. These are interesting women.
7. This literature is not very interesting -- it is boring.
8. This is a very interesting literature -- it is not boring.

5. Find the hidden words. You have a list of words which were hidden in the puzzle below. They could be in any direction, going up or down, forward or backward, and also diagonally.

After finding all the words listed below, unscramble the additional letters which are left in the box and compose a word which will complete the following sentence:

צבי ודינה עובדים ב _ _ _ _.

(correct answer for the missing word can be found in Lesson 4, Section 4).

א ל ג ח ל י מ ו ד ה
ת ר מ א י ש ט ס פ ר
י ב נ ק ט י נ ב א ב
ר פ ק י ד ע ד ח ל ה
ב ר ד ס ב ו ו ד ה י
ע ב ו ד ה ר ט ש י ר
מ מ ש ל ה ו ס ה ב ו
ל ו ע ר ב פ מ י ו ט
ו ל י ר ח א נ י ט ס
נ ש מ כ ו נ י ת מ ה

א. אוניברסיטה, אחרי, איש, אלה, אני; ב. בנק, בסדר; ג. גם;

ה. הסטוריה, הרבה; ח. חדשה; ט. טוב; ל. לא, לאן, לימוד;

מ. מה, מלון, מכונית, ממשלה; ס. סטודנט, ספר; ע. עבודה, ערב;

עברית; פ. פקיד; ר. רופא; ש. שיעור, שיר, שלום.

שיעור מספר 5

"עסוק, עסוק, עסוק..."

"BUSY, BUSY, BUSY..."

1. Vocabulary
2. Texts
3. Grammar and Exercises
   a. Prepositions: ב, ל, מִן
   b. Derived Nouns
   c. Verbs in Present Tense: פָּעַל Conjugation
      I. גזרת ל"א
      II. גזרת ע"ו
4. Additional Texts

1. Active Vocabulary — אוצר מילים פעיל .1

which?	אֵיזֶה/אֵיזוֹ?	איזה/איזו?
where?	אֵיפֹה?	איפה?
from where?		מאיפה?
to	אֶל	אל
country	אֶרֶץ אֲרָצוֹת	ארץ (נ)
Israel (lit. the country)	הָאָרֶץ	הארץ
mail; post office	דֹּאַר	דואר (ז)

apartment	דִּירָה דִּירוֹת	דירה (נ)
room	חֶדֶר חֲדָרִים	חדר (ז)
news	חֲדָשׁוֹת	חדשות (נ.ר.)
why?	לָמָּה?	למה?
very	מְאֹד	מאוד
article; news item	מַאֲמָר מַאֲמָרִים	מאמר (ז)
from	מִן	מן (מ...)
newspaper	עִתּוֹן עִתּוֹנִים	עיתון (ז)
busy	עָסוּק - עֲסוּקָה	עסוק - עסוקה
radio	רַדְיוֹ	רדיו (ז)

Verbs **פעלים**

to come	לָבוֹא (אל/ל..; מ..)	בָּא - בָּאָה
to live; reside	לָגוּר (ב...)	גָּר - גָּרָה
to run	לָרוּץ (אל/ל..; מ..)	רָץ - רָצָה
to find	לִמְצֹא (את)	מוֹצֵא - מוֹצֵאת
to read	לִקְרֹא (את)	קוֹרֵא - קוֹרֵאת

Expressions and Phrases **בישויים וצירופים**

on time	בַּזְּמַן
The Old City of Jerusalem	הָעִיר הָעַתִּיקָה

bookstore	חֲנוּת סְפָרִים
"Ma'ariv" (an Israeli newspaper)	"מַעֲרִיב"
The Israel Broadcasting Service	"שידורי יִשְׂרָאֵל"

2. Texts — שיחות .2

Dialogue A — שיחה א׳

- Yonatan, what are you doing?	- יוֹנָתָן, מה אתה עושה?
- I am busy.	- אני עסוק.
- Busy?	- עסוק?
- Yes. I am reading a newspaper.	- כן. אני קורא עיתון.
- Which newspaper?	- איזה עיתון?
- I am reading "Ma'ariv".	- אני קורא "מעריב".
- Is it a good paper?	- זה עיתון טוב?
- Yes. It is a very interesting paper.	- כן. זה עיתון מעניין מאוד.

Dialogue B — שיחה ב׳

- Dina, what are you doing?	- דִינָה, מה את עושה?
- I am busy.	- אני עסוקה.
- What are you doing?	- מה את עושה?
- I am writing a letter.	- אני כותבת מכתב.
- To whom are you writing?	- למי את כותבת?
- I am writing a letter to a friend.	- אני כותבת מכתב לחברה.

- Where is the friend?   ‏איפה החברה?‎ -

- She lives in Netanya.   ‏היא גרה בנתניה.‎ -

Dialogue C   ‏שיחה ג'‎

- Where are you going?   ‏לאן אתם הולכים?‎ -

- We are going to the store.   ‏אנחנו הולכים לחנות.‎ -

- To the supermarket?   ‏לסופרמרקט?‎ -

- No, we're going to a bookstore.   ‏לא, אנחנו הולכים לחנות ספרים.‎ -

- What do you find in the store?   ‏מה אתם מוצאים בחנות?‎ -

- We find good books in the store.   ‏אנחנו מוצאים בחנות ספרים טובים.‎ -

Dialogue D   ‏שיחה ד'‎

- Where are you running to?   ‏לאן אתן רצות?‎ -

- We are running to the library.   ‏אנחנו רצות לספריה.‎ -

- Why are you running to the library?   ‏למה אתן רצות לספריה?‎ -

- We want to study.   ‏אנחנו רוצות ללמוד.‎ -

Dialogue E   ‏שיחה ה'‎

- Where are you coming from?   ‏מאיפה את באה?‎ -

- I am coming from the library.   ‏אני באה מהספריה.‎ -

- And where are you going?   ‏ולאן את הולכת?‎ -

- I am going home.   ‏אני הולכת הביתה.‎ -

Dialogue F

- Where are you coming from?

- I am coming from the store.

- And where are you going?

- I am going to the bank.

שיחה ו'

- מאיפה אתה בא?

- אני בא מהחנות.

- ולאן אתה הולך?

- אני הולך לבנק.

Dialogue G

- Where are you coming from?

- We are coming from the post office.

- And where are you going?

- We are going to the movies.

שיחה ז'

- מאיפה אתם באים?

- אנחנו באים מהדואר.

- ולאן אתם הולכים?

- אנחנו הולכים לקולנוע.

Dialogue H

- What are you doing at home, Yehuda?

- I am studying. What are you doing?

- I am also studying.

- I am reading and writing homework.

- And I am reading an interesting book.

שיחה ח'

- מה אתה עושה בבית, יְהוּדָה?

- אני לומד. מה את עושה?

- גם אני לומדת.

- אני קורא וכותב שיעורים.

- ואני קוראת ספר מעניין.

3. Grammar and Exercises

3.a. Prepositions

I. ב, ל

Prepositions change in meaning according to their context in the sentence, and one translation, therefore, is not always adequate. The translations given here indicate the most common meanings.

Two prepositions that frequently occur in Hebrew are:

to, for	ל
in, at	ב

Like the definite article, these prepositions are prefixed directly to the noun, and never appear separately.

Examples:

"to a bookstore"	לְחנות ספרים
"in a bookstore"	בְּחנות ספרים

(1) Changes in the vowel of the preposition occur in a few cases and are determined by the first noun which follows the preposition. (This happens more in literary style, but it occurs in speech as well.)

(a) Before a shva in the first syllable of the noun, the preposition will have the /i/ vowel:

(Tiberias)	tverya --> litverya	טְבֶרְיָה ←-- לִטְבֶרְיָה
(Masada)	məcada --> limcada	מְצָדָה ←--- לִמְצָדָה

(b) If the first letter in the noun is a י /y/ ("yod") with a shva, the י is not pronounced:

(Jerusalem) yerushalayim ---> lirushalayim יְרוּשָׁלַיִם --> לִירוּשָׁלַיִם

(Jericho) yerixo ---------> lirixo יְרִיחוֹ ----> לִירִיחוֹ

(2) In literary style, the consonants ב, כ, פ change after the לְ and בְּ prepositions:

בּ ----> ב		בַּיִת -----> לְבַיִת	
כּ ----> כ		כְּלִי -----> בִּכְלִי	
פּ ----> פ		פָּקִיד -----> לְפָקִיד	

This is not adhered to in everyday speech.

(3) When the definite article is added to the noun, the ה drops, but the vowel is retained.

Examples:

"at the university" b**h**auniversita בָּהָאוּנִיבֶרְסִיטָה

"to the university" l**h**auniversita לְהָאוּנִיבֶרְסִיטָה

לְ + הַ = לַ
בְּ + הַ = בַּ

Note that the prepositional phrase "at the university" consists of three words in English, but is rendered in Hebrew by only ONE word.

a university אוּנִיבֶרְסִיטָה

the university הָאוּנִיבֶרְסִיטָה

at the university בָּאוּנִיבֶרְסִיטָה

to the university לָאוּנִיבֶרְסִיטָה

II. From - מִן, מִ

The preposition "from" has two forms in Modern Hebrew. It can appear as (1) a separate word /min/ מִן , which is used mostly in literary/written form; or (2) as the shorter version of the preposition מִ which is prefixed to the noun and is used in speaking.

The shorter form of the preposition consists of the first consonant /m/ מ and the vowel /i/ of the longer form, but the final /n/ ן is dropped, i.e. /min/ מִן ----> /mi/ מִ .

Examples:

"from Tel Aviv" /mitel aviv/ מִתֵּל אביב <---- מִן תל אביב

"from an apartment" /midira/ מִדירה <-------- מִן דירה

(1) Before the letters ע ח ה א ר the vowel /mi/ changes to /me/:

Examples:

"from a city" מֵעִיר <------ עִיר

"from friends" מֵחברים <---- חֲבֵרִים

"from America" מֵאמריקה <--- אֲמֵרִיקָה

"from Holland" מֵהוֹלַנד <---- הוֹלַנְד

"from the house" מֵהַבַּיִת <----- הַבַּיִת

Therefore, when the preposition מ precedes the definite article, it will always have the form /me/.

(2) The preposition מ is attached to a definite noun in a somewhat different manner than the prepositions ב and ל . Unlike ב and ל where the ה is dropped but the vowel is retained, after מ the <u>entire</u> definite article, i.e. both the ה and the vowel, is retained.

Examples:

"from the students" /mehastudentim/ מֵהַסטודנטים

"from the university" /mehauniversita/ מֵהָאוניברסיטה

מִ(ן) + הַ = מֵהַ

Note the difference in the way this preposition is prefixed to a definite noun, and the way in which ב and ל are prefixed:

"at the university" בָּאוניברסיטה

"to the university" לָאוניברסיטה

"from the university" מֵהָאוניברסיטה

3.a.1. Exercise תרגיל

Add the preposition ל to the following indefinite nouns:

Example: דוגמא: חדר ------→ לְחֶדֶר

דירה, דואר, ספריה, ספר, משרד, קולנוע, תיאטרון,

עיר, אוניברסיטה, קונצרט.

3.a.2. Exercise תרגיל

Add the preposition ב to the following indefinite nouns:

Example: דוגמא: עיתון ------→ בְּעיתון

מכתב, חנות, ספרים, תל אביב, ישראל, בנק, אנגלית,

סיפורים, קיבוצים.

3.a.3. **Exercise** תרגיל

Add the preposition מ to the following indefinite nouns:

Example: דוגמא: סֵפֶר ←-------- מִסֵּפֶר

מורה, תלמיד, פקידים, חברת, ממשלה, קמפוסים בישראל,

ספר בעברית, סיפור, משרדים.

3.a.4. **Exercise** תרגיל

Add the definite article to the following list of nouns:

Example: דוגמא: רוֹפֵא ←-------- הָרוֹפֵא

רופאים, ערים, מטבח, איש, אשה, אנשים, ארחת,

חיים, חדשות.

3.a.5. **Exercise** תרגיל

Add the preposition ל and the definite article to the following nouns:

Example: דוגמא: קוֹלְנוֹעַ ←-------- לַקולנוע

בית, חדר, אוכל, משרד, אוניברסיטה, קיבוץ, תלמידים,

ספרים באנגלית, ארוחות, אורחים.

3.a.6. **Exercise** תרגיל

Add the preposition מ and the definite article to the following nouns:

Example: דוגמא: עִיר ←-------- מֵהָעִיר

בתים, משרד, רדיו, אוניברסיטה, בית, עיתון, חברה,

פרופסור, אורחים.

3.a.7. Exercise תרגיל

Add the preposition ב and the definite article to the following nouns:

Example: דוגמא: קַמְפּוּס ‏ ---------◄ בַּקַמְפּוּס

קמפוסים באמריקה,   קיבוצים,   עיתונים,   חדשות,   רדיו,

טלביזיה,   חיים,   חנות,   סופרמרקט,   עבודה,   ספרות.

3.a.8. Exercise תרגיל

Change the following nouns from indefinite to definite:

Example: דוגמא: לְבַיִת ‏ ---------◄ לַבַּיִת

לספריה ‏ --------◄

מתיאטרון ‏ ------◄

במשרד ‏ --------◄

קולנוע ‏ -------◄

לקולנוע ‏ ------◄

בדואר ‏ --------◄

מחברים ‏ --------◄

בחדרים ‏ --------◄

לעיתון ‏ --------◄

מעיתון ‏ --------◄

בחנות ‏ ------◄

חנויות ‏ -------◄

3.a.9. Exercise תרגיל

Complete the following table:

Definite Phrase		Indefinite Phrase	
the house	בַּיִת	a house	בַּיִת
to the house	לַבַּיִת	to a house	לְבַּיִת
in the house	בַּבַּיִת	in a house	בְּבַּיִת
from the house	מֵהַבַּיִת	from a house	מִבַּיִת

the room ___ הֶחֶדֶר	a room ___ חדר
to the room ___ לַחֶדֶר	to a room ___ לְחֶדֶר
in the room ___ בַּחֶדֶר	in a room ___ בְּחֶדֶר
from the room ___ מֵהַחֶדֶר	from a room ___ מֵחֶדֶר
the apartment ___ הַדִּירָה	an apartment ___ דירה
to the apartment ___ לַדִּירָה	to an apartment ___ לְדִירָה
in the apartment ___ בַּדִּירָה	in an apartment ___ בְּדִירָה
from the apartment ___ מֵהַדִּירָה	from an apartment ___ מִדִּירָה
the office ___ הַמִּשְׂרָד	an office ___ משרד
to the office ___ לַמִּשְׂרָד	to an office ___ לְמִשְׂרָד
in the office ___ בַּמִּשְׂרָד	in an office ___ בְּמִשְׂרָד
from the office ___ מֵהַמִּשְׂרָד	from an office ___ מִמִּשְׂרָד
the library ___ הַסִּפְרִיָּה	a library ___ ספריה
to the library ___ לַסִּפְרִיָּה	to a library ___ לְסִפְרִיָּה
in the library ___ בַּסִּפְרִיָּה	in a library ___ בְּסִפְרִיָּה
from the library ___ מֵהַסִּפְרִיָּה	from a library ___ מִסִּפְרִיָּה
the museum ___ הַמּוּזֵיאוֹן	a museum ___ מוזיאון
to the museum ___ לַמּוּזֵיאוֹן	to a museum ___ לְמוּזֵיאוֹן
in the museum ___ בַּמּוּזֵיאוֹן	in a museum ___ בְּמוּזֵיאוֹן
from the museum ___ מֵהַמּוּזֵיאוֹן	from a museum ___ מִמּוּזֵיאוֹן

3.b. Derived Nouns

3.b.I. Location

In Hebrew, as in English, people can be referred to by their country or place of residence. By adding prescribed suffixes to most place names, a set of such nouns can be derived.

Example:

Place Name: Israel   יִשְׂרָאֵל

Derived Nouns: יִשְׂרָאֵלִיּוֹת   יִשְׂרָאֵלִים   יִשְׂרָאֵלִת   יִשְׂרָאֵלִי

The following table emerges:

נקבה רבות	זכר רבים	נקבה יחידה	זכר יחיד
ִיּוֹת ___	ִים ___	ִית ___ ִיָּה ___	ִי ___

A partial listing of derived nouns is provided here:

תרגום	הָאֲנָשִׁים				הָאָרֶץ
Israeli	יִשְׂרָאֵלִיּוֹת	יִשְׂרָאֵלִים	יִשְׂרָאֵלִית	יִשְׂרָאֵלִי	יִשְׂרָאֵל
American	אֲמֶרִיקָאִיּוֹת אֲמֶרִיקָנִיּוֹת	אֲמֶרִיקָאִים אֲמֶרִיקָנִים	אֲמֶרִיקָאִית אֲמֶרִיקָנִית	אֲמֶרִיקָאִי אֲמֶרִיקָנִי	אֲמֶרִיקָה
Frenchman	צָרְפָתִיּוֹת	צָרְפָתִים	צָרְפָתִיָּה	צָרְפָתִי	צָרְפַת
Englishman	אַנְגְּלִיּוֹת	אַנְגְּלִים	אַנְגְּלִיָּה	אַנְגְּלִי	אַנְגְּלִיָּה
Russian	רוּסִיּוֹת	רוּסִים	רוּסִיָּה	רוּסִי	רוּסִיָּה
German	גֶּרְמָנִיּוֹת	גֶּרְמָנִים	גֶּרְמָנִיָּה	גֶּרְמָנִי	גֶּרְמַנְיָה
Italian	אִיטַלְקִיּוֹת	אִיטַלְקִים	אִיטַלְקִיָּה	אִיטַלְקִי	אִיטַלְיָה

3.b.II. Profession

A similar set of derived nouns is one relating people to their profession. Here again, the nouns are derived by adding the same suffixes to names of professions and areas of expertise. Note the following table:

PROFESSION	הָאֲנָשִׁים				הַמִּקְצוֹעַ
Music	מוּסִיקָאִיוֹת	מוּסִיקָאִים	מוּסִיקָאִית	מוּסִיקַאי	מוּסִיקָה
Sport	סְפּוֹרְטָאִיוֹת	סְפּוֹרְטָאִים	סְפּוֹרְטָאִית	סְפּוֹרְטַאי	סְפּוֹרְט
Politics	פּוֹלִיטִיקָאִיוֹת	פּוֹלִיטִיקָאִים	פּוֹלִיטִיקָאִית	פּוֹלִיטִיקַאי	פּוֹלִיטִיקָה
Mathematics	מָתֵמָטִיקָאִיוֹת	מָתֵמָטִיקָאִים	מָתֵמָטִיקָאִית	מָתֵמָטִיקַאי	מָתֵמָטִיקָה
Physics	פִיסִיקָאִיוֹת	פִיסִיקָאִים	פִיסִיקָאִית	פִיסִיקַאי	פִיסִיקָה
Chemistry	כִּימָאִיוֹת	כִּימָאִים	כִּימָאִית	כִּימַאי	כִּימְיָה
Psychology	פְּסִיכוֹלוֹגִיוֹת	פְּסִיכוֹלוֹגִים	פְּסִיכוֹלוֹגִית	פְּסִיכוֹלוֹג*	פְּסִיכוֹלוֹגְיָה
Sociology	סוֹצְיוֹלוֹגִיוֹת	סוֹצְיוֹלוֹגִים	סוֹצְיוֹלוֹגִית	סוֹצְיוֹלוֹג*	סוֹצְיוֹלוֹגְיָה
Zoology	זוֹאוֹלוֹגִיוֹת	זוֹאוֹלוֹגִים	זוֹאוֹלוֹגִית	זוֹאוֹלוֹג*	זוֹאוֹלוֹגְיָה
Philosophy	פִילוֹסוֹפִיוֹת	פִילוֹסוֹפִים	פִילוֹסוֹפִית	פִילוֹסוֹף*	פִילוֹסוֹפְיָה

*Note that the shape of the masculine singular form of nouns derived from nouns ending in לוגיה- (-logy) differs in that the ִי- ending is not added.

3.b.1. Translation Exercise — תרגיל תרגום

Translate the following sentences into Hebrew: — תרגם לעברית:

1. There are new Israelis on campus.

יש ישראלים חדשים בקמפוס

2. The Americans are guests here.

האמריקנים הם אורחים פה

3. I meet Frenchmen and Englishmen at the bank.
אני פוגש את צרפתים ואנגלים בבנק

4. The Israeli (woman) is a psychologist.
הישראלית פסיכולוגית.

5. The Russian (man) works in the post office.
הרוסי עובד בדואר.

6. The Germans are physicists. They work at the university.
הגרמנים הם פיסיקאים. הם עובדים באוניברסיטה

7. He is a philosopher -- he talks and talks about philosophy.
הוא פילוסוף -- הוא מדבר ומדבר על פילוסופיה.

8. Politicians love to talk.
פוליטיקאים אוהבים לדבר.

9. Rina is a very good sportswoman.
רינה ספורטאית טובה מאוד

10. Americans are always running -- they are always very busy.
אמריקנים תמיד רצים -- הם תמיד עסוקים מאוד.

3.c. Verbs in Present Tense — פעלים בבינוני

3.c.I. Pa'al Conjugation of ל"א — בנין פעל ל"א

The roots ק-ר-א and מ-צ-א belong to a root classification known as גזרת ל"א . This class of roots is identified by the final radical א which affects the conjugation of the verb. In the conjugation of פעל in the present tense, the final radical א remains silent in the singular. Note the following table:

שֹׁרֶשׁ: ק-ר-א   גִּזְרָה: ל"א   בנין: פָּעַל

Inf. - שם הפועל	Fem. - נְקֵבָה	Masc. - זָכָר
לִקְרֹא (לקרוא) to read	אני / את / היא — קוֹרֵאת	אני / אתה / הוא — קוֹרֵא
	אנחנו / אתן / הן — קוֹרְאוֹת	אנחנו / אתם / הם — קוֹרְאִים

Examples: :דוגמאות

1. I read books in Hebrew.   .אני קורא ספרים בעברית   1.

2. Rina is reading the book.   .רינה קוראת את הספר   2.

3. We are reading a book in the library.   .אנחנו קוראים ספר בספריה   3.

Compare the forms of   לומד   and   קורא   and the forms of   לומדת   and

קוראת   and note the differences.

The conjugation of   מ–צ–א   is like that of   ק–ר–א

למצֹא (למצוא) to find	מוֹצְאוֹת	מוֹצְאִים	מוֹצֵאת	מוֹצֵא	מ–צ–א

Examples: :דוגמאות

1. He finds a place to sit.   .הוא מוצא מקום לשבת   1.

2. Dalia is finding the book.   .דליה מוצאת את הספר   2.

3. They are finding the house.   .הן מוצאות את הבית   3.

3.c.I.1. Substitution Drill   תרגיל התאמה

"Yossi reads Ma'ariv at home."   .יוסי קורא "מעריב" בַּבַּיִת   1.

[handwritten:] קוֹרָא   קוֹרְאִים   קוֹרֵאת   קוֹרְאִים

רינה.   המורים.   התלמידה.   רותי ורינה.   הפרופֶסור.

[handwritten:] קוֹרְאִים   קוֹרְאוֹת   קוֹרְאִים   קוֹרֵא

אנחנו.   אתן.   אתם.   הוא.

"Yoram does not find the place."   .יורם לא מוצא את המקום   2.

[handwritten:] נוֹצֵא   נוֹצֵאִים   נוֹצֵאת   נוֹצֵאת   נוֹצֵאים   נוֹצֵאת

אנחנו.   מי?   הם.   רבקה.   הנשים.   הרופאים.   המורה.

[handwritten: women]

[handwritten:] נוֹצֵאת   נוֹצֵאת   נוֹצֵאים

דרך רגליה.   דליה.   אתם.

142

3.c.II. Pa'al Conjugation of ע״ו — בנין פעל ע״ו

This group of verbs belongs to a root classification known as גזרת ע״ו which has ו as its medial radical. (This class of roots is also considered biconsonantal because ו is a semivowel.) In the conjugation of these verbs, note that the present tense forms contain only two radicals and that its stem vowel is /a/.

בנין: פעל   גזרה: ע״ו   שרש: ב-(ו)-א

Masc. - זכר		Fem. - נקבה		Inf. - שם הפועל
אני אתה הוא	בָּא	אני את היא	בָּאָה	לָבוֹא to come
אנחנו אתם הם	בָּאִים	אנחנו אתן הן	בָּאוֹת	

Examples: דוגמאות:

1. David comes to the library in the morning. — .1 דוד בָּא לספריה בבוקר.

2. Rina comes home on time. — .2 רינה באה הביתה בזמן.

3. The teachers are coming to class. — .3 המורים באים לשיעור.

Compare the conjugation of the above verb where the present tense vowel is /a/ with the verbs introduced previously, such as לוֹמֵד and עוֹשֶׂה where there are two vowels: /o-e/.

Examples: דוגמאות:

1. דוד בָּא לספריה.   ריבה בָּאָה לספריה.   הם בָּאִים לספריה.

2. דוד לוֹמֵד בספריה.   ריבה לוֹמֶדֶת בספריה.   הם לוֹמְדִים בספריה.

3. דוד עוֹשֶׂה שיעורים.   ריבה עוֹשָׂה שיעורים.   הם עוֹשִׂים שיעורים.

The conjugation of ר-(ו)-צ and ג-(ו)-ר is like that of ב-(ו)-א .

ר.(ו).צ.	רָץ	רָצָה	רָצִים	רָצוֹת	לָרוּץ to run
ג.(ו).ר.	גָּר	גָּרָה	גָּרִים	גָּרוֹת	לָגוּר to live

Pay attention to various <u>prepositions</u> used with each verb.

Examples: דוגמאות:

1. David <u>comes to class</u> on time. — 1. דוד <u>בא</u> <u>ל</u>שיעור בזמן.

2. David <u>comes from</u> the museum. — 2. דוד <u>בא</u> <u>מ</u>המוזיאון.

3. Rina <u>is running to</u> the library. — 3. ריבה <u>רצה</u> <u>ל</u>ספריה.

4. Rina <u>runs from</u> the house. — 4. ריבה <u>רצה</u> <u>מ</u>הבית.

5. Hannah <u>lives in</u> Haifa. — 5. חנה <u>גרה</u> <u>ב</u>חיפה.

3.c.II.1. <u>Substitution Drill</u> <u>תרגיל התאמה</u>

Complete the sentences according to the example: ב.ו.א. ----- לָבוֹא

Example: דוגמא: אני בא לעבודה בזמן. היא באה ________.

אני בא לעבודה בזמן והיא באה לעבודה בזמן.

1. דני בא הביתה בזמן. הם באים ________.

2. הם באים לשיעור בזמן. הן באות ________.

3. רבקה באה לעבודה בזמן. חנה ___באה___

4. אתם באים לספריה ללמוד. את ___באה___

5. המורה באה לכיתה בזמן. המורות ___באות___

3.c.II.2. Substitution Drill תרגיל התאמה

Complete the sentences according to the example: ר.ו.צ. ----- לָרוּק

דוגמא: אנחנו רצים הביתה. הוא ___רץ___ Example:

אנחנו רצים הביתה והוא רק הביתה.

1. דוד רץ לקולנוע. אתן ___רצות___

2. רונית ודליה רצות למוזיאון. הסטודנטים ___רצים___

3. הסטודנטים רצים לשיעור. הפרופסור ___רץ___

4. הפרופסור רץ הביתה. הפקידה ___רצה___

5. הפקידה רצה למשרד. יוסי ___רץ___

3.c.II.3. Substitution Drill תרגיל התאמה

Complete the sentences according to the example: ג.ו.ר. ----- לָגוּר

דוגמא: רונית גרה בָּעִיר הָעַתִיקָה. דוד ___גר___ Example:

old city

רונית גרה בעיר העתיקה ודוד גר בעיר העתיקה.

1. דוד גר בקֵיסַרְיָה. אנחנו ___גרים___

2. אנחנו גרים בלוֹנדוֹן. הם ___גרים___

3. הם גרים בְּקיבוץ בַּגָּלִיל. אתה ___גר___

4. אתה גר בחֵיפָה. אתן ___גרות___

5. אתן גרות בבית גדול. הוא ___גר___

large

Review the verbs in the present tense and complete the following sentences according to the given roots:

1. דוד, לאן אתה הולך ? (ה.ל.כ.)

   אני הולך הביתה.

2. מרים, מאיפה את באה ? (ב.ו.א.)

   אני באה מהספריה.

3. נעמי ורותשבה, איפה אתן גרות ? (ג.ו.ר.)

   אנחנו גרות בתל אביב.

4. יוחנן, מה אתה קורא ? (ק.ר.א.)

   אני קורא את העיתון.

5. תלמידים, מה אתם כותבים ? (כ.ת.ב.)

   אנחנו כותבים שיעורים.

6. ריבה, לאן את רצה ? (ר.ו.צ.)

   אני רצה לקולנוע.

7. רובית ודליה, מה אתן לומדות ? (ל.מ.ד.)

   אנחנו לומדות עברית.

8. שמעון, מה אתה רוצה ? (ר.צ.ה.)

   אני רוצה ללמוד באוניברסיטה.

9. דוד, האם אתה רץ לשיעור? (ר.ו.צ.)

   כן, אני רץ לשיעור.

10. דוד ומשה, מה אתם עושים כאן? (ע.ש.ה.)

    אנחנו עושים שיעורים.

3.c.II.5. Exercise

Translate the following sentences into Hebrew:

1. What are you doing in the kitchen, Rivka?

   מה את עושה במטבח, ריבקה?

2. I am cooking a meal in the kitchen.

   אני מבשל ארוחה במטבח.

3. Who is visiting here? The guests are visiting here.

4. Joe, do you speak Hebrew? Yes. I speak Hebrew.

5. Rina and Dina are busy and they are not going to the theater.

6. Dalia is busy. She is cooking a meal in the kitchen.

7. Nira is an employee in the government, and she works in Jerusalem.

8. The work in the government is very interesting.

9. The news from Tel Aviv is very boring.

10. I read the paper and I hear the news.

11. The doctor goes to the office, and works in the office.

12. The story is an interesting story.

13. The stories in the book are very new.

14. We come to the library to study.

15. Are you reading the letter, Yossi? No. I am reading a book.

16. Danni, are you finding good food in the kitchen?

17. Rina finds good news in the paper.

19. The guests are living in the new house.

20. Dan and Dalia are writing an article for the paper.

21. The politician is sitting and talking.

22. She is visiting the psychologist in the office.

147

4. Additional Texts — 4. קטעי קריאה

קטע א׳

ירבתן עובד בעיתון "מעריב". הוא כותב מאמרים בעיתון. הוא עובד במשרד. מה הוא עושה? הוא קורא עיתונים, שומע חדשות, וכותב מאמרים. העבודה מעניינת, העיתון מעניין, והמאמרים מעניינים.

(1) שאלות תוכן:

א. איפה עובד ירבתן?

ב. מה הוא כותב?

ג. באיזה עיתון הוא כותב?

ד. מה הוא עושה בעבודה?

(2) שנה את הקטע ל: רינה... דני ורינה... רינה ודליה...

Change the subject of the text to: Rina; Danni and Rina; Rina and Dalia.

קטע ב׳

רינה עובדת ב"שידורי ישראל". היא קוראת חדשות ברדיו. בבוקר היא רצה למשרד. היא כותבת את החדשות וקוראת את החדשות ברדיו. העבודה ב"שידורי ישראל" היא עבודה טובה ומעניינת.

(1) שאלות תוכן:

א. איפה רינה עובדת?

ב. מה היא עושה בעבודה?

ג. מי כותב וקורא את החדשות?

ד. האם העבודה טובה?

(2) שנה את הקטע ל: אנחנו... אתן... אתה...

קטע ג׳

אביבה סטודנטית באוניברסיטה. היא לומדת שפות: עברית, אנגלית, וצרפתית. אביבה רצה לספריה. בספריה היא קוראת ספרים וכותבת שיעורים. היא רצה הביתה. בבית היא קוראת עיתונים, שומעת חדשות ומוסיקה. אביבה עסוקה מאוד.

(1) שאלות תוכן:

א. מה עושה אביבה?

ב. מה היא לומדת?

ג. לאן היא רצה?

ד. מה היא עושה בספריה?

ה. מה היא עושה בבית?

(2) שנה את הקטע ל: דן... דני וריבה... ריבה ודליה...

שאלות ותשובות

Questions and Answers

Read the following questions and their answers, and make all the possible number and gender changes:

1. מה דן עושה? דן קורא עיתון.

2. מה דפנה עושה? דפנה כותבת מכתב.

3. למי דפנה כותבת? דפנה כותבת מכתב לחברים.

4. איפה גרים החברים? החברים גרים באילת.

5. מאיפה דפנה? דפנה מאשדוד.

6. מי בא? אורי בא.

7. מאיפה הוא בא? הוא בא מהחנות.

8. לאן הוא בא? הוא בא הביתה.

שיעור מספר 6

"מקומות מפגש"

"MEETING PLACES"

1. Vocabulary
2. Texts
3. Grammar and Exercises
   - a. Questions with "Yes" and "No" Answers
   - b. Questions Concerning Location
   - c. Verbs in Present Tense: נִפְעַל Conjugation
   - d. Quantifiers
4. Additional Texts

1. Active Vocabulary — 1. אוצר מילים פעיל

or	אוֹ	או
him	אוֹתוֹ	אותו
one (masc.)	אֶחָד	אחד (ז)
one (fem.)	אַחַת	אחת (נ)
at	אֵצֶל	אצל
building	בִּנְיָן בִּנְיָנִים	בנין (ז)
is it?; is there?	הַאִם?	האם?

company (social/ or business);	חֶבְרָה חֲבָרוֹת	חברה (נ)
day	יוֹם יָמִים	יום (ז)
each; every	כָּל	כל
some, several; a few	כַּמָּה	כמה
how much? how many?	כַּמָּה?	כמה?
night	לַיְלָה לֵילוֹת	לילה (ז)
meeting; encounter	מִפְגָּשׁ מִפְגָּשִׁים	מפגש (ז)
center	מֶרְכָּז מֶרְכָּזִים	מרכז (ז)
until; up to...	עַד	עד
next to	עַל יַד	על יד
noon	צָהֳרַיִם	צהריים (ז. זוגי)
near by; close	קָרוֹב - קְרוֹבָה	קרוב - קרובה
close to; approximately	קָרוֹב ל...	קרוב ל...
far; distant; remote	רָחוֹק - רְחוֹקָה	רחוק - רחוקה
far from	רָחוֹק מ...	רחוק מ...
that; which	שֶׁ...	ש...
happy; glad	שָׂמֵחַ - שְׂמֵחָה	שמח -שמחה

<u>Verbs</u> <u>פעלים</u>

to love, like	לֶאֱהֹב (את)	אוֹהֵב - אוֹהֶבֶת
to go out; exit	לָצֵאת (מ..; אל/ל..)	יוֹצֵא - יוֹצֵאת

to stay overnight; lodge	לָלוּן (ב...; אצל)	לָן - לָנָה
to enter	לְהִכָּנֵס (אל/ל...)	נִכְנָס - נִכְנֶסֶת
to be at a place; be located	לְהִמָּצֵא (ב...; אצל)	נִמְצָא - נִמְצֵאת
to meet with	לְהִפָּגֵשׁ (עם)	נִפְגָּשׁ - נִפְגֶּשֶׁת
to part from	לְהִפָּרֵד (מ...)	נִפְרָד - נִפְרֶדֶת
to stay, remain	לְהִשָּׁאֵר (ב...; אצל)	נִשְׁאָר - נִשְׁאֶרֶת

Expressions and Phrases	ביטויים וצירופים
afternoon	אַחֲרֵי הַצָּהֳרַיִם
evening meal, supper	אֲרוּחַת עֶרֶב
all day long	כָּל הַיּוֹם
all night long	כָּל הַלַּיְלָה
every day, each day	כָּל יוֹם
later in the afternoon; before dusk	לִפְנוֹת עֶרֶב
to walk; go by foot	לָלֶכֶת בָּרֶגֶל
meeting place	מְקוֹם מִפְגָּשׁ
center of town; downtown	מֶרְכַּז הָעִיר

Notes on Vocabulary:

(1) The two noun construction (סמיכות) used extensively in the reading passages will be explained in Lesson 12. It will suffice here to note the construction and to explain that to make a noun-noun phrase definite, a definite article must be added to the second noun of the construction. Note the following examples:

Definite Noun Phrase	N_2	N_1
מקום המפגש	מפגש	מקום
בית הקפה	קפה	בית
בית הספר	ספר	בית
מרכז העיר	עיר	מרכז
חברות הספרים	ספרים	חברות

(2) The preposition אֵצֶל does not have an exact equivalent in English. It indicates location and combines the notion of person and place.

at Ruth's (place) person + place	אֵצֶל רות
at Uri's (place) person + place	אֵצֶל אוּרִי

(3) The quantifier כל has two possible meanings, depending on whether the noun following it is preceded by a definite article:

"each; every"	noun +	כל
"all"	noun +	כל ה
"each day"		כל יום
"all day long"		כל היום

2. Texts

.2 קטעי קריאה

א. בית קפה

כל יום אנשים נכנסים לבתי קפה ויוצאים מבתי קפה. אנשים נכנסים לבית קפה, יושבים, אוכלים, קוראים עיתון ויוצאים. הם נפגשים עם חברים בבית קפה. הם באים, יושבים ומדברים, יוצאים והולכים הביתה. כמה אנשים נמצאים שם כל היום. כמה אנשים נמצאים שם כל הלילה. בית

הקפה הוא מקום מפגש לאנשים. הם נכנסים ויוצאים, יוצאים ונכנסים. הם
נפגשים ונפרדים, נפרדים ונפגשים.

A. A Coffeehouse

Every day people go in and out of coffeehouses. People enter a coffeehouse,
sit, eat, read a paper and leave. They meet with friends at a coffeehouse. They
come, sit and talk, go out and go home. Some people are there all day long.
Some people are there all night long. The coffeehouse is a meeting place for
people. They come and go, go out and come in. They meet and part, part and
meet.

Answer the following questions: :ענה על השאלות הבאות

1. מי נכנס לבית קפה?

2. מי יוצא מבית קפה?

3. מה עושים אנשים בבית קפה?

4. עם מי נפגשים אנשים בבית קפה?

5. מי יושב בבית קפה כל היום?

6. האם אנשים יושבים בבית הקפה כל הלילה?

7. מה זה מקום מפגש?

ב.   הבית של רותי

רותי נשארת בבית אחרי הצהריים. היא יושבת בבית, קוראת ספרים,
כותבת מכתבים ושומעת מוסיקה. לפנות ערב באים חברים לבקר. הם אוהבים
להיפגש אצל רותי. הם יודעים שרותי נמצאת בבית אחרי הצהריים. הם

154

נשארים אצל רותי עד הערב . כמה חברים נשארים אצל רותי גם בערב . רותי

מבשלת ארוחת ערב גדולה והם נשארים לאכול אצל רותי .

B. Ruthi's House

Ruthi stays home in the afternoon. She sits at home, reads books, writes
letters, and listens (hears) to music. Late in the afternoon friends come to
visit. They like to meet at Ruthi's. They know that Ruthi is at home in the
afternoon. They stay at Ruthi's till evening. Some friends also stay at Ruthi's
in the evening. Ruthi cooks a large supper and they stay to eat at Ruthi's.

Answer the following questions: ענה על השאלות הבאות:

1.   מי נשאר בבית אחרי הצהריים?

2.   מה עושה רותי בבית?

3.   מי בא לבית של רותי לפנות ערב?

4.   למה הם נפגשים אצל רותי?

5.   האם הם נשארים לאכול אצל רותי?

6.   מי מבשל ארוחת ערב?

ג .   הדירה של אורי

הדירה של אורי נמצאת במרכז העיר .   הדירה היא דירה גדולה בבנין

חדש .   בדירה יש חדר אחד גדול ומטבח .   הרבה חברים באים לבקר את אורי .

הם נשארים ללון אצל אורי .   הם לא אוהבים ללון במלון .   חברים נפגשים

אצל אורי .   כל היום וכל הלילה אנשים נכנסים ויוצאים מהדירה של אורי .

אורי אוהב חברה , והוא שמח שחברים באים לבקר אותו .

society

155

C. Uri's Apartment

Uri's apartment is located in the center of town. The apartment is a large apartment in a new building. In the apartment there is one large room and a kitchen. Many friends come to visit Uri. They stay overnight at Uri's place. They don't like to spend the night at a hotel. Friends get together at Uri's. All day long and all night long people come and go from Uri's apartment. Uri likes company, and he is happy that friends come to visit him.

Answer the following questions: ‏ענה על השאלות הבאות:‏

‏1. איפה נמצאת הדירה של אורי?‏

‏2. האם היא דירה גדולה או קטנה?‏

‏3. מה יש בדירה של אורי?‏

‏4. מי בא לבקר את אורי?‏

‏5. האם החברים של אורי הולכים למלון?‏

‏6. האם אורי שמח שבאים לבקר אותו?‏

3. Grammar and Exercises

3.a. Questions with "Yes" and "No" Answers

(1) Positive and Negative Statements

The negative particle ‏לא‏ is most commonly used to negate verbs, nouns, and adjectives. Other negative particles are: (1) ‏אַל‏ , used in negative commands and instructions; and (2) ‏אֵין‏ used to negate existential statements: ‏יֵשׁ‏ "there is" and ‏אֵין‏ "there is not."

156

Although אֵין is used to negate present tense verbs in formal Hebrew, the negative particle לֹא will be used here in the present tense, since the language taught is informal literary and spoken Hebrew. The particle לֹא must always precede the part of the sentence which it negates.

A. Negation of Predicate in a Sentence:

אורי הוא פקיד בבנק.   אורי הוא לֹא פקיד בבנק.

רינה נכנסת לבית קפה.   רינה לֹא נכנסת לבית קפה.

רון סטודנט טוב.   רון לֹא סטודנט טוב.

B. Negation of Individual Words:

pleasant	≠	unpleasant		נָעִים	≠	לֹא נָעִים
nice	≠	not nice		נֶחְמָד	≠	לֹא נֶחְמָד
right	≠	not right		נָכוֹן	≠	לֹא נָכוֹן
all right	≠	not all right		בְּסֵדֶר	≠	לֹא בְּסֵדֶר

(2) Interrogative Sentences

Questions involving a YES or NO answer can be asked in two ways: (1) the question word הַאִם can be placed before the entire sentence; and (2) changing the intonation pattern by raising the voice at the end of the sentence. There is no change in the word order!

Example:

"Are you from Jerusalem?"   א. הַאִם אתה מירושלים?

ב. אתה מירושלים?

Note that in Hebrew, the statement אתה מירושלים "You are from Jerusalem." and the question אתה מירושלים? "Are you from Jerusalem?" have the same word

157

order. The only change in the interrogative sentence is in the intonation

pattern.

Examples: דוגמאות:

                                                            שאלה: האם זה בית חדש?

                                                                     זה בית חדש?

                                                            תשובה: 1. כן.

                                                                     2. זה בית חדש.

                                                                     3. כן. זה בית חדש.

                                                            שאלה: האם זאת חנות ספרים טובה?

                                                                     זאת חנות ספרים טובה?

                                                            תשובה: 1. לא.

                                                                     2. זאת לא חנות ספרים טובה.

                                                                     3. לא. זאת לא חנות ספרים טובה.

3.a.1. Exercise   תרגיל

Form questions with a question word to the following YES and NO answers:

                                                     כתוב שאלות לתשובות הבאות:

1. _____?

                                                     כן. אבחנו מירושלים.

2. *(האם זה כאורח מקיסריה?)* _____?

place in Israel   לא. זה לא האורח מקיסריה.

3. _____?

                                                     כן. אלה הם סיפורים מעניינים.

4. *(האם הם הולכים לתיאטרון?)* _____?

                                                     לא. הם לא הולכים לתיאטרון.

158

.5 ?______________________________

כן. דליה לומדת פסיכולוגיה.

.6 ?______________________________

לא. אנחנו לא קוראים עיתון.

.7 האתה שומע חדשות ברדיו?

כן. אני שומע חדשות ברדיו.

.8 ?______________________________

לא. אני לא רץ לספריה.

.9 ?______________________________

כן. אנחנו רוצים ללכת לקפטריה.

.10 ?______________________________

לא. רינה לא רוצה לבוא.

3.a.2. <u>Exercise: Questions and Answers</u> <u>תרגיל: שאלות ותשובות</u>

Answer the following questions with positive and negative statements:

Example: דוגמא: האם אתם גרים בתל אביב?

כן. אנחנו גרים בתל אביב.

לא. אנחנו לא גרים בתל אביב.

.1 האם את קוראת עברית?

.2 האם רחל נשארת בדירה?

.3 האם אתם נפרדים מחברים?

.4 האם הסופרמרקט נמצא קרוב לקמפוס?

.5 האם אתה נפגש עם דליה?

.6 האם אתם קוראים "מעריב"?

7. האם רות באה מהחנות?

8. האם ריבה ודן גרים בבנין ישן?

9. האם אתה הולך לעבודה ?

10. האם את מבשלת את הארוחה?

3.b. Questions Concerning Location

Questions concerning location are always introduced by special question words. These question words correspond to the English words of "where" and "from where." Hebrew also has a specific question word to indicate "to where." The most common question words used in spoken Hebrew are:

Where?	אֵיפֹה?
From where?	מֵאֵיפֹה?
To where?	לְאָן?

There are other question words in Hebrew that have the same meaning but are used less frequently:

Where?	הֵיכָן?
From where?	מֵאַיִן? מֵהֵיכָן?
To where?	לְהֵיכָן?

(1) There are several prepositions which relate objects to place. The following adverbial expressions function as prepositions:

close to	קָרוֹב לְ...
far from	רָחוֹק מִ...
next to	עַל יַד

Examples:

"We live close to the university." אנחנו גרים קרוב לאוניברסיטה.

"You live far from the university." אתם גרים רחוק מהאוניברסיטה.

"Next to the university there is a good cafeteria." על יד האוניברסיטה יש קפטריה טובה.

These adverbial expressions, together with the nouns which follow them, answer the question "where?" איפה? . They are locative expressions, since together with the noun phrase that follows them they describe location.

Example:

איפה (אתם גרים)?

(אנחנו גרים) קרוב לאוניברסיטה.

(אנחנו גרים) רחוק מהאוניברסיטה.

(אנחנו גרים) על יד האוניברסיטה.

These adverbial expressions always remain constant, regardless of the subject of the sentence or the object to which they refer.

Note: Although in English both adverbial expressions "next to" and "close to" have the preposition "to," in Hebrew only the expression קרוב ל- has the preposition ל . One should not make the common mistake made by English speakers of adding the preposition ל when על יד is used:

Correct: על יד הספריה

Incorrect: על יד לספריה.

(2) Adjective of proximity: The two adjectives which describe proximity have four forms that reflect gender and number features:

near by:	קְרוֹבוֹת	קְרוֹבִים	קְרוֹבָה	קָרוֹב
distant; remote:	רְחוֹקוֹת	רְחוֹקִים	רְחוֹקָה	רָחוֹק

A. These adjectives can modify nouns, and as such they follow the noun and reflect its gender and number features.

Examples:

"The near by house is Zvi's house."	הבית הקרוב הוא הבית של צבי.
"The near by buildings are the university buildings."	הבנינים הקרובים הם בניני האוניברסיטה.
"The distant city is Eilat."	העיר הרחוקה היא אילת.
"The distant mountains are the Judean Mountains."	ההרים הרחוקים הם הרי יהודה.

B. These adjectives can also function as predicates in a sentence.

Examples:

"Hertzlia is near (to) Tel Aviv."	הרצליה היא קרובה לתל אביב.
"Is the university far?"	האם האוניברסיטה היא רחוקה?
"No. The university is near by."	לא. האוניברסיטה קרובה.

Note: Although the masculine singular forms of the adjectives קרוב and רחוק are identical to the ones used in the adverbial expressions ..קרוב ל., רחוק מ they do not fulfill the same function in the sentence. Moreover, while the adverbial expressions never change in form, the adjectives do change to reflect gender and number features of the nouns they modify. Compare the following examples:

Adverbial Expressions	Adjectives
הפקיד עובד קרוב לאוניברסיטה.	הבנין הקרוב הוא בנין חדש.
הפקידה עובדת קרוב לאוניברסיטה.	העיר הקרובה היא עיר חדשה.
הפקידים עובדים קרוב לאוניברסיטה.	ההרים הקרובים הם הרי הגליל.

3.b.2. Exercise תרגיל

Write answers to the question in the exercise. In each answer use the three different possibilities of distance:

איפה אתם גרים? קרוב ל ______________.

רחוק מ ______________.

על יד ______________.

1. האוניברסיטה.	6. החנות החדשה.
2. הסופרמרקט החדש.	7. המוזיאון.
3. העיר.	8. הכנסת.
4. בית הקפה.	9. הבנק.
5. מלון.	10. הבניינים הישנים.

3.b.3. Exercise תרגיל

Translate the following sentences:

1. The new hotel is far from the center of town.
2. The big library is near the university.
3. The distant buildings are next to the museum.
4. The distant city is Eilat, and the near by city is Tel Aviv.
5. The small stores are far from downtown and near (to) the campus.
6. The new cafeteria is next to Zvi's apartment.
7. The gas station is very far from this place.
8. The moviehouse downtown is close to the bank.
9. Nahariya is located next to Haifa.
10. Israel is very far from America.

3.b.1. Exercise: Questions and Answers   תרגיל: שאלות ותשובות

Write questions for the following answers: כתוב שאלות לתשובות הבאות:

1. איפה?

תשובה	שאלה
יונתן נמצא בבית.	איפה יונתן נמצא?
אנחנו גרים בניו-יורק.	איפה אתם גרים?
רותי גרה בחדר קרוב לקמפוס.	איפה גרה רותי?
התלמידים נשארים בבית.	איפה התלמידים נשארים?
הקולנוע הוא על יד הבנק.	את הקולנוע על יד?
רון נשאר בספריה.	איפה רון נשאר?
הספריה נמצאת רחוק מהקמפוס.	איפה הספריה נמצאת?
אמא של צבי נמצאת באילת.	איפה אמא של צבי נמצאת?

2. לאן?

תשובה	שאלה
אני הולך הביתה.	לאן אתה הולך?
אנחנו רצים לשיעור.	לאן אתם רצים?
הם באים הביתה לְשַׁבָּת.	לאן הם באים?
אנחנו הולכים למלון.	לאן אתם הולכים?
אני נכנס לבית קפה.	לאן אתה נכנס?

3. מאיפה?

תשובה	שאלה
אנחנו מנהריה.	מאיפה אתם?
רון בא מהקפטריה.	מאיפה רון בא?
ריבה באה מהספריה.	מאיפה ריבה באה?
דינה מניו-יורק.	מאיפה דינה?
דני מקיבוץ שָׂרִיד.	מאיפה דני?

3.b.4. Exercise   תרגיל

Write a question for each answer using the appropriate question word:

כתוב שאלות לתשורבות הבאות:

1. _לאן אתם רצים ?_	אנחנו רצים לאוטובוס.
2. _איפה רינה גרה ?_	ריבה גרה בבית גדול.
3. _מאין בא דן ?_	דן בא מהמטבח.
4. _האם רות לומדת באוניברסיטה ?_	כן. רות לומדת באוניברסיטה.
5. _האם דינה עובדת בבית קפה ?_	לא. דינה לא עובדת בבית קפה.
6. _לאן אתם הולכים ?_	אנחנו הולכים לבנק.
7. _מאין הם באים ?_	הם באים מהאוֹפֶּרָה.
8. _לאן ריבה הולכת ?_	ריבה הולכת לחנות.
9. _מה אתם רוצים ללמוד ?_	אנחנו רוצים ללמוד הסטוריה.
10. _איפה נמצא הבית החדש ?_	הבית החדש נמצא בהֶרְצְלִיָה.
11. _האם האורחים נשארים בבית ?_	כן. האורחים נשארים בבית.
12. _האם זאת חנות ספרים טובה ?_	כן. זאת חנות ספרים טובה מאוד.
13. _איפה הדירה ?_	הדירה היא בבנין חדש.
14. _מה ריבה קוראת ?_	ריבה קוראת עיתון.
15. _מאין האורחים האלה ?_	האורחים האלה מאמריקה.

3.c. Verbs in Present Tense   פעלים בֵּינוֹנִי

I. Nif'al Conjugation   בנין נפעל

Another conjugation pattern is that of <u>Nif'al</u>   נִפְעַל . The present tense

of verbs in the   נִפְעַל   conjugation is formed by first prefixing the letter   נ

to the radicals, and then suffixing the number and gender endings. The vowels of the present tense are prescribed, and the initial vowel is /i/. (When the initial radical is א,ע,ח,ה the initial vowel changes from /i/ to /e/: א.ב.ד becomes נֶאֱבַד .) When the first radical is ב,כ,פ , the /v/, /x/ and /f/ variants follow the prefixed נֶ– . When ב,כ,פ appear as the second radical, the /b/, /k/, and /p/ variants are used.

Examples:

"enters"	נִכְנָס	כ.נ.ס:	"is rented"	נִשְׂכָּר	ש.כ.ר:
"parts"	נִפְרָד	פ.ר.ד:	"is poured"	נִשְׁפָּך	ש.פ.כ:
"is examined"	נִבְדָק	ב.ד.ק:	"is broken"	נִשְׁבָּר	ש.ב.ר:

Table A   טבלה א'

בִּנְיָן: נִפְעַל   גִזְרָה: שְׁלֵמִים   שֹׁרֶשׁ: כ-נ-ס

Inf. – שֵׁם הַפֹּעַל	Fem. – נְקֵבָה	Masc. – זָכָר
להכָּנֵס (להיכנס) to enter	אני נכנֶסֶת את היא	אני נכנָס אתה הוא
	אנחנו נכנסוֹת אתן הן	אנחנו נכנסים אתם הם

Examples: דוגמאות:

1. Uri enters the office.   1. אורי נכנס למשרד.

2. Rina enters her house (home).   2. רינה נכנסת הביתה.

3. The students enter the class.   3. התלמידים נכנסים לשיעור.

166

The following verbs follow the same conjugation pattern as "to enter" להכנס in present tense:

לְהִפָּרֵד to part	נִפְרָדוֹת	נִפְרָדִים	נִפְרֶדֶת	נִפְרָד	פ.ר.ד.
לְהִשָּׁאֵר to remain	נִשְׁאָרוֹת	נִשְׁאָרִים	נִשְׁאֶרֶת	נִשְׁאָר	ש.א.ר.
לְהִפָּגֵשׁ to meet with	נִפְגָּשׁוֹת	נִפְגָּשִׁים	נִפְגֶּשֶׁת	נִפְגָּשׁ	פ.ג.ש.

The verb "to be located at" להמצא belongs to גזרת ל"א of בנין נפעל. (see present tense of פעל conjugation in Lesson 5). Note that the א is silent in the singular forms:

<u>Table B</u> <u>טבלה ב'</u>

לְהִמָּצֵא to be located at...	נִמְצָאוֹת	נִמְצָאִים	נִמְצֵאת	נִמְצָא	מ.צ.א.

3.c.1. <u>Exercise</u> <u>תרגיל</u>

Answer the following questions. In you answers use the words suggested for the exercise, or supply your own: כתוב תשובות לשאלות הבאות:

השתמש (use) במילים: חדר, בנין, בית, משרד.

1. לאן יעקוב ורחל נכנסים? יעקוב ורחל נכנסים לבנין.
2. לאן נכנס דן? דן נכנס לחדר.
3. לאן נכנסת צִיּוֹנָה? ציונה נכנסת לבית.

4. לאן אסתר ואורה נכנסות? ______________.

5. לאן נכנסים ירום ועודד? ______________.

6. לאן נכנסת דורית? ______________.

7. לאן אתה נכנס? ______________.

8. לאן אתן נכנסות? ______________.

3.c.2. Exercise — תרגיל

Write questions to the answers below:

כתוב שאלות לתשובות הבאות:

1. ______________? דן נשאר בבית.

2. ______________? הפרופסורים נשארים בקמפוס.

3. ______________? ריבה ודורית נשארות בספריה.

4. ______________? שושנה נשארת בדירה.

5. ______________? שמואל נשאר בתל אביב.

6. ______________? דוד וריבה נשארים במלון.

3.c.3. Substitution Drill — תרגיל התאמה

אורי נפגש עם חברים בבית קפה.

רינה. דן. דן ורינה. אנחנו. הרופאים. מי? הן.

3.c.4. Substitution Drill — תרגיל התאמה

משה נפרד מדוב.

רינה. דוד ורינה. הן. רינה ואנחנו. שמואל. מי? את.
אמא ואבא. האורח. החברה.

3.c.5. Substitution Drill — תרגיל התאמה

המכוניות נמצאות על יד הבית.

תחנת הדלק. הדואר. החנויות. בתי הקולנוע. הבנק. הבית

של צבי. האוניברסיטה. הדירה של סבתא של צבי.

3.c.6. Exercise — תרגיל

Translate into Hebrew: — תרגם לעברית:

1. We are staying home all night.
2. David is parting from Rina. He is going to the bank, and she is staying at home.
3. The car is (located) at the gas station.
4. The students enter the cafeteria (in the) day and (at the) night.
5. The students are not staying on campus (in the campus) at night.
6. Teachers and students get together in the coffeehouse near the university. They sit and talk all day and all night.

II. The Use of להמצא in Sentences Containing a Locative Complement

In present tense, a sentence which has as its complement a prepositional phrase describing a location, often contains a verb which links the two parts of the sentence. This particular verb functions with this special meaning only in present tense. The verb used is נִמְצָא , and it can best be translated in English as "is located" or "is found," even though in English the use of the verb "is" is sufficient. In spoken Hebrew, it is quite common to use the verb נמצא before locatives.

Examples: דוגמאות:

"The student is in Ramat Gan." הסטודנט נמצא ברמת גן.

הסטודנטית נמצאת ברמת גן.

הסטודנטים נמצאים ברמת גן.

הסטודנטיות נמצאות ברמת גן.

It is possible to form the same sentences without the verb נמצא:

"The student is in Ramat Gan." הסטודנט (הוא) ברמת גן.

הסטודנטית (היא) ברמת גן.

הסטודנטים (הם) ברמת גן.

הסטודנטיות (הן) ברמת גן.

3.c.7. Exercise תרגיל

Answer the following questions. Give one answer with a verb and one without a verb:
ענה על השאלות הבאות:

Example: דוגמא: איפה הבית? ________ בהר הכרמל.

תשובה א: הבית בהר הכרמל.

תשובה ב: הבית נמצא בהר הכרמל.

1. איפה משה? ________ במשרד.

2. איפה הבית החדש? ________ במרכז העיר.

3. איפה הספריה? ________ קרוב לאוניברסיטה.

4. איפה התלמידות מאנגליה? ________ בספריה.

5. איפה הבית של דן? ________ על יד הקולנוע החדש.

6. איפה החדר של דליה? ________ רחוק מהקמפוס.

7. איפה המשרד? ________ בבנין החדש.

8. איפה האמא של ריבה? ________________ בבאר שבע.

9. איפה הדירות של הסטודנטים? __________ על יד הקמפוס.

10. איפה תחנת הדלק? ________________ רחוק ממרכז העיר.

3.c.8. Exercise — תרגיל

Answer the following questions using the three new prepositions and the verb נמצא . Use the noun in the parentheses for your answer:

Example: — דוגמא: איפה נמצאת האוניברסיטה? (הבנק)

תשובה: א. האוניברסיטה נמצאת קרוב לבנק.

ב. האוניברסיטה נמצאת רחוק מהבנק.

ג. האוניברסיטה נמצאת על יד הבנק.

1. איפה נמצא הבנק? (הספריה)
2. איפה נמצא הסופרמרקט? (הבית)
3. איפה נמצאת החנות החדשה? (הדירה של דן)
4. איפה נמצא בית הקפה? (המוזיאון)
5. איפה נמצאת הספריית? (החנויות החדשות)
6. איפה נמצאים הבנינים של האוניברסיטה? (הכנסת)
7. איפה נמצא מוזיאון ישראל? (הכנסת)
8. איפה נמצאת חנות הספרים הגדולה? (הקולנוע)
9. איפה נמצא הדואר? (המלון הישן)
10. איפה נמצאת הקפטריה? (הקמפוס)
11. איפה נמצאת תחנת הדלק? (הבנין החדש)
12. איפה נמצא החדר? (הבית של ריבה)

3.d. Quantifiers

One, Several, and Many — אחד/אחת, כמה, והרבה

The quantifier "one" quantifies a singular noun. In Hebrew, the quantifier "one" has two forms: the masculine form אֶחָד , and the feminine form אַחַת If the quantified noun is masculine, the masculine form אחד is used; if the noun is feminine, the feminine form אחת is used. In Hebrew, the quantifier "one" אחד/אחת is used in the same manner as in English: to stress the fact that the count is one and not more. Note however, that in Hebrew, unlike in English, the quantifier "one" אחד/אחת follows the noun it quantifies. For example:

"a man"	אִישׁ
"one man"	אִישׁ אֶחָד
"a woman"	אִשָּׁה
"one woman"	אִשָּׁה אַחַת

The quantifiers "several" כמה and "many" הרבה quantify nouns in the plural, and precede the nouns they quantify. For example:

"several men"	כַּמָּה אֲנָשִׁים
"many men"	הַרְבֵּה אֲנָשִׁים
"several women"	כַּמָּה נָשִׁים
"many women"	הַרְבֵּה נָשִׁים

The quantifier הַרְבֵּה can also come before a singular noun which is a non-count noun, such as "time" זְמַן , "patience" סַבְלָנוּת, or "money" כֶּסֶף . It is then translated into English as "much." For example:

"much time" — הרבה זמן

"much patience" — הרבה סבלנות

"much money" — הרבה כסף

Note: The word כמה also functions as a question word to mean "how much?" or "how many?" As a question word, כמה can precede a plural noun or a singular noun.

Examples:

Sing. Noun:	"How long were you in Haifa?"	כמה זמן היית בחיפה?	יחיד:
Pl. Noun:	"How many people are in the class?"	כמה אנשים יש בכיתה?	רבים:

3.d.1. Completion Drill — תרגיל

Quantify the underlined nouns according to the following example:

Example: "A man enters the room." — דוגמא: איש נכנס לחדר.

1. איש אחד נכנס לחדר.
2. כמה אנשים נכנסים לחדר.
3. הרבה אנשים נכנסים לחדר.

1. תלמידה לומדת הסטוריה.

1. תלמידה אחת לומדת היסטוריה.
2. כמה תלמידות לומדות היסטוריה.
3. הרבה תלמידות לומדות היסטוריה

2. אשה מבשלת במטבח.

1. ______
2. ______
3. ______

3. אורחה בפגש עם חברים בבית קפה.

1. אורח אחד נפגש עם חברים בבית קפה
2. כמה אורחים נפגשים עם חברים בבית קפה
3. הרבה אורחים נפגשים עם חברים בבית קפה

4. פקידה יוצאת מהבנק.

1. פקידה אחת יוצאת מהבנק
2. כמה פקידות יוצאות מהבנק
3. הרבה פקידות יוצאות מהבנק

5. רון קורא עיתון מעניין.

1. __________
2. __________
3. __________

6. ריבה כותבת עבודה.

1. __________
2. __________
3. __________

7. דליה כותבת לחבר.

1. דליה כותבת לחבר אחד
2. דליה כותבת לכמה חברים
3. דליה כותבת להרבה חברים

8. יש בעיר ספריה.

1. __________
2. __________
3. __________

9. אנחנו הולכים לקונצרט עם חבר.

1. אנחנו הולכים לקונצרט עם חבר אחד
2. אנחנו הולכים לקונצרט עם כמה חברים
3. אנחנו הולכים לקונצרט עם הרבה חברים

10. דן אוכל ארוחה עם ריבה.

1. __________
2. __________
3. __________

4. Additional Texts — קטעי קריאה .4

Text A — קטע א'

כל יום אחרי השיעורים דן הולך הביתה. הוא הולך ברגל. דן גר בדירה קטנה. הדירה נמצאת לא רחוק מהאוניברסיטה. היא נמצאת על יד הקמפוס. היא גם קרובה לסופרמרקט. דן נכנס הביתה, מבשל ארוחת ערב, ועושה שיעורים. בערב דן נשאר בבית. הוא אוהב לשמוע מוסיקה, או לראות טלביזיה. דן אוהב מאוד לקרוא. הוא קורא הרבה ספרים.

4.a.1. Exercise — תרגיל

Read the passage and: (1) translate it to English; (2) write content questions for the passage.

Text B — קטע ב'

יוסף יוצא מהבית בבוקר. הוא נוסע באוטובוס לעבודה. הוא עובד במשרד במרכז העיר. הוא לא הולך הביתה בצהריים. הוא נשאר בעיר. הוא אוכל בקפטריה קרוב למשרד. הוא עובד עד לפנות ערב והולך הביתה בערב. אחרי ארוחת הערב הוא הולך לבקר את רינה. הם אוהבים ללכת לאופרה או לקונצרט.

4.b.1. Exercise: Write a conversation between you and Yosef about his life style.

Text C: Plans for the Evening — קטע ג': תכניות לערב

רותי: אורי, אתה נשאר בבית בערב?

אורי: כן. אני נשאר בבית.

רותי: מה אתה עושה בבית?

אורי: אני יושב וקורא ספרים. אני לומד. מה את עושה?

רותי: אני נפגשת עם חברים בערב.

אורי: איפה אתם נפגשים?

רותי: יש הרבה מקומות מפגש: הספריה, בית הקפה, האוניברסיטה,

          הקולנוע....

אורי: מה אתם עושים?

רותי: אנחנו הולכים לקולנוע, יושבים בבית קפה או נכנסים

          לדיסקוטק.

אורי: טוב להישאר בבית בערב.

רותי: טוב להיפגש עם חברים בערב.

4.c.1. <u>Exercise</u>   <u>תרגיל</u>

                                                    כתוב שני קטעים:

                                        1. אני רוצה להישאר בבית בערב.

                                        2. אני רוצה להיפגש עם חברים בערב.

Write two short paragraphs:

   1. I want to stay home in the evening.

   2. I want to get together with friends in the evening.

שיעור מספר 7

"שִׂיחוֹת הֶכֵּרוּת"

"GETTING ACQUAINTED"

1. Vocabulary
   a. Active Vocabulary
   b. Vocabulary Notes

2. Texts

3. Grammar and Exercises
   a. Formulas for Introducing People
   b. Verbs: מַכִּיר יוֹדֵעַ
   c. The Subordinating Particle: ...שֶׁ
   d. Pronoun Suffix of Singular Nouns
   e. The Possessive Particle: שֶׁל
   f. Conjugation of the Direct Object Particle: אֶת (-אוֹת)

4. Additional Text and Review Exercise

1.a. Active Vocabulary — 1.א. אוצר מילים פעיל

father	אָב אָבוֹת	אב (ז)
Dad; Daddy	אַבָּא	אבא (ז)
brother (male nurse)	אָח אַחִים	אח (ז)

English	Hebrew (vocalized)	Hebrew
sister (female nurses)	אָחוֹת / אֲחָיוֹת	אחות (נ)
how?	אֵיךְ?	איך?
if	אִם	אם
at our place (home)	אֶצְלֵנוּ	אצלנו
wife	אִשָּׁה / נָשִׁים	אשה (נ)
young person; guy	בָּחוּר – בַּחוּרָה	בחור – בחורה
husband ; owner, possessor	בַּעַל / בְּעָלִים	בעל (ז)
parents	הוֹרִים	הורים (ז.ר.)
acquaintanceship	הֶכֵּרוּת / הֶכֵּרוּיוֹת	הכרות (נ)
oldtimer; veteran	וָתִיק – וְתִיקָה	ותיק – ותיקה
friend; acquaintance	יָדִיד – יְדִידָה	ידיד – ידידה
already	כְּבָר not any more לא כבר	כבר
thus; so	כָּךְ so not כי	כך
nice	נֶחְמָד – נֶחְמָדָה	נחמד – נחמדה
pleasant	נָעִים – נְעִימָה	נעים – נעימה
neighbor	שָׁכֵן – שְׁכֵנָה	שכן – שכנה
record	תַּקְלִיט / תַּקְלִיטִים	תקליט (ז)

Verbs

פעלים

to meet; get acquainted with; to know; be aware of	לְהַכִּיר (אֶת)	מַכִּיר – מַכִּירָה
to feel	לְהַרְגִּישׁ (אֶת)	מַרְגִּישׁ – מַרְגִּישָׁה

178

Expressions and Phrases — ביטויים וצירופים

if so; then; thus — אִם כֵּן ...

really; truly — בֶּאֱמֶת

family members — בְּנֵי מִשְׁפָּחָה

an old friend — יָדִיד וָתִיק

"All Israel are brethren" — "כָּל יִשְׂרָאֵל חֲבֵרִים"

Pleased to meet you! (lit.: very pleasant) — נָעִים מְאוֹד

1.b. Vocabulary Notes

The following adjectives, when used in reference to people, are often confused with one another:

pleasant — נָעִים

nice — נֶחְמָד

beautiful, pretty — יָפֶה

These adjectives, while similar, are not identical in meaning. נעים "pleasant" refers mostly to behavior and mannerism; נחמד "nice" to personality and general appearance; יפה "nice looking" or "pretty" to physical appearance.

Examples:

מר גלעדי הוא איש נעים מאוד.

Mr. Giladi is a very <u>pleasant</u> man.

הרופאה החדשה ב"הדסה" היא אשה נחמדה מאוד.

The new doctor in Hadassah is a very <u>nice</u> woman.

גברת גלעדי לא רק נחמדה, היא גם יפה מאוד.

Mrs. Giladi is not only <u>nice</u>, she is also very <u>pretty</u>.

These same adjectives are also used in expressions:

Please meet Mr. Giladi. נא להכיר את מר גלעדי.

- It is very pleasant. - נעים מאוד.
  (I am pleased to meet you.)

I am now working in Hadassah. אני עכשיו עובדת ב"הדסה".

- Very nice! - יפה מאוד.

2. **Texts** שיחות הכרות 2.

שיחה א'

דן: עוזי, תכיר את אֶפְרָת. אפרת שָׁמִיר.

עוזי: נעים מאוד.

דן: אפרת, תכירי את עוּזִי גַפְנִי.

אפרת: נעים מאוד.

דן: עוזי עובד בחנות תקליטים ברחוב יָפוֹ.

אפרת: ואני עובדת בחנות ספרים ברחוב יפו.

עוזי: אם כך אנחנו שְׁכֵנִים.

שיחה ב'

ריבה: יוֹרָם ורוּבִית, תכירו את יוסי פְרִידְמָן.

רובית: אנחנו כבר מכירים.

ריבה: באמת? איך?

רובית: אבי מכיר את אָבִיו. הם ידידים ותיקים.

ריבה: וגם אתה מכיר אותו, יוֹרם?

רובית: גם יורם מכיר אותו. אמו ואביו ידידים ותיקים.

ריבה: "כל ישראל חברים".

<u>שיחה ג׳</u>

עוזי: אורי, אתה מכיר את אֵהוּד?

אורי: איזה אהוד? אהוד יָרוֹן?

עוזי: כן.

אורי: הוא חבר של אחי ואחותי.

עוזי: הוא מכיר את אחותךָ?

אורי: כן. הם עובדים ביחד.

עוזי: והוא מכיר גם את אחִיךָ?

אורי: אחי ואהוד ידידים ותיקים.

עוזי: ואתה מכיר אותו?

אורי: כן. אבי מכיר אותו מהבית. הוא בחור נחמד מאוד. He is a very nice guy

עוזי: אם כך הוא מכיר את כל המשפחה.

3. Grammar and Exercises

3.a. Formulas for Introducing People

(1) One formula for introducing people in Hebrew is by using the future forms of second person, singular and plural, of the verb להכיר . The person <u>being addressed</u> determined the gender and number features of the verb.

Plural	Singular	
Masc. + Feminine	Fem.	Masc.
תַּכִּירוּ	תַּכִּירִי	תַּכִּיר

Examples: :דוגמאות

1. Yonatan, meet Michal.   .יוֹנָתָן, תכיר את מִיכַל‎   .1

2. Michal, meet Yonatan.   .מִיכַל, תכירי את יונתן‎   .2

3. Yonatan and Michal, meet Galia.   .יונתן ומיכל, תכירו את גליה‎   .3

(2) Another way to introduce people is by using a special form of "please" נָא ,

together with the infinitive of the verb   להכיר .

Example: :דוגמא

Please meet Moshe and Miriam Zehavi.   .נָא לְהַכִּיר את משה ומרים זהבי

Answer: Pleased to meet you.   .תשובה: נעים מאוד

3.a.1. Exercise   תרגיל

Complete the sentences with the appropriate verb forms of   להכיר :

Example: .דוגמא: אורי, _____ תכיר _____ את מַלְכָּה

1.   .מלכה, _____ את החברים שלי

2.   .חברים, _____ את אמא של צבי

3.   .גברת פֹהֶן, _____ את המורה של יוסי

4.   .יוסי, _____ את סבתא של דב

5.   .יוסי ואורי, _____ את האורח שלי מאנגליה

6.   .אמא, _____ את בִּירָה שַׁמָּאי ואהוד שמאי

7.   .בירה ואהוד _____ את ההורים שלי

182

3.a.2. Exercise   תרגיל

Translate the following sentences, using both formulas of introduction:

1. Rachel, meet David. He is the new student.
2. Dan, meet Mr. and Mrs. Cohen. They are my guests.
3. Students, meet Dalia. She is Dan's friend.
4. Dalia and Rina, meet Ron. He works at the bank.
5. Ehud and Yossi, meet Zvi's grandmother.

3.b. Verbs: "To be acquainted" and "to know"   להכיר ולדעת

The verb לְהַכִּיר can often be translated into English by the verbal expression "to be acquainted with," which involves people and places.

Examples:

"Shoshana knows Miriam." (is acquainted with)   שושנה מַכִּירָה את מרים.

"Shoshana knows the city." (is acquainted with)   שושנה מַכִּירָה את העיר.

The verb (י-ד-ע)לָדַעַת is not used with people or places as object.

~~שושנה יודעת את מרים.~~ --- שושנה מכירה את מרים.

~~שושנה יודעת את העיר.~~ --- שושנה מכירה את העיר.

When knowledge of subject matter or information is involved, the verb used is לדעת "to know".

Examples:

"Shoshana knows Hebrew."   שושנה יוֹדַעַת עברית.

"Shoshana knows where the house is located."   שושנה יודעת איפה הבית נמצא.

The present tense conjugation of the verb י.ד.ע. has already been discussed in Lesson 3. The verb לְהַכִּיר belongs to the הִפְעִיל conjugation, and its four forms in present tense are:

מַכִּירוֹת	מַכִּירִים	מַכִּירָה	מַכִּיר	בֵּינוֹנִי:

3.b.1. Substitution Drill

תרגיל התאמה

"I know (am acquainted with) the guests."

אני מכיר את האורחים.

מכירות *מכירה מכיר*

את. הם. אנחנו. אתה. *מכירים*

מכירה מכיר מכירות שמעון. רותי. הן. היא.

גברת כהן. מר ברנשטיין.

מכיר מכירה

3.b.2. Exercise

תרגיל

Translate the following sentences:

1. The guests don't know the city.

האורחים לא מכירים את העיר.

2. We know your guests. They are our friends.

אנחנו מכירים את האורחות שלך (החברים שלנו.)

3. Yossi, do you know French? Do you speak French?

יוסי, אתה יודע צרפתית? (את אתה מדבר צרפתית?)

4. Zvi's mother knows the people in the store, and they know Zvi's mother.

אמא של צבי מכירה את (האנשים) בחנות, והם מכירים את אמא של צבי.

5. Uri knows the history of the city -- he knows the streets, the shops, and
   the buildings in the city.

אורי יודע (את ההיסטוריה של העיר)
(הוא) מכיר את הרחובות (החנויות) (masc)
והבניינים בעיר.

3.b.3. Fill-in Exercise

תרגיל השלמה

Fill in the appropriate verb, using either מכיר or ידע :

השלם:

1. רון _*מכיר*_ את רינה, אבל רינה לא _*מכירה*_ את רון. היא

לא _*יודע*_ איפה הוא עובד.

2. האם אתם _*יודעים*_ מי גר כאן?

184

3. אנחנו ___מכירים___ את הארץ ו ___יודעים___ איפה יש חברות טובות.

4. מר ברנשטיין לא ___מכיר___ אנשים בירושלים.

5. הרופאים ___יודעים___ מה לעשות. הם ___מכירים___ את מר ברנשטיין.

3.c. <u>The Subordinating Particle ...שֶׁ</u> <u>...שֶׁ</u>

The subordinating particle ..שֶׁ serves to join two sentences. This particle introduces the subordinate clause to the main sentence. In English, the particle can be translated as "that."

Example:

Sentence A: "Gilah thinks." משפט א׳: גִילה חושבת.

Sentence B: "I know Bernstein." משפט ב׳: אני מכירה את ברנשטיין.

משפטים א׳ + ב׳ = משפט ג׳: גילה חושבת <u>שֶׁ</u>אני מכירה את ברנשטיין.

Sentences A + B = Sentence C: "Gilah thinks <u>that</u> I know Bernstein."

Note: In more formal writing, the particle כִּי is sometimes used instead of the subordinating particle ..שֶׁ :

"The Foreign Office announces that..." משרד החוץ מוסר כִּי...

3.c.1. <u>Exercise</u> <u>תרגיל</u>

Combine the two sentences with the subordinating particle ...שֶׁ:

דוגמא: 1. רון כותב.

2. הוא עסוק.

3. <u>רון כותב שהוא עסוק.</u>

א. 1. ריבה יודעת.

2. הבנק נמצא ברחוב יפו.

3. ___ריבה יודעת שהבנק נמצא ברחוב יפו___

ב. 1. אנחנו יודעים.

2. הם ידידים ותיקים. 3. ________________.

ג. 1. הם מספרים.

2. הארוחות בקפטריה טובות. 3. ________________.

ד. 1. הפרופסור יודע.

2. הספר הוא טוב. 3. ________________.

ה. 1. ריבה חושבת.

Old wives tale (contract)

2. אלה סיפורי סבתא. 3. ________________.

ו. 1. אבי שומע.

2. אתם מכירים את יוסי. 3. ________________.

ז. 1. אמא יודעת.

2. אבי בספריה. 3. ________________.

ח. 1. מי יודע.

2. אבי לא בא לשיעור. 3. ________________.

ט. 1. אנחנו חושבים.

2. הספרים טובים. 3. ________________.

י. 1. הן יודעות.

2. אנחנו עסוקים מאוד. 3. ________________.

3.d. <u>Pronoun Suffixes Attached to Singular Nouns</u>

In Hebrew there are personal pronouns which are used as suffixes and are attached to the nouns and prepositions they modify. There is one set of pronouns suffixed to the singular noun, and another set suffixed to the plural noun. These pronouns, when attached to nouns, are possessive pronouns.

PRONOUN SUFFIXES ATTACHED TO SINGULAR NOUNS

Plural		Singular	
	___נוּ	___ִי	
___כֶן	___כֶם	___ֵךְ	___ךָ
___ָן	___ָם	___ָהּ	___וֹ

(1) The set of pronouns introduced here is suffixed to the singular noun While the pronoun endings attached to singular nouns are always the same, the shape of the noun which they are attached to often undergoes changes.

Examples:

"my welfare"	שְׁלוֹמִי	שָׁלוֹם
"my book"	סִפְרִי	סֵפֶר
"my mother"	אִמִּי	אֵם

Dependent Noun Form	Independent Noun Form
שְׁלוֹמִי = (Pron.) אני + שְׁלוֹמ	שָׁלוֹם (ז)
שְׁלוֹם רינה = (N.) רינה + שְׁלוֹם	

רַבִּים		יָחִיד	
	שְׁלוֹמֵנוּ	שְׁלוֹמִי	
שְׁלוֹמְכֶן	שְׁלוֹמְכֶם	שְׁלוֹמֵךְ	שְׁלוֹמְךָ
שְׁלוֹמָן	שְׁלוֹמָם	שְׁלוֹמָהּ	שְׁלוֹמוֹ

The traditional greeting in Hebrew literally means: "What is your welfare," i.e. "How are you?" מה שלומך? . The answer to the greeting is: "My welfare is good," or in other words, "I am fine" שלומי טוב. .

Note: When the question is in second person, the answer is in first person:

מה שלומכם? תשובה: שלומנו טוב.

However, when the question is in third person, the answer remains in third person:

מה שלומה? תשובה: שלומה טוב.

מה שְׁלוֹם דן? תשובה: שְׁלוֹם דן הוא טוב.

(2) In Modern Hebrew, the possessive pronoun suffix is commonly used with nouns which refer to family members:

wife	אִשָּׁה	husband	בַּעַל
mother	אֵם	father	אָב
sister	אָחוֹת	brother	אָח

אָחוֹת	אֵם	אָב	אָח
אֲחוֹתִי אֲחוֹתְךָ אֲחוֹתֵךְ אֲחוֹתוֹ אֲחוֹתָהּ אֲחוֹתֵנוּ אֲחוֹתְכֶם אֲחוֹתְכֶן אֲחוֹתָם אֲחוֹתָן	אִמִּי אִמְּךָ אִמֵּךְ אִמּוֹ אִמָּהּ אִמֵּנוּ אִמְּכֶם אִמְּכֶן אִמָּם אִמָּן	אָבִי אָבִיךָ אָבִיךְ אָבִיו אָבִיהָ אָבִינוּ אֲבִיכֶם אֲבִיכֶן אֲבִיהֶם אֲבִיהֶן	אָחִי אָחִיךָ אָחִיךְ אָחִיו אָחִיהָ אָחִינוּ אֲחִיכֶם אֲחִיכֶן אֲחִיהֶם אֲחִיהֶן

Note the various changes in the shape of the noun stem when the possessive pronoun is attached.

The nouns "husband" בַּעַל and "wife" אִשָּׁה are constrained by reality and appear only in the following forms:

אִשָּׁה	בַּעַל
אִשְׁתִּי	בַּעֲלִי
- אִשְׁתְּךָ	בַּעַלְךָ -
- אִשְׁתּוֹ	בַּעֲלָהּ -

In most other nouns, the possessive pronoun <u>is not attached</u> to the noun. The pronoun suffix is attached to the possessive particle של which follows the noun it modifies. (Explanation follows in the next section.)

Example:

"my book" הַסֵּפֶר שֶׁלִּי <---- סִפְרִי

However, in certain idiomatic expressions in Modern Hebrew, the possessive pronoun suffix must be used. These expressions <u>cannot</u> be paraphrased by using the possessive particle של .

Examples:

"How are you? I am fine." מה שְׁלוֹמְךָ? שְׁלוֹמִי טוב.

"In my opinion ..." לְדַעְתִּי ...

"In my heart ..." בְּלִבִּי ...

You <u>cannot</u> say: ~~מה השלום שלך?~~ to mean "How are you?" מה שְׁלוֹמְךָ ; nor can you say ~~לדעת שלי~~ to mean "In my opinion ..." לְדַעְתִּי , or ~~בלב שלי~~ to mean "In my heart ..." בְּלִבִּי .

3.d.1. Exercise — תרגיל

Answer the following questions:

ענה על השאלות הבאות:

1. דוד, מה שלומך? ______ שלומי טוב
2. ריבה, מה שלומך? ______
3. ריבה ודוד, מה שלומכם? ______
4. ריבה ורבקה, מה שלומכן? ______
5. מה שלום דוד? ______
6. מה שלום ריבה? ______
7. מה שלום דוד וריבה? ______
8. מה שלום ריבה ורבקה? ______
9. מה שלומו? ______
10. מה שלומם? ______

3.d.2. Exercise — תרגיל

Read the dialogue. Change it from Dina and Dan to Dan and Dina:

קרא את השיחה. שנה את השיחה מדינה ודן לדן ודינה:

שיחה

דינה: מה שלומך?

דן: שלומי טוב. ומה שלומך?

דינה: גם שלומי טוב. מה שלום אביך?

דן: שלומר טוב. ומה שלום אחותך?

דינה: שלומה טוב. היא לומדת באוניברסיטה.

דן: איפה נמצאת האוניברסיטה?

דינה: האוניברסיטה נמצאת בירושלים.

דן: איפה אחותך גרה?

דינה: היא גרה בבנין חדש שנמצא קרוב לקמפוס.

דן: גם אני לומד באוניברסיטה. אני גר בדירה ישנה רחוק מהקמפוס.

3.d.3. Exercise — תרגיל

Translate the following sentences: — תרגם לעברית:

1. My husband is very busy; he works at my father's office from morning till night.
2. I do not know your wife. She knows my wife, but I do not know her.
3. Meet Mr. and Mrs. Reuveni. They are my husband's parents.
4. Dina, I know your husband. How is he? What is he doing?
5. Uri is their brother, and Rina is their sister. They are my neighbors.
6. Does your husband know the entire family? Does he know your mother, your father, your brother, and your sister?
7. Your mother is an interesting woman. I also know her brother, but I don't think that he is interesting.
8. Her father and her mother are old friends of mine.

3.e. The Possessive Particle שֶׁל

As mentioned previously, possessive pronouns can be added directly to nouns. In spoken Modern Hebrew, however, this rule is followed in only a restricted set of nouns, as in nouns referring to family members or in nouns used in idiomatic expressions. The most commonly used phrase to indicate possession involves the possessive particle שֶׁל . Thus the phrase הַסֵּפֶר שֶׁלִּי will be more commonly used than סְפָרִי .

The particle של is a preposition which joins two nouns in a possessive relationship:

"The student's book" — הספר של הסטודנט

("The book <u>of</u> the student")

Note that Noun 1 in the Hebrew phrase is the <u>possessed</u> noun, and Noun 2 is the <u>possessor</u>. When a pronoun is used to indicate the possessor, the set of pronoun suffixes is attached to the particle שֶׁל .

Examples:

"his book" — הספר שלו

"her house" — הבית שלה

Conjugation of של :

Plural - רבים			Singular - יחיד		
our/ours		שֶׁלָּנוּ	my/mine		שֶׁלִּי
your	m.	שֶׁלָּכֶם	your	m.	שֶׁלְּךָ
	f.	שֶׁלָּכֶן		f.	שֶׁלָּךְ
their	m.	שֶׁלָּהֶם	his		שֶׁלּוֹ
	f.	שֶׁלָּהֶן	her/hers		שֶׁלָּהּ

The construction of the phrase of possession involves the use of the definite article before the nouns.

Examples:

"This is my home." — זה הַבית שלי.

"This is my friend." — זה הַחבר שלי.

Or:

"The student's book" — הספר של הסטודנט

When the definite article is not used, the phrase becomes indefinite and the meaning of it changes. Note the following examples:

"This is a house of mine." — זה בית שלי.

"This is a friend of mine." — זה חבר שלי.

"A student's book" — ספר של סטודנט.

Thus, when the definite article is used, possession of a particular house, or friend is indicated. When the definite article is omitted. it is implied that the house or friend is one of many. Note the possible combinations of nouns, both definite and indefinite:

"a book of a student" ("a student's book")	ספר של סטודנט
"a book of the student"	ספר של הסטודנט
"the book of a student"	הספר של סטודנט
"the book of the student"	הספר של הסטודנט
"his book"	הספר שלו
"a book of his"	ספר שלו

3.e.1. Repetition Drill — תרגיל שינון

"Our family" — המשפחה שלנו.

השכבים שלי. השכבה שלכם. ההורים שלהם. הידידים של דליה.

המאמר שלו. העיתון שלך. הבית שלה. הדירה של דבי. החברת

שלך. המכתב שלכן. החדר שלכם. המשרד שלהן. ההורים שלו.

3.e.2. <u>Transformation Drill</u> — תרגיל

Combine the nouns to make a definite possessive phrase:

Example: דוגמא: ספר + מורה ← הספר של המורה

1. עיתון + דיבה ←

2. משפחה + רופא ←

3. עבודה + סטודנטית ←

4. דירה + חברים ←

5. אשה + מר שֶׁמֶר ←

6. אחות + אורח ←

7. אח + גליה ←

8. מַאֲמָר + פרוֹפֶסוֹר ←

9. בעל + אורחת ←

10. אמא + דבי ←

3.e.3. <u>Transformation Drill</u> — תרגיל

Change the independent pronouns to של + suffix and combine with nouns:

Example: דוגמא: רופא + אנחנו ← הרופא שלנו

1. חבורית + הם ←

2. מטבח + היא ←

3. חדר + אתם ←

4. סיפורים + אתה ←

5. ספרים + אבי ←

6. בית + את ←

7. עיתון + אתה ←

8. עבודה + הן ←-----------

9. שיעורים + היא ←---------

10. תקליט + הוא ←-----------

3.e.4. Transformation Drill — תרגיל

Change the phrases according to the given example: — שנה לפי הדוגמא:

Example: — דוגמא: החברה של משה ←---------- החברה שלו

1. המשפחה של רות ←----------

2. החברים של הסטודנטים ←---

3. ההורים של דליה ורות ←----

4. הספר של מיכאל ←----------

5. הדירה של מר וגברת לִבנַת ←-

3.e.5. Combination Drill — תרגיל

Combine the two sentences into a single sentence according to the example:

Example: — דוגמא:

1. המשפחה נעימה.
2. המשפחה היא שלנו.
3. <u>המשפחה שלנו נעימה.</u>

א. 1. הדירה חדשה.
2. הדירה היא שלכם.
3. ______________________

ב. 1. התקליטים יפים.
2. התקליטים הם של גילה.
3. ______________________

ג. 1. החבר טוב.
2. החבר הוא שלכם.
3. ______________________

ד. 1. המכתב מעניין.

2. המכתב הוא של רות.   3. ______________________

ה. 1. המאמר רציני.

2. המאמר הוא של יהודה.   3. ______________________

3.e.6. Exercise   תרגיל

Translate the following sentences to Hebrew: תרגם לעברית:

1. Rina's parents are pleasant people.

הורים של רינה הם אנשים נעימים

2. David's books are not interesting.

הספרים של דוד לא מעניינים

3. His mother's name is Mrs. Yerushalmi.

השם של האמא שלו גברת ירושלמי

4. Their apartment is located in Tel Aviv.

(הדירה שלהם) דירתם נמצאת בתל אביב

5. My parents live far from the city.

ההורים שלי גרים רחוק מהעיר

6. I know his friends.

אני מכיר את החברים שלו

7. Our friends are not students.

החברים שלנו הם לא סטודנטים

8. Your government is not good.

הממשלה שלכם לא טובה   ממשלתך

9. Our teacher is a nice and pleasant man.

המורה שלנו הוא איש יפה ונעים

10. His office is located in Jerusalem.

(המשרד שלו) משרדו נמצא בירושלים.

3.f. The Conjugation of the Direct Object Particle (-אוֹת) אֶת

Review: When a definite noun functions as a direct object in a sentence, it is preceded by the particle אֶת , which links the direct object with the transitive verb.

Examples:

"I do not know the new student." אני לא מכיר את הסטודנט החדש.

"I know the lesson." — אני יודע את השיעור.

"I read the book." — אני קורא את הספר.

Proper names, names of places, and nouns with possessive pronouns are all preceded by the particle את when they function as a direct object.

Examples: — דוגמאות:

Definite Nouns — שמות מיודעים:

noun + article

	"the house"	הבית
	"the houses"	הבתים

Definite Concepts

Proper Names: — שמות של אנשים:

Jonathan	יונתן
Miriam	מרים

Place Names: — שמות של מקומות:

Israel	ישׂראל
New York	ניוּ יוֹרק

Nouns with Possessive Pronouns: — שמות עם כינויים:

"my father"	אבי
"your sister"	אחותך

When used in a sentence:

Indefinite Direct Object: — 1. אני מכיר סטודנט באוניברסיטה.

Definite Direct Objects:

Definite Noun: — 2. אני מכיר את הסטודנטים באוניברסיטה.

Proper Name: — 3. אנחנו מכירים את מיכל.

Place Name: — 4. דן מכיר את תל אביב.

Noun + Possessive Pronoun: 5. דינה מכירה את אחותך.

In a Question (optional):

Whom do you know in Haifa? 6. את מי אתם מכירים בחיפה?

When a pronoun functions as a direct object, the particle אֶת is combined with the pronoun suffixes. The stem אֶת --> אוֹת when suffixes are added, except for second person plural.

Examples:

1. *אני מכיר את + אתה <-------- אני מכיר אותך.

2. *הוא שומע את + אני <-------- הוא שומע אותי.

3. *היא מכירה את + הם <-------- היא מכירה אותם.

Note the following table:

Plural	רבים	Singular	יחיד
us	אוֹתָנוּ	me	אוֹתִי
you m.	אֶתְכֶם (אותכם)	you m.	אוֹתְךָ
you f.	אֶתְכֶן (אותכן)	you f.	אוֹתָךְ
them m.	אוֹתָם	him	אוֹתוֹ
them f.	אוֹתָן	her	אוֹתָהּ

Note: Plural "you" has the form אֶתכם/כן. In daily speech, however, the form commonly used is אוֹתכם/כן.

3.f.1. Fill-in Exercise — תרגיל

Fill in the blanks according to the example: — מלא את החסר:

Example: — דוגמא: אני מכיר ___אותך___ (את), את מכירה ___אותי___ (אני)?

א. אני לא חושבת שאני מכירה ______ (אתה). האם אתה מכיר את דליה גורן?

כן. אני מכיר ______ (היא).

ואת משה כרמי? אתה מכיר ______ (הוא)?

לא. אני לא מכיר ______ (הוא).

ואת הידידים שלי מבתניה, האם אתה מכיר ______ (הם)?

בטח שאני מכיר ______ (הם). הם השכנים שלנו!

ב. האם אתם מכירים את מר וגברת שגיא?

אני לא חושבת שאנחנו מכירים ______ (הם).

הם גרים ברמת גן על יד הקולנוע החדש.

האם הם מכירים ______ (אתם)?

כן. הם מכירים ______ (אנחנו).

האם השם שלו מנחם והשם שלה שרה?

כן.

אנחנו מכירים ______ (הם), אבל לא כל כך טוב.

3.f.2. Exercise   תרגיל

Translate the following sentences: תרגם לעברית:

1. Do you know the people in the new apartment?

   (handwritten) האם אתה מכיר את האנשים בדירה החדשה.

2. My friend knows your friend, and your friend knows me.

   (handwritten) החבר שלי מכיר את החברה שלך והחברה שלך מכירה אותי.

3. Whom does Yossi love? He loves Ruthi, Dalia, Galia, Bat-Sheva ... he loves all his girlfriends.

   (handwritten) את מי יוסי אוהב? הוא אוהב את רותי, דליה, גליה, בת-שבע... הוא אוהב את כל החברות שלו.

4. Do you eat your meals at the cafeteria? No. I eat them at home.

   (handwritten) האם אתה אוכל את הארוחות שלך בקפטריה? לא אני אוכל אותן בבית.

5. I hear her stories. They are "tall" tales (old wives' tales).

   (handwritten) אני שומע את הסיפורים שלה הם סיפורי סבתא.

6. Ron knows the stories of the new guest.

   (handwritten) רון יודע את הסיפורים של האורח החדש.

7. Ehud sees my sister at work.

   (handwritten) אהוד רואה את האחות שלי בעבודה.

8. My sister wants the new record of Arik Einshtein.

   (handwritten) האחות שלי רוצה את התקליט החדש של אריק איינשטיין.

9. His brother is teaching the new course in Hebrew literature.

   (handwritten) האח שלו מלמד את הקורס החדש בספרות העברית.

10. They know us and they know our neighbors, but we don't know who they are.

   (handwritten) הם מכירים אותנו והם מכירים את השכנים שלנו אבל אנחנו לא מכירים אותם.

4. Additional Text and Review Exercise   4. קטע קריאה ותרגיל

המשפחה שלי היא משפחה גדולה. אבי ואמי גרים בבית גדול. אחותי

רבעלה גרים בבית של ההורים שלי. גם האחות של הבעל של אחותי גרה

אצלנו. אחי גר עם המשפחה שלו בדירה על יד הבית שלנו. אני גר לא

רחוק מהבית בדירה עם חברים.

בַשַבָּת כל המשפחה נפגשת לארוחת שבת בבית של ההורים שלי. בני

Saturday meal

המשפחה אוהבים לאכול את ארוחת השבת בְּיַחַד. אנחנו יושבים, אוכלים

ומדברים. אנחנו נשארים בבית עד הערב. בערב אנחנו נפרדים: אבי הולך

לדירה שלי, אחי והמשפחה שלו הולכים לדירה שלהם.

4.1. Exercise ## תרגיל

Translate the following conversation: תרגם לעברית:

- Who is this man?
- This is Hannah's husband.
- What does he do?
- He works in the government.
- Do you know him well?
- Yes. We are old friends.
- Who is the woman who (that) sits next to Hannah's husband?
- This is Zvi's wife.
- Do you know her?
- Yes. We are neighbors.
- Do you know all the people here?
- Yes. This is my house, and these people are my guests.

שיעור מספר 8

"הַשָּׂמֵחַ בְּחֶלְקוֹ"

"TO BE HAPPY WITH ONE'S LOT"

1. Vocabulary
2. Texts
3. Grammar and Exercises
   a. Past Tense of Verbs
      I. General Introduction
      II. Pa'al Conjugation in Past Tense
         A. פָּעַל שְׁלֵמִים
         B. פָּעַל ל"ה
         C. פָּעַל ל"א
         D. פָּעַל ע"ו
   b. Semantic Notes: שָׂמֵחַ/מְרוּצֶה/מְאוּשָּׁר
4. Additional Texts

1. <u>Active Vocabulary</u>   <u>אוצר מילים פעיל</u> .1

miserable; unhappy	אֻמְלָל - אֻמְלָלָה	אומלל - אומללה
intimate; close	אִינְטִימִי - אִינְטִימִית	אינטימי - אינטימית
piece of clothing	בֶּגֶד	בגד (ז)
clothing; clothes (pl.)	בְּגָדִים	
test; examination	בְּחִינָה	בחינה (נ)
	בְּחִינוֹת	

gallery	גַּלֵרְיָה	גלריה (נ)
	גַּלֵרְיוֹת	
success	הַצְלָחָה	הצלחה (נ)
	הַצְלָחוֹת	
time	זְמַן	זמן (ז)
	זְמַנִּים	
trip; excursion	טִיּוּל	טיול (ז)
	טִיּוּלִים	
to tour; travel	לְטַיֵּל בְּ...	לטייל ב...
since then	מֵאָז	מאז
happy; blissful	מְאֻשָּׁר – מְאֻשֶּׁרֶת	מאושר – מאושרת
restaurant	מִסְעָדָה	מסעדה (נ)
	מִסְעָדוֹת	
satisfied; content	מְרֻצֶּה – מְרֻצָּה	מרוצה – מרוצה
end	סוֹף	סוף (ז)
	סוֹפִים	
conclusion	סִיּוּם	סיום (ז)
	סִיּוּמִים	
world; universe	עוֹלָם	עולם (ז)
	עוֹלָמוֹת	
grade; mark	צִיּוּן	ציון (ז)
	צִיּוּנִים	
hard; difficult	קָשֶׁה – קָשָׁה	קשה – קשה
only	רַק	רק
week	שָׁבוּעַ	שבוע (ז)
	שָׁבוּעוֹת	
two weeks	שְׁבוּעַיִם	שבועיים (ז. זוגי)

203

year	שָׁנָה שָׁנִים	שנה (נ)

Verbs in Past Tense — פעלים בעבר

to finish	לִגְמֹר (את)	גָּמַר - גָּמְרָה
to pass	לַעֲבֹר (את)	עָבַר - עָבְרָה
to return	לַחֲזֹר (מ...)	חָזַר - חָזְרָה
to open	לִפְתֹּחַ (את)	פָּתַח - פָּתְחָה
to be	לִהְיוֹת	הָיָה - הָיְתָה
to buy	לִקְנוֹת (את)	קָנָה - קָנְתָה
to see	לִרְאוֹת (את)	רָאָה - רָאֲתָה

Expressions and Phrases — בישויים וצירופים

successfully	בְּהַצְלָחָה
subway	רַכֶּבֶת תַּחְתִּית
day and night	יוֹם וָלַיְלָה
to go to sleep	לָלֶכֶת לִישׁוֹן

2. Texts — 2. קטעי קריאה

א. אַמְנוֹן למד ספרות אנגלית והסטוריה אנגלית. הוא גמר את הלימודים ועבר את הבחינות בהצלחה. אחרי סיום הלימודים אמנון נסע לטיול באנגליה. הוא היה מְאֻשָּׁר. הוא תמיד רצה לנסוע לאנגליה. הוא נסע לאנגליה לטיול של שבועיים.

באנגליה הוא ראה הרבה ופגש הרבה אנשים מעניינים. בלונדון

הוא הלך לבקר במוזיאון הבריטי וב"הייד פארק". הוא הלך לתיאטרון והוא הלך לקונצרטים. הוא הלך ברגל והוא נסע ברכבת התחתית. הוא מצא מסעדות קטנות ואינטימיות, גלריות טובות וחנויות ספרים מעניינות. הוא קנה ספרים, תקליטים, ובגדים.

אמנון חזר מהטיול מרוצה מאוד. הוא ראה הרבה ועשה הרבה בשבועיים.

ב. ריבה, דינה ודליה גרו ביחד בדירה. הן היו פקידות במשרד בממשלה. הדירה שלהן היתה קרובה למשרד.

בבוקר הן הלכו לעבודה ביחד, ובערב הן חזרו הביתה ביחד. הן הלכו לחנות לקנות אוכל ביחד, הן אכלו את הארוחות שלהן ביחד, והן יצאו לטייל ביחד. הן עשו את הכל ביחד.

יום אחד ריבה פגשה את אורי, דינה פגשה את יוסי, ודליה פגשה את דוד. ומאז, אנחנו לא רואים אותן ביחד. ריבה ואורי הם בעל ואשה, דינה ויוסי נסעו לטיול בעולם, ודליה ודוד פתחו חנות בגדים גדולה.

3. Grammar and Exercises

3.a. Past Tense of Verbs

I. General Introduction

The verbs introduced in this lesson are in past tense. In Hebrew, the past tense denotes a completed action or event. The verb form consists of a past tense verb stem and a subject marker suffixed to the stem. The verb stem form depends on the subject marker. When the first or second person forms are used in a sentence, it is not necessary to have an independent pronoun as a subject:

the verb form alone denotes both subject and verb. However, when a third person form is used, it must be accompanied by an independent subject, be it a noun or a pronoun.

Examples:

First Person: 1. חזרתי הביתה בערב.

Second Person: 2. שמעת את השיעור היום?

Third Person: 3. הוא עבד במשרד כל היום.

A. The Subject Marker

Subject markers are the same for all verbs in past tense. Note the following table:

3rd Person	1st and 2nd Person
	(אני) ____ תִי
הוא ____	(אתה) ____ תָ
היא ____ ָה	(את) ____ תְ
	(אנחנו) ____ נוּ
הם ____ וּ	(אתם) ____ תֶם
הן ____ וּ	(אתן) ____ תֶן

B. The Stem

First and second person share a common stem. In literary Hebrew, the second person plural in many of the conjugations has a slightly different form, which often involves a shift in stress and/or a loss of the initial vowel. In spoken Hebrew, however, the tendency is to use the same stem for all first and second verb forms.

Examples:	Literary	Spoken
Second Person Plural Masc.:	לְמַדְתֶּם	לָמַדְתֶּם
	חֲזַרְתֶּם	חָזַרְתֶּם
Second Person Plural Fem.:	לְמַדְתֶּן	לָמַדְתֶּן
	חֲזַרְתֶּן	חָזַרְתֶּן

The third person forms share a stem which sometimes undergoes changes in the feminine singular and in masculine and feminine plural. Both the feminine singular and the plural third person forms end in a vowel sound, and when there is a shift of stress to the last syllable, it often results in a loss of the medial vowel.

Examples:

1. Stem undergoing change:

Masc. Sing.:	"he studied"	/lamad/	הוא לָמַד
changes to:			אבל:
Fem. Sing.:	"she studied"	/lamda/	היא לָמְדָה
Plural:	"they studied"	/lamdu/	הם/הן לָמְדוּ

2. No change in stem:

Masc. Sing.:	"he came"	/ba/	הוא בָּא
Fem. Sing.:	"she came"	/ba'ah/	היא בָּאָה
Plural:	"they came"	/bau/	הם/הן בָּאוּ

II. Pa'al Conjugation in Past Tense בִּנְיָן פָּעַל בֶּעָבָר

The verbs included in this lesson are all in the Pa'al conjugation. They are presented here in groups according to their root composition, and they are identified by their בנין "conjugation pattern" and גזרה "root classification." Note that most verbs are introduced with the prepositions that follow them. These prepositions are, for the most part, unpredictable, and must be learned together with the verb patterns so that correct sentences can be generated. Many of the verbs which appear here in past tense have already been presented in present tense. Review the present tense forms before going on to study the past tense.

A. <u>Group I</u>: <u>קבוצה א׳</u>

<u>Pa'al Conjugation: Regular Verbs</u> <u>בנין פעל שלמים</u>

A.	to study	(את) לִלְמֹד	ל.מ.ד.	א.
	to finish	(את) לִגְמֹר	ג.מ.ר.	
	to write	(את) לִכְתֹּב	כ.ת.ב.	
	to meet	(את) לִפְגֹּשׁ	פ.ג.ש.	
B.	to hear	(את) לִשְׁמֹעַ	ש.מ.ע.	ב.
	to travel	(ל...) לִנְסֹעַ	נ.ס.ע.	
	to open	(את) לִפְתֹּחַ	פ.ת.ח.	
	to return	(ל..;..מ..) לַחֲזֹר	ח.ז.ר.	
	to work	(ב...) לַעֲבֹד	ע.ב.ד.	
	to pass, go by	(את) לַעֲבֹר	ע.ב.ר.	

Note: In the form of the infinitive: (1) if the last radical is ע or ח, an additional /a/ vowel is added in the final position. Example: לִשְׁמֹעַ, לִפְתֹּחַ. (2) If the first radical is ע or ח the vowel of the preposition ל is changed from /i/ ---- /a/, and an additional /a/ vowel חטף-פתח is added to the first radical. Example: לַחֲזֹר, לַעֲבֹר.

שרש:	ל.מ.ד.	כ.ת.ב.	ע.ב.ד.	ח.ז.ר.
שם הפעל:	לִלְמֹד	לִכְתֹּב	לַעֲבֹד	לַחֲזֹר
אני	לָמַדְתִּי	כָּתַבְתִּי	עָבַדְתִּי	חָזַרְתִּי
אתה	לָמַדְתָּ	כָּתַבְתָּ	עָבַדְתָּ	חָזַרְתָּ
את	לָמַדְתְּ	כָּתַבְתְּ	עָבַדְתְּ	חָזַרְתְּ
אנחנו	לָמַדְנוּ	כָּתַבְנוּ	עָבַדְנוּ	חָזַרְנוּ
אתם*	(לָמַדְתֶּם)	(כָּתַבְתֶּם)	(עָבַדְתֶּם)	(חָזַרְתֶּם)
אתם	לְמַדְתֶּם	כְּתַבְתֶּם	עֲבַדְתֶּם	חֲזַרְתֶּם
אתן*	(לָמַדְתֶּן)	(כָּתַבְתֶּן)	(עָבַדְתֶּן)	(חָזַרְתֶּן)
אתן	לְמַדְתֶּן	כְּתַבְתֶּן	עֲבַדְתֶּן	חֲזַרְתֶּן
הוא	הוא לָמַד	הוא כָּתַב	הוא עָבַד	הוא חָזַר
היא	היא לָמְדָה	היא כָּתְבָה	היא עָבְדָה	היא חָזְרָה
הם/הן	הם/הן לָמְדוּ	הם/הן כָּתְבוּ	הם/הן עָבְדוּ	הם/הן חָזְרוּ

* Second person plural in spoken Hebrew

Note the difference between present and past tense:

Present Tense - בינוני	Past Tense - עבר
הוא לוֹמֵד	הוא לָמַד
אני כּוֹתֵב	כָּתַבְתִּי
הם עוֹבְדִים	הם עָבְדוּ
אנחנו חוֹזְרִים	חָזַרְנוּ

Other verbs in this group are conjugated in the same manner.

Notes:

(1) If the verb root has an ע or ח as a final radical, the correct form of second person feminine singular in Biblical Hebrew is שָׁמַעַתְּ or פָּתַחַתְּ . These forms are not used in Modern Hebrew, even though they may be included in grammar books.

(2) If the first radical is א,ה,ח,ע , the second person form of masculine and feminine plural has the initial compound vowel חטף-פתח instead of the שוא which appears in the regular verb forms.

Examples:	חֲזַרְתֶּן	חֲזַרְתֶּם
	עֲבַדְתֶּן	עֲבַדְתֶּם
	אֲכַלְתֶּן	אֲכַלְתֶּם
	לְמַדְתֶּן	לְמַדְתֶּם

3.a.1. Exercise — תרגיל

Conjugate the following verbs in past tense according to the table above:

ג.מ.ר. (לגמור)   ב.ס.ע. (לבסוע)   פ.ג.ש. (לפגוש)

ש.מ.ע. (לשמוע)   פ.ת.ח. (לפתוח)   ע.ב.ר. (לעבור)

3.a.2. Substitution Drill — תרגיל התאמה

Example: דוגמא: אנחנו: שמענו על הטיול, ונסענו למצדה.

הם: הם שמעו על הטיול, ונסעו למצדה.

החברים בקיבוץ.   מר ברנשטיין.   גברת ברנשטיין.   אתם.   אתן.

אני.   דליה.   אתה.   היא.   יוסי ורינה.   מי?   המדריכות.

שושנה ורבקה.

3.a.3. Substitution Drill — תרגיל התאמה

עברנו את הבחינות ונסענו לירושלים.

אני. יהושע. את. דליה. אתם. התלמידים. הן.

3.a.4. Substitution Drill — תרגיל התאמה

חזרנו ללימודים ופגשנו חברים.

אתה. הוא. היא. מי? הסטודנטים. הסטודנטיות. אני.

3.a.5. Substitution Drill — תרגיל התאמה

פתחנו בית קפה ועבדנו בבית הקפה.

יוסי. אני. אתן. הן. ההורים של דני. המשפחה שלי.

B. Group II: — קבוצה ב'

Pa'al Conjugation: ל"ה Verbs — בנין פעל: גזרת ל"ה (ל"י)

to be	לִהְיוֹת	ה.י.ה.
to want; desire	לִרְצוֹת (את)	ר.צ.ה.
to do	לַעֲשׂוֹת (את)	ע.ש.ה.
to see	לִרְאוֹת (את)	ר.א.ה.
to buy	לִקְנוֹת (את)	ק.נ.ה.
to drink	לִשְׁתּוֹת (את)	ש.ת.ה.

As in present tense, the past tense conjugation of verbs in this root classification is irregular. Note the changes that occur in the past tense conjugation of these verbs:

(1) In first and second person, the final radical ה is changed to י (which explains why this root classification is also known as ל"י verbs), and the

second vowel of the stem is changed from /a/ to /i/. Thus, instead of the vowel pattern of לָמַדְתִּי the form is רָצִיתִי .

(2) In third person singular, the ה remains unchanged in the masculine form, while in the feminine form an extra ת is added after the second radical.

Examples: <u>שלמים</u> <u>ל״ה (ל״י)</u>

שלמים	ל״ה (ל״י)
הוא לָמַד	הוא רָצָה
היא לָמְדָה	היא רָצְתָה

(3) In the plural form, the ה is omitted altogether.

Example: <u>ל״ה</u>: הם/הן רָצוּ <u>שלמים</u>: הם/הן לָמְדוּ

שֹׁרֶשׁ:	ה.י.ה.	ר.צ.ה.	ע.ש.ה.	ש.ת.ה.
שֵׁם הַפֹּעַל:	לִהְיוֹת	לִרְצוֹת	לַעֲשׂוֹת	לִשְׁתּוֹת
אני	הָיִיתִי	רָצִיתִי	עָשִׂיתִי	שָׁתִיתִי
אתה	הָיִיתָ	רָצִיתָ	עָשִׂיתָ	שָׁתִיתָ
את	הָיִית	רָצִית	עָשִׂית	שָׁתִית
אנחנו	הָיִינוּ	רָצִינוּ	עָשִׂינוּ	שָׁתִינוּ
אתם*	(הֲיִיתֶם)	(רְצִיתֶם)	(עֲשִׂיתֶם)	(שְׁתִיתֶם)
אתם	הֱיִיתֶם	רְצִיתֶם	עֲשִׂיתֶם	שְׁתִיתֶם
אתן*	(הייתן)	(רציתן)	(עֲשִׂיתֶן)	(שְׁתִיתֶן)
אתן	הֱיִיתֶן	רְצִיתֶן	עֲשִׂיתֶן	שְׁתִיתֶן
הוא	הוא הָיָה	הוא רָצָה	הוא עָשָׂה	הוא שָׁתָה
היא	היא הָיְתָה	היא רָצְתָה	היא עָשְׂתָה	היא שָׁתְתָה
הם/הן	הם/הן הָיוּ	הם/הן רָצוּ	הם/הן עָשׂוּ	הם/הן שָׁתוּ

Other verbs in this group are conjugated in the same manner.

3.a.6. Substitution Drill — תרגיל התאמה

Example: דוגמא: אני: הייתי בבאר שבע, לא עשיתי כלום, ולא ראיתי כלום.

אתה: היית בבאר שבע, לא עשית כלום, ולא ראית כלום.

דליה. רינה ודליה. מיכאל ודני. את. אנחנו. אתן.

הם. גם הן.

3.a.7. Exercise — תרגיל

Change from present to past tense: — הפוך מבינוני לעבר:

בינוני: נִמְצָא ------> עבר: הָיָה

Example: דוגמא: החברים של דוד נמצאים בתל אביב ------>

החברים של דוד היו בתל אביב.

1. אחותי נמצאת בבית ------------->
2. הבעל של אסתר לא נמצא אצלנו --->
3. ההורים שלנו נמצאים בחברת שלהם >
4. ריבה וחנה נמצאות במוזיאון ---->
5. אבי נמצא בספריה בבוקר --------->
6. אנחנו נמצאים במסעדה בתל אביב ->
7. אתם לא נמצאים במלון ----------->
8. אורי נמצא באוניברסיטה --------->
9. האם את נמצאת בבית? ------------>
10. איפה אתה נמצא? ---------------->

3.a.8. <u>Exercise</u> <u>תרגיל</u>

Change from present to past tense according to the given example: מבינוני לעבר

Example: דוגמא: זה טיול מעניין ----> זה <u>היה</u> טיול מעניין

1. הדירה קרובה למשרד ------------->

2. אמנון מרוצה מהטיול ------------>

3. ריבה מאושרת -------------------->

4. רות ודוד סטודנטים באוניברסיטה >

5. גברת ברנשטיין אשה יפה מאוד --->

3.a.9. <u>Exercise</u> <u>תרגיל</u>

Change from present to past tense: מבינוני לעבר:

Example: דוגמא: אני חדש בארץ ----> (אני) <u>הייתי</u> חדש בארץ

(אתה) <u>היית</u> חדש בארץ

(הוא) <u>הוא היה</u> חדש בארץ

1. אני חדשה בארץ ----> (אני) ____________________

(את) ____________________

(היא) ____________________

2. אנחנו חדשים בארץ -> (אנחנו) ____________________

(אתם) ____________________

(הם) ____________________

3. אנחנו חדשות בארץ -> (אנחנו) ____________________

(אתן) ____________________

(הן) ____________________

4. אני האורח של דוד ←-------- (אני) ____________

(אתה) ____________

(הוא) ____________

5. אנחנו האורחים שלו ←------- (אנחנו) ____________

(אתם) ____________

(הם) ____________

6. אנחנו נמצאות בספריה ←----- (אנחנו) ____________

(אתן) ____________

(הן) ____________

7. הספר נמצא בספריה ←-------- ____________

האורחת נמצאת בקיבוץ ←----- ____________

הספרים נמצאים בחנות ←----- ____________

התקליטים נמצאים בבית ←---- ____________

8. הספר הוא חדש ←------------ ____________

האורחת היא מתל אביב ←----- ____________

המאמרים המעניינים הם בעיתון ←- ____________

החדשות הן טובות ←--------- ____________

3.a.10. Substitution Drill

תרגיל

<u>שתיתי</u> קפה בעיר <u>וקניתי</u> בגדים חדשים.

דליה. אהוד. אתה. ההורים. דליה ורינה. את. היא.

הם. אתן. האמא שלי.

3.a.11. <u>Transformation Drill</u>

תרגיל

Change from present to past tense:

הפוך מבינוני לעבר:

Example:

דוגמא: מה אתם עושים בערב?   -----←   מה <u>עשיתם</u> בערב?

1. אנחנו נוסעים בעיר ורואים את העיר -------←   (נסענו וראינו)

2. אורי שותה קפה בבוקר ------------←   (שתה)

3. אנחנו לא קרובים בחנות הזאת ---------←   (קנינו)

4. הם שומעים שאתם בעיר ----------←   (שמעו)

5. הם רוצים לבוא לארוחה ----------←   (רצו)

6. משה, אתה רוצה לעבוד בחנות ספרים? ----←   (רצית)

7. רינה שותה מה שהיא רוצה ------←   (שתתה רצתה)

8. מי רוצה לעבוד בתחנת דלק? -----←   (רצה)

9. רינה וירוסי, אתם מורים באוניברסיטה? ----←

10. דליה קונה הרבה בגדים ------------←   (קנתה)

C. <u>Group III</u>:

קבוצה ג'

<u>Pa'al Conjugation</u>: ל"א Verbs

בניין פעל: גזרת ל"א

Verbs in the ל"א root classification exhibit certain irregularities in the past tense:

(1) In first and second person, the א is written but is not pronounced.

Example: "I read"   קָרָאתִי

"you read"   קָרָאת

(2) The /a/ vowel of the past tense stem changes from פתח to קמץ .

This does not affect the pronunciation of the word, since in Modern

Hebrew both vowels are pronounced alike.

Examples:	ל"א	שלמים
	קָרָאתִי	לָמַדְתִּי
	הוא קָרָא	הוא לָמַד

<u>Conjugation of ל"א Verbs:</u> <u>נטיית בנין פעל ל"א</u>

to find	לִמְצֹא (את)	מ.צ.א.
to read	לִקְרֹא (את)	ק.ר.א.
to go out; exit	לָצֵאת (מ..)	י.צ.א.

שרש:	מ.צ.א.	ק.ר.א.	י.צ.א.
שם הפעל:	לִמְצֹא	לִקְרֹא	לָצֵאת
אני	מָצָאתִי	קָרָאתִי	יָצָאתִי
אתה	מָצָאתָ	קָרָאתָ	יָצָאתָ
את	מָצָאת	קָרָאת	יָצָאת
אנחנו	מָצָאנוּ	קָרָאנוּ	יָצָאנוּ
אתם*	(מָצָאתֶם)	(קָרָאתֶם)	(יָצָאתֶם)
אתם	מְצָאתֶם	קְרָאתֶם	יְצָאתֶם
אתן*	(מָצָאתֶן)	(קָרָאתֶן)	(יָצָאתֶן)
אתן	מְצָאתֶן	קְרָאתֶן	יְצָאתֶן
הוא	הוא מָצָא	הוא קָרָא	הוא יָצָא
היא	היא מָצְאָה	היא קָרְאָה	היא יָצְאָה
הם/הן	הם/הן מָצְאוּ	הם/הן קָרְאוּ	הם/הן יָצְאוּ

3.a.12. Substitution Drill — תרגיל התאמה

מצאנו ספר בספריה, קראנו אותו, ויצאנו מהספריה.

אני. אתם. התלמידים. דפנה. מי? הסטודנטיות. את.

3.a.13. Transformation Drill — תרגיל

Change the following sentences from present to past tense: מביבוני לעבר:

1. דן יוצא מהבית והולך לחברת ←----------
2. מירי מוצאת זמן לעבודה ולטיולים ←-----
3. אנחנו לא יוצאים מהבית בערב ←----------
4. מי קורא עיתון "מעריב"? ←-------------
5. האם אתם קוראים הרבה ספרים? ←---------
6. חנה ורות יוצאות לקולנוע בערב ←--------
7. האשה שעובדת במטבח יוצאת לחברת ←------
8. השכן שלנו לא מוצא את המכתבים שלו ←---
9. אבי יוצאת מהמשרד בצהריים ←------------
10. האם את מוצאת מקום בספריה? ←---------

D. Group IV: — קבוצה ד׳

Pa'al Conjugation: ע"ו Verbs — בנין פעל: גזרת ע"ו

In past tense, as in present tense, the medial radical ו of ע"ו verbs is omitted. The past tense form of these verbs contains only two radicals and one stem vowel /a/.

Example:

Present Tense: בינוני: גָּר - גָּרָה - גָּרִים - גָּרוֹת

Past Tense: עבר: גַּרְתִּי, גַּרְתָּ, גַּרְתְּ, הוא גָּר, היא גָּרָה,...

Note that the verb לָבוֹא is unusual in that both its medial radical ו and its final radical א affect the conjugation of the verb. The verb is therefore conjugated as both an ע"ו and as a ל"א verb (see rules for Group III above).

Example: גַּרְתִּי בָּאתִי

Conjugation Table of ע"ו Verbs:

to spend the night	לָלוּן (ב...)	ל.ו.נ.
to reside, live	לָגוּר (ב...)	ג.ו.ר.
to run	לָרוּץ (מ...;ל...)	ר.ו.צ.
to come	לָבוֹא (מ...;אל/ל...)	ב.ו.א.

שֹׁרֶשׁ:	ל.ו.נ.	ג.ו.ר.	ר.ו.צ.	ב.ו.א.
שֵׁם הַפֹּעַל:	לָלוּן	לָגוּר	לָרוּץ	לָבוֹא
אני	לַנְתִּי	גַּרְתִּי	רַצְתִּי	בָּאתִי
אתה	לַנְתָּ	גַּרְתָּ	רַצְתָּ	בָּאתָ
את	לַנְתְּ	גַּרְתְּ	רַצְתְּ	בָּאת
אנחנו	לַנּוּ	גַּרְנוּ	רַצְנוּ	בָּאנוּ
אתם	לַנְתֶּם	גַּרְתֶּם	רַצְתֶּם	בָּאתֶם
אתן	לַנְתֶּן	גַּרְתֶּן	רַצְתֶּן	בָּאתֶן
הוא	הוא לָן	הוא גָּר	הוא רָץ	הוא בָּא
היא	היא לָנָה	היא גָּרָה	היא רָצָה	היא בָּאָה
הם/הן	הם/הן לָנוּ	הם/הן גָּרוּ	הם/הן רָצוּ	הם/הן בָּאוּ

3.a.14. **Substitution Drill** — תרגיל התאמה

לילה אחד ריבה לנה במלון.

דליה ואנחנו.   ההורים שלנו.   אני.   אחותי.   מר כהן.   אתם.

את.   הן.   הפקידות.

3.a.15. **Substitution Drill** — תרגיל התאמה

הילדים רצו לבית הספר.

מי?   התלמידים והתלמידות.   אתן.   את.   אמא של צבי.   המורה.

הפרופסורים.   יהודה.

3.a.16. **Substitution Drill** — תרגיל התאמה

באתי לתל אביב בבוקר.

אנחנו.   את.   המורה למוסיקה.   הרופאה החדשה.   השחקנים.

אחותי.   המשפחה שלי.

3.a.17. **Translation Exercise** — תרגום

Translate the following sentences:

1. I came, I ate, and I ran.
2. We also came, ate and ran.
3. Ron ran many kilometers (קִילוֹמֶטְרִים), but his friends ran one kilometer.
4. Dalia, did you come here to spend the night? Where did you spend the night on (in) your trip?
5. In Be'er Sheva I spent the night in a hotel. I was pleased with the hotel.

3.b. Semantic Notes: שמח/ מרוצה/ מאושר

The three Hebrew concepts, שמח,מרוצה,מאושר can all be translated in English as "happy." Nevertheless, they are three distinct concepts. When these three concepts are paraphrased in English, when they appear in context or defined in terms of their antonyms, their distinctions become apparent.

1. HAPPY, glad, joyful — 1. שָׂמֵחַ

HAPPY ≠ SAD — שָׂמֵחַ ≠ עָצוּב

The present tense forms of the verb לִשְׂמֹחַ "to rejoice" provide both the verb and the adjective forms.

Examples:

1. We are happy, because we do what we please.	1. אנחנו שְׂמֵחִים, כי אנחנו עושים מה שאנחנו רוצים.
2. They are glad that we came.	2. הם שְׂמֵחִים שבאנו.
3. He is a joyful person.	3. הוא בחור שָׂמֵחַ.
4. We are sad, because we do not do what we please.	4. אנחנו עֲצוּבִים, כי אנחנו לא עושים מה שאנחנו רוצים.

2. HAPPY, pleased, satisfied, content — 2. מְרֻצֶּה מ...

SATISFIED ≠ DISSATISFIED — מְרֻצֶּה ≠ לֹא מְרֻצֶּה

The adjective forms of מרוצה are present tense forms of the verb לִהְיוֹת מְרֻצֶּה "to be satisfied." Note that in English the preposition that follows is "with", while in Hebrew the preposition is ...מ , often translated as "from."

Examples:

1. Danni is pleased with his	1. דני מרוצה מהקורס שלו.

2. We are not satisfied with our work. — .2 אנחנו לא מרוצים מהעבודה שלנו.

3. <u>HAPPY, blissful</u> — .3 <u>מְאֻשָּׁר</u>

HAPPY ≠ UNHAPPY, MISERABLE — מְאֻשָּׁר ≠ אֻמְלָל

The adjective forms of מאושר are present tense forms of the verb להיות מאושר "to be happy."

Examples:

1. The "happy couple." — .1 "הזוג המאושר".

2. He is a happy man. He has a nice family and a good job. — .2 הוא איש מאושר. יש לו משפחה טובה ועבודה טובה.

3. Danni is miserable, because he does not have anyone to talk to. — .3 דני אומלל, כי אין לו עם מי לדבר.

The four forms of the "happy" adjectives are:

שְׂמֵחוֹת	שְׂמֵחִים	שְׂמֵחָה	שָׂמֵחַ
מְרֻצּוֹת	מְרֻצִּים	מְרֻצָּה	מְרֻצֶּה
מְאֻשָּׁרוֹת	מְאֻשָּׁרִים	מְאֻשֶּׁרֶת	מְאֻשָּׁר

Examples of all three concepts:

1. Dan is a happy person. — .1 דן הוא בחור שמח.

2. Dan is happy with his job. — .2 דן מרוצה מהעבודה שלו.

3. Dan is happy in life. — .3 דן מאושר בחיים.

To conjugate these forms in past and future tense, the verb "to be" להיות is combined with the adjective to indicate the tense. Note the following examples:

אני: הייתי מרוצה מאוד מהעבודה שלי.

אתה: היית מאושר או היית אומלל?

את: היית מאושרת, כי עשית מה שרצית לעשות.

הוא: הוא היה שמח, כי כולם היו מרוצים.

היא: היא היתה שמחה, כי החברים שלה באו לבקר אותה.

אנחנו: לא היינו מרוצים מהעבודה שלך.

אתם: קניתם את כל הספרים בחנות והייתם מאושרים.

אתן: שמעתן את החדשות הטובות והייתן שמחות.

הם: הם היו מרוצים, כי הם גרו במלון טוב במרכז העיר.

הן: הן לא היו מרוצות, כי הן גרו במלון לא טוב רחוק ממרכז העיר.

אֵיזֶהוּ עָשִׁיר?   הַשָּׂמֵחַ בְּחֶלְקוֹ.

(בן-זומא, אבות, ד,א)

"WHO IS RICH?   THE ONE WHO IS HAPPY WITH HIS LOT."

3.b.1. Exercise   תרגיל

Translate the following sentences. Use the explanations above to guide your choice of the Hebrew terms:

1. Are you glad that you went to the concert?
את שמחה שהלכת לקונצרט?

2. Are you satisfied with your work?
את מרוצה עם העבודה?

3. Are you a happy woman?
את מאושרת אישה?

4. Is Danni a happy person?
האם דני בחור מאושר?

5. We are pleased with our grades.
אנחנו מרוצים עם הציונים שלנו.

6. Dalia is not a happy woman. She does not like her work. She is miserable.
דליה לא אישה שמחה. היא לא אוהבת את העבודה שלה. היא אומללה.

7. I was glad that you came to the office.

8. Were you pleased with your paper (work)? Was the professor pleased?

9. Dan is happy with his new house.

10. Rina is not only satisfied with her new job, she is also very happy.

4. Additional Texts

4. קטעי קריאה

א. הפוך את הקטע הבא לזמן עבר: Change to past tense:

אנחנו עובדים בתחנת דלק בלילה.   בלילה לא באים הרבה אנשים

לתחנה.   אנחנו יושבים בתחנה וקוראים ספרים ועיתונים.   העבודה

לא קשה ואנחנו מרוצים.

בבוקר אנחנו חוזרים הביתה, אוכלים ארוחת בוקר והולכים לישון.

בערב אנחנו יוצאים לטייל או הולכים לקולנוע.   אחר כך אנחנו

הולכים לעבודה.   אנחנו עסוקים מאוד אבל אנחנו אוהבים את העבודה

שלנו.   אנחנו לא רוצים לעבוד ביום, רק בלילה.

ב. קרא את הקטע הבא.   זהה את הפעלים בעבר, ושנה ל"אחי":

Identify the verbs in past tense, and change to subject to "my brother":

אחותי עבדה במשרד גדול.   היא עבדה אצל אבי.   גרנו בעיר קטנה

בקליפורניה.   בעבודה אחותי לא עשתה הרבה: היא רק כתבה מכתבים.

העבודה לא היתה קשה, ואחותי לא היתה מרוצה.   היא לא רצתה עבודה

משעממת, היא רצתה עבודה מעניינת.   היא לא רצתה לגור בעיר קטנה,

היא רצתה לגור בעיר גדולה.

אחותי נסעה לסן-פרנציסקו והיא מצאה עבודה במשרד קטן.   העבודה

224

היתה קשה אבל מעניינת. היא עבדה עם שחקנים ועם הרבה אנשים מעניינים. אחותי אהבה את העבודה שלה ועבדה גם ביום וגם בלילה. היא היתה מרוצה ומאושרת.

בסן-פרנציסקו היא פגשה הרבה אנשים והלכה לתיאטרון, למוזיאונים, לגלריות ולקונצרטים. אחותי שמחה מאוד שהיא עברה לגור בסן-פרנציסקו.

ג. חיי סטודנט – אומללים או מאושרים?

מזכרונות סטודנט:

איך עברה השנה באוניברסיטה?

הייתי סטודנט באוניברסיטה גדולה. למדתי הרבה: כימיה, מתמטיקה, פיסיקה וזואולוגיה. רציתי להיות רופא. למדתי בבוקר ולמדתי בערב. למדתי ביום ולמדתי בלילה. לא הייתי מאושר ולא הייתי אומלל – רק למדתי.

בסוף השנה היו בחינות. למדתי יום ולילה לבחינות. עברתי את הבחינות בהצלחה. הציונים שלי היו טובים. הייתי מרוצה מהציונים. גם ההורים שלי היו מרוצים מהציונים.

חזרתי הביתה ולא ידעתי מה לעשות. שמחתי לא ללמוד אבל לא ידעתי מה לעשות בבוקר ומה לעשות בערב. הייתי אומלל. ואז פגשתי את אורי. אורי היה חבר שלי בבית ספר. הוא לא למד באוניברסיטה, אבל הוא נסע לטייל בעולם. הוא ראה את הודו (India) והוא ראה את סין. הוא היה באירופה והוא היה באפריקה.

עכשיו אני עובד בחנות בגדים גדולה. אני יודע מה אני רוצה לעשות: גם אני רוצה לנסוע -- להודו ולסין, לאירופה ולאפריקה. ומה עם הלימודים? יש הרבה זמן, לכל!!!

שיעור חזרה מספר 2

(שיעורים 5-8)

REVIEW LESSON NO. 2

1. תרגיל קריאה והבנה: **Reading and Comprehension Exercise:**

רות: האם אני מכירה את יונתן?

אני מכירה את יונתן. אנחנו חברים טובים. אנחנו ידידים ותיקים. הייבו ביחד בטיול לאנגליה ולצרפת. הייבו בהרבה מקומות מעניינים, בכמה ערים גדולות, ובהרבה ערים קטנות. זה היה טיול מעניין. חזרנו ועכשיו הוא עסוק ואני עסוקה, אבל אנחנו נפגשים בסוף השבוע. אני גם רואה אותו בהרבה מקומות בעיר: בסופרמרקט, בספריה, בתחנת הדלק, ובקפטריה. הוא עובד במרכז העיר. אני עובדת בממשלה. המשרד שלו לא רחוק מהמשרד שלי. אני חושבת שהוא מרוצה מהעבודה שלו. אני לא רק מרוצה מהעבודה שלי, אני מאושרת! העבודה שלי מעניינת מאוד. אני חושבת שחשוב מאוד להיות מאושרים בחיים. "איזהו עשיר? השמח בחלקו" – זה מה שחשבו חכמינו וזה מה שאני חושבת. גם יונתן חושב כך.

ענה על השאלות הבאות: **Answer the following questions:**

1. האם רות מכירה את יונתן?
2. איפה הם הכירו?
3. איפה הם טיילו ומה הם ראו?
4. מה הם עושים עכשיו?
5. האם הם נפגשים? מתי ואיפה?
6. האם הם מרוצים מהעבודה שלהם?
7. מה הפילוסופיה של רות?

After reading the passage and answering the questions do the following:

1. List all the verbs and analyze them.
2. List all the phrases which contain noun + adjective. Are they definite or indefinite? Identify the definite phrases.

Review of Nif'al   חזרה על בנין נפעל 2.

Exercise: Substitution Drill   תרגיל התאמה

(א) כ.נ.ס. - להיכנס ל...

1. ריבה נכנסת הביתה. אורי ___נכנס___ .

2. דן ורינה נכנסים לספריה. אתן ___נכנסות___ .

3. גילה נכנסת לקולנוע. יעקב ___נכנס___ .

4. יעקב נכנס לדירה. אנחנו ___נכנסים___ .

5. אנחנו נכנסים למשרד. אתם ___נכנסים___ .

(ב) מ.צ.א. - להימצא ב...

1. דן נמצא בבית. דינה ___נמצאת___ .

2. רבקה נמצאת במשרד. דן ___נמצא___ .

3. דן נמצא בדירה. אתם ___נמצאים___ .

4. אתן נמצאות בעיר. הם ___נמצאים___ .

5. שמואל נמצא בבית. הן ___נמצאות___ .

(ג) ש.א.ר. - להישאר ב...

1. אני נשאר בתל אביב. את ___נשארת___ .

2. יעקב ורחל נשארים בספריה. אתן ___נשארות___ .

3. אתן נשארות בבית. חנה ___נשארת___ .

4 . יְרֹנתן נשאר במשרד. שאול _נשאר_

5 . שאול נשאר בעיר. מיכל _נשארה_

(ד) פ.ג.ש. – להיפגש עם...

1 . אבחנר נפגשים עם ההורים לארוחת צהריים. אתן _נפגשות_

2 . יעקב נפגש עם חברים כל שבוע. חנה _נפגשת_

3 . הסטודנטית נפגשת עם חברים בשבת. הסטודנטיות _נפגשות_

4 . בחורים נפגשים עם בחורות בבתי קפה. בחורות _נפגשות_

5 . אמי נפגשת עם אחותך בחנות. אבי _נפגש_

(ה) פ.ר.ד. – להיפרד מ...

1 . דוד נפרד מאחיו. אבי _נפרד_

2 . דינה נפרדת מההורים שלה. האורחים _נפרדים_

3 . הידיד שלי נפרד מחנה. הידידה שלי _נפרדת_

4 . הם נפרדים מההורים שלנו. הן _נפרדות_

5 . החברות נפרדות בתחנת הרכבת. אתן _נפרדות_

Completion Exercise

Do past

Fill in the verbs in <u>present tense</u> and translate the
sentences to English:

תרגיל השלמה

השלם ותרגם לאנגלית:

1 . אמי ואחותה לא _יוצאות_ מהבית בלילה. ר.צ.א.

2 . חברות ושכבות _באות_ לבקר אותנו הבוקר. ב.ו.א.

3 . אנשים _נכנסים_ לבנק כל היום: בבוקר, בצהריים ובערב. כ.נ.ס.

4 . האם רותי _יודעת_ לבשל? י.ד.ע.

5. אנחנו ______ לאכול בשמונה ו ______ לטייל. ג.מ.ר. י.צ.א.

6. מר כהן פרופסור. הוא ______ גיאוגרפיה. ל.מ.ד.

7. הם ______ חברים והם ______ הביתה בלילה. ב.ק.ר. ח.ז.ר.

8. איפה ______ מיכאל? ואיפה ______ המשפחה שלו? ג.ו.ר.

9. האורחים לא ______ אצל אורי; הם ______ למלון ש.א.ר. ה.ל.כ.
ואורי ______ מאוד. ש.מ.ח.

10. הדירה החדשה ______ קרוב לקמפוס. מ.צ.א.

11. אורי ______ עם הפרופסור שלו כל יום. פ.ג.ש.

12. האורחות ______ במלון במרכז העיר. ל.ו.נ.

13. ריבה ______ מבני המשפחה ו ______ לירושלים. פ.ר.ד. נ.ס.ע.

14. הרכבת התחתית ______ בחיפה. מ.צ.א.

15. אנחנו ______ קילומטר כל יום. ר.ו.צ.

Completion Exercise

תרגיל השלמה

Fill in the verbs in past tense and translate the sentences to English:

השלם בעבר ותרגם לאנגלית:

1. דב, איזה ספר ______? ק.נ.ה.

2. (אנחנו) ______ לעיר ברכבת. ח.ז.ר.

3. הוא ______ בגדים בחנות החדשה. ק.נ.ה.

4. אמי ואבי ______ לגלריה שנמצאת על יד הדואר. ח.ז.ר.

5. הוא ואשתו ______ חנות קרוב למסעדה שלי. פ.ת.ח.

6. ריבה, ______ לכתוב את הבחינה? ג.מ.ר.

7. השכנה שלנו ______ אתכם אחרי הצהריים. ר.א.ה.

ה.ר.ה.   ·   המסעדה הזאת __הֽיְֽתָה__ מקום אינטימי למפגש.   8.

ה.ר.ה.   ·   הלילה __הָיָה__ לילה נעים.   9.

ע.ב.ר.   ·   רון ודינה, __עֲבַרְתֶּם__ את הבחינה? אוֹגְרים   10.

ה.ר.ה.   ·   מה __הָיוּ__ הצירונים שלכם?   11.

ק.נ.ה.   ·   הם שמחים כי הם __קָנוּ__ תקליטים. קוֹנ'ם   12.

ר.א.ה.   ·   הם __רָאוּ__ את העיתון והם __נֶּתְנוּ__ רוֹאִים   13.
ג.מ.ר.   ·   לקרוא אותו. גוֹמְרים

פ.ת.ח.   ·   הפקיד __פָּתַח__ את הבנק. פוֹתֵחַ   14.

ר.א.ה.   ·   אני לא __רָאִֽיתִי__ אתכם בקולנוע. האם __הָיָה__   15.
ה.ר.ה.   ·   שם? רוֹאֶה

Review Passages

.3   קִטְעֵי חֲזָרָה

Translate the following passages to Hebrew and form **three** questions for each
passage. Pay attention to pronunciation and intonation, and divide each sentence
to meaningful units. A short pause after each unit within the sentence will con-
tribute to better reading and speaking.

Passage A :

Moshe's Apartment

Moshe's apartment is close to the university. His apartment is not far from

(the) campus. It is located in a big building. The apartment is small and

pleasant.

(handwritten Hebrew)
הדירה של משה קרובה לאוניברסיטה. הדירה שלו
לא רחוקה מהקמפוס. היא נמצאת בבנין גדול. הדירה קטנה ונעימה.

1. האם
הדירה
של משה
2. היכן
נמצאת
הדירה

Passage B:

Rina's House

Rina lives at home with her family. The house is located in Beit Hakerem.

It is not close to the university and not far from the university. The house is

(handwritten Hebrew)
3. היכן נמצאת הדירה של משה?

רינה גרה בבית עם משפחתה. הבית נמצא
בבית הכרם. הוא לא קרוב לאוניברסיטה ולא
רחוק מהאוניברסיטה. הבית

big and new.

Passage C:

The Hotel

Dan lives in a hotel. The hotel is located downtown, next to the post office. In the hotel there is a bar. The bar is a meeting place for actors and intellectuals.

Passage D:

The Buildings at the University

The university's buildings on Mt. Scopus are not new. These are beautiful buildings. They are far from the center of town. The students live in new buildings. They are also far from the center of town.

4. מכיר ויודע Review: מכיר ויודע

תרגיל קריאה והבנה: Exercise: Reading Comprehension

Read the following dialogues and review the verbs לדעת and להכיר :

שיחה א'

- אתה יודע איפה נמצאת הקונסוליה האמריקאית?
- לא!
- אתה יודע איפה האוטובוס לשפת הים?
- לא!
- אתה מכיר את העיר?
- לא!

- אתה יודע עברית?

- לא!

- אז מה אתה כן יודע?

<u>שיחה ב'</u>

נעמה: גיל, אתה מכיר את יונתן?

גיל: מי זה יונתן?

נעמה: יונתן הוא החבר שלי.

גיל: מה שם המשפחה שלו?

נעמה: שם המשפחה שלו גור. הוא בא ממשפחה טובה.*

גיל: אני לא מכיר את יונתן גור, ואני לא מכיר את משפחת גור.

נעמה: את מי אתה מכיר?

גיל: אני מכיר אנשים, אבל לא ממשפחות טובות.

*משפחה טובה - a family with a good social background

<u>שיחה ג'</u>

אילן: מיכל, את מכירה את הקרובה שלי דליה?

מיכל: אני לא יודעת. היא סטודנטית לארכיטקטורה?

אילן: כן. היא סטודנטית בטכניון ואבי חושב שהיא לומדת ארכיטקטורה.

מיכל: מה שם המשפחה שלה?

אילן: שם המשפחה שלה רבין.

מיכל: מאיפה היא? היא תל אביבית?

אילן: לא. אני חושב שהיא ירושלמית.

מיכל: אני מכירה סטודנטית בשם דליה, והיא לומדת ארכיטקטורה, אבל היא חיפאית.

232

Suggestions for directed conversations:

1. Danni meets Avi in the streeet and introduces him to his girlfriend Margalit. He tells Avi what she does and tells her what Avi does. They ask questions about each other's studies, place of residence, mutual friends, etc.

2. Dalia is walking with Ilan. They meet Michal and her roommate at the dorms. Dalia introduces everybody. It turns out that they all know each other because they went to school together in Ramat Gan.

3. New neighbors move into the building. Their next door neighbors come and introduce themselves. The two couples become acquainted.

<u>Completion Exercise</u> <u>תרגיל השלמה</u>

Complete the following sentences using either יודע or מכיר :

1. האם את __מכירה__ את הפרופסור החדש להסטוריה?
2. הם __יודעים__ את הספר אבל הם לא __יודעים__ את השיעורים.
3. משה, __מכיר__ בבקשה את אחותי דיבה. אנחנו __יודעים__ מהאוניברסיטה.
4. האם אתם __יודעים__ את הקיבוץ הזה?
5. הוא לא __יודע__ מי זאת המורה שמלמדת עכשיו. הוא לא __מכיר__ אותה.
6. הן __מכירות__ את הסטודנטים האלה מהספריה.
7. אבי __יודעת__ לבשל ואוהבת לאכול במסעדות. אבל אבי לא __מכירה__ את המסעדה הזאת.
8. אבי חושבת שהיא __יודעת__ את השיר, אבל אני __יודעת__ שהיא לא __מכירה__ אותו.
9. האם אתה __יודע__ לאן הילד הזה הולך?
10. אנחנו __מכירים__ את ירושלים ו __יודעים__ איך להגיע לעיר העתיקה.

11. אנחנו ___יודעים___ איפה נמצא הבית שלו, אבל אנחנו לא ___מכירים___ איך להגיע לשם.

12. האם את ___מכירה___ אותו? הוא חושב שהוא ___מכיר___ אותך מארה"ב.

13. אני לא ___יודע___ אם ללכת לספריה או ללכת הביתה.

14. אתה רוצה ___מכיר___ את הסטודנטית הזאת? כן, אבל אני לא ___יודע___ אם היא רוצה ___מכירה___ אותי.

15. דני ___מכיר___ אותי מבית ספר תיכון, ואותו הוא ___מכיר___ מהאוניברסיטה.

16. אני לא ___יודע___ הרבה אנשים ש ___יודע___ מה לעשות.

17. אני ___יודע___ מי אוכל את הסנדביץ' שלי. אני ___מכיר___ אותו טוב.

18. ריבה ורותי ___מכירות___ את השכנים שלי, אבל הן לא ___מכירות___ את שמם.

19. אני רוצה ללמוד סינית, אבל אני לא ___מכיר___ הרבה אנשים ש ___יודעים___ סינית.

20. יש אנשים שגרים אצל קרובי משפחה שהם לא ___יודעים___ כל כך טוב.

5. חזרה על אוצר המילים — Vocabulary Review

תרגום: — Translation Exercise

Review the vocabulary and translate the passage into Hebrew. Write 4 content questions in Hebrew for the passage:

Jonathan is very busy. He works and works. All day he works in an office in the government. In the evening he works in a coffeehouse. He does not read the paper. He does not read books. He does not go to the movies. He does not write letters. He works at the office and runs to the bank. He works at the coffeehouse and runs home. This is not a good life!

יונתן עסוק מאוד. הוא עובד ועובד. כל היום הוא עובד במשרד בממשלה. בערב הוא עובד בבית קפה. הוא לא קורא את העיתון. הוא לא קורא את ספרים. הוא לא הולך לבית קולנוע. הוא לא כותב את מכתבים.

Review the demonstrative pronouns in Lesson 4 and the quantifiers in Lesson 6, and then translate the following sentences:

1. Several people from the United States are visiting at this university.

2. Only one woman is (found) in this office.

3. Many students come and go all night from this library.

4. This is a new apartment. Many new apartments are (found) in this town.

5. We are cooking this food. We cook a lot of food. There are many guests.

6. I do not speak many languages. Do you speak many languages? No. I only speak one language.

7. Ruth works in this coffeehouse. Many people come into this coffeehouse. This coffeehouse is a good meeting place. It is in the center of town and it is close to many stores.

6. Review of particle את before direct object.

Fill in the particle את when necessary.

1. הן רוצות לראות ________ החברים שלהן.

2. אנחנו פוגשים _____ הרבה חברים.

3. אני פוגשת _____ החברים שלי באוניברסיטה.

4. אני הולכת ___ לקפטריה לשתות _____ קפה.

5. היא לומדת _______ אנגלית בערב.

6. אני מדבר _____ השפה האנגלית.

7. אתם שומעים _____ המוסיקה של באך?

8. אני לא כותב ___ המכתבים.

9. אני יודעת _____ גם עברית ו___ גם אנגלית.

10. אני לא רוצה לכתוב _____ מכתב.

7. Fill in the blanks with the words from the columns below:

רבקה, ____ את ____ __מטבח? אבי ____ ארוחה ___אורחים

החדשים. הם סטודנטים ____ באוניברסיטה. הם ____ ו ____

____ אורי ודליה. אורי ודליה ____ סיפור ____ ____ ____

החיים __ אנגליה. האורחים ____ אנגלית באוניברסיטה. הם

____ ____ __ ____ הסיפורים ____ אורי ודליה.

אתה ____ ____ האורחים? הם אנשים ____ מאוד, והם

____ ____ סטודנטים ___אמריקה.

בסדר. אבי ____ ____. אבי ____ ארוחת ערב ____

רבקה, דליה, אורי והאורחים. הארוחה ____ רבקה ____ מאוד.

פ.ג.ש. -- 2	י.ש.ב.	ב..	מ..	חדש
ר.צ.ה. -- 2	ב.ש.ל.	ב..	את	יפה
ש.מ.ע.	ד.ב.ר.	ל..	בית	מעניין
ה.ל.ך.	ס.פ.ר.	על	הביתה	טוב
א.כ.ל.	ל.מ.ד.	עם -- 2	מה?	
ע.ש.ה.		של -- 2		

שיעור מספר 9

"טִיּוּלִים בָּאָרֶץ"

"TOURING THE COUNTRY"

1. Vocabulary
   - a. Active Vocabulary
   - b. Vocabulary Notes
2. Texts
3. Grammar and Exercises
   - a. Semantic Notes: "Much" and "Very" - הַרְבֵּה וּמְאֹד
   - b. Past Tense: Pi'el Conjugation - בנין פִּעֵל
   - c. Past Tense: Hif'il Conjugation - בנין הִפְעִיל
     - I. הפעיל: גזרת שלמים
     - II. הפעיל: גזרת חסרי פ"נ
   - d. Location and Direction: Here ≠ There
   - e. Conjugation of Preposition: ..ב
4. Additional Texts
5. Review Exercises

1.a. Active Vocabulary — 1. אוצר מילים פעיל

bus	אוֹטוֹבּוּס אוֹטוֹבּוּסִים	אוטובוס (ז)
region; area	אֵזוֹר אֵזוֹרִים	איזור (ז)

visit	בִּקּוּר בִּקּוּרִים	ביקור (ז)
synogogue	בֵּית כְּנֶסֶת בָּתֵּי כְּנֶסֶת	בית כנסת (ז)
Druze	דְּרוּזִי - דְּרוּזִית	דרוזי - דרוזית
to here	הֵנָּה	הנה
mountain	הַר הָרִים	הר (ז)
beach; shore	חוֹף חוֹפִים	חוף (ז)
Technion (Institute of Technology in Haifa)	טֶכְנִיּוֹן	טכניון
sea	יָם יַמִּים	ים (ז)
here	כָּאן	כאן
church	כְּנֵסִיָּה כְּנֵסִיּוֹת	כנסיה (נ)
village	כְּפָר כְּפָרִים	כפר (ז)
to bathe	לְהִתְרַחֵץ	להתרחץ
enjoyable; pleasant	מְהַנֶּה - מְהַנָּה	מהנה - מהנה
mosque	מִסְגָּד מִסְגָּדִים	מסגד (ז)
port; harbor	נָמָל (נְמַל) נְמָלִים	נמל (ז)
now	עַכְשָׁו	עכשיו
once	פַּעַם פְּעָמִים	פעם (נ)

פעמים (ג. זוגי)	פַּעֲמַיִם	twice
קרוב - קרובה	קָרוֹב - קְרוֹבָה	a family relation
רכבת (נ)	רַכֶּבֶת רַכָּבוֹת	train
שוק (ז)	שׁוּק שְׁוָקִים	market; bazaar
שלושה (ז)	שְׁלֹשָׁה	three
שם	שָׁם	there; over there

Verbs in Past Tense — פעלים בעבר

הִגִּיעַ - הִגִּיעָה	לְהַגִּיעַ (אל/ל..)	to arrive
טִיֵּל - טִיְּלָה	לְטַיֵּל (ב..;ל..)	to go on a trip; take a walk
הִמְשִׁיךְ - הִמְשִׁיכָה	לְהַמְשִׁיךְ (את;ב..)	to continue
הִתְחִיל - הִתְחִילָה	לְהַתְחִיל (את;ב..)	to begin

Expressions and Phrases — ביטויים וצירופים

כַּמָּה זְמַן?	How long? How much time?
מְצוּדַת צַלְבָנִים	Crusaders' fortress
הַמִּקְדָּשׁ הַבַּהָאִי	The Bahai Temple (The Temple (Biblical) בית המקדש)
נְמַל דַּיָּגִים	a fishermen port
סוֹף שָׁבוּעַ	weekend (end of the week)
שׁוּק מִזְרָחִי	an eastern (oriental) bazaar (in Jerusalem)
חוֹף יָם/ שְׂפַת יָם	beach; sea shore

1.b. Vocabulary Notes

The two concepts, פעם/ זמן are sometimes confused with one another because of their English translation "time." Although the English translation is the same for both concepts, it does not have an identical meaning. A paraphrase in English, as well as the use of זמן and פעם in context, will help clarify their distinct meanings.

1. TIME = once; one time. — 1. פַּעַם (נ)

times; repetitions of action or events. — פְּעָמִים

2. TIME = a period of time; duration. — 2. זְמַן (ז)

times; periods of time. — זְמַנִּים

The two concepts are not interchangeable.

Examples:

1. TIME — 1. פעם

a. How many times were you in Tel Aviv? — א. כמה פעמים היית בתל אביב?

b. I was in Tel Aviv twice. — ב. הייתי בתל אביב פעמיים.

c. At one time (once) we travelled to the Galil. — ג. פעם נסענו לגליל.

d. The museum is very interesting. We visited it many times. — ד. המוזיאון מעניין מאוד. ביקרנו בו הרבה פעמים.

2. TIME — 2. זמן

a. Time passes quickly. — א. הזמן עובר מהר.

b. How long (how much time) are you living in the city?/ How long have you lived in the city? — ב. כמה זמן אתם גרים בעיר?

c. These are hard <u>times</u>. — ג. אלה הם **זמנים** קשים.

d. I have a lot of <u>time</u> to study. — ד. יש לי הרבה **זמן** ללמוד.

Suggestion: Write ten sentences, using זמן five times and פעם five times.

2. Texts — 2. קטעי קריאה

א. טיולים באיזור חיפה

שולה ויונתן נסעו לביקור בחיפה. הם היו שבועיים אצל הקרובים שלהם. הם נסעו מירושלים לחיפה ברכבת. בזמן הביקור הם טיילו בכל איזור חיפה. הם ביקרו באוניברסיטת חיפה, בטכניון, ובמקדש הבהאי. הם נסעו לחוף הים להתרחץ. הם ביקרו פעמים בכפרים הדרוזיים בהר הכרמל. בסוף השבוע הם נסעו באוטובוס לעכו. עכו היא עיר מעניינת מאוד. יש בה נמל דייגים, שוק מזרחי, מסגדים, כנסיות, ומצודת צלבנים. הטיול היה מעניין ומהנה.

שאלות:

1. לאן נסעו שולה ויונתן?
2. אצל מי הם היו?
3. איפה הם ביקרו?
4. לאן הם נסעו בסוף השבוע?
5. מה יש בעיר עכו?
6. האם הם היו מרוצים מהטיול?

ב. טיול בגליל

יובל: יורם, לאן נסעת עם המשפחה שלך?

יורם: נסענו לגליל.

יובל: כמה זמן טיילתם בגליל?

ירום: טיילנו שם שלושה ימים.

יובל: איפה הייתם ומה עשיתם?

ירום: התחלנו את הטיול בצפת והמשכנו למירון וברעם.

יובל: יש בית כנסת מעניין בברעם.

ירום: כן. ביקרנו בו.

יובל: איפה לנתם?

ירום: לילה אחד לנו במלון בצפת, ולילה אחד אצל חברים.

יובל: איך היה הטיול?

ירום: הטיול היה מהנה מאוד.

<u>מפת צפון הארץ</u>

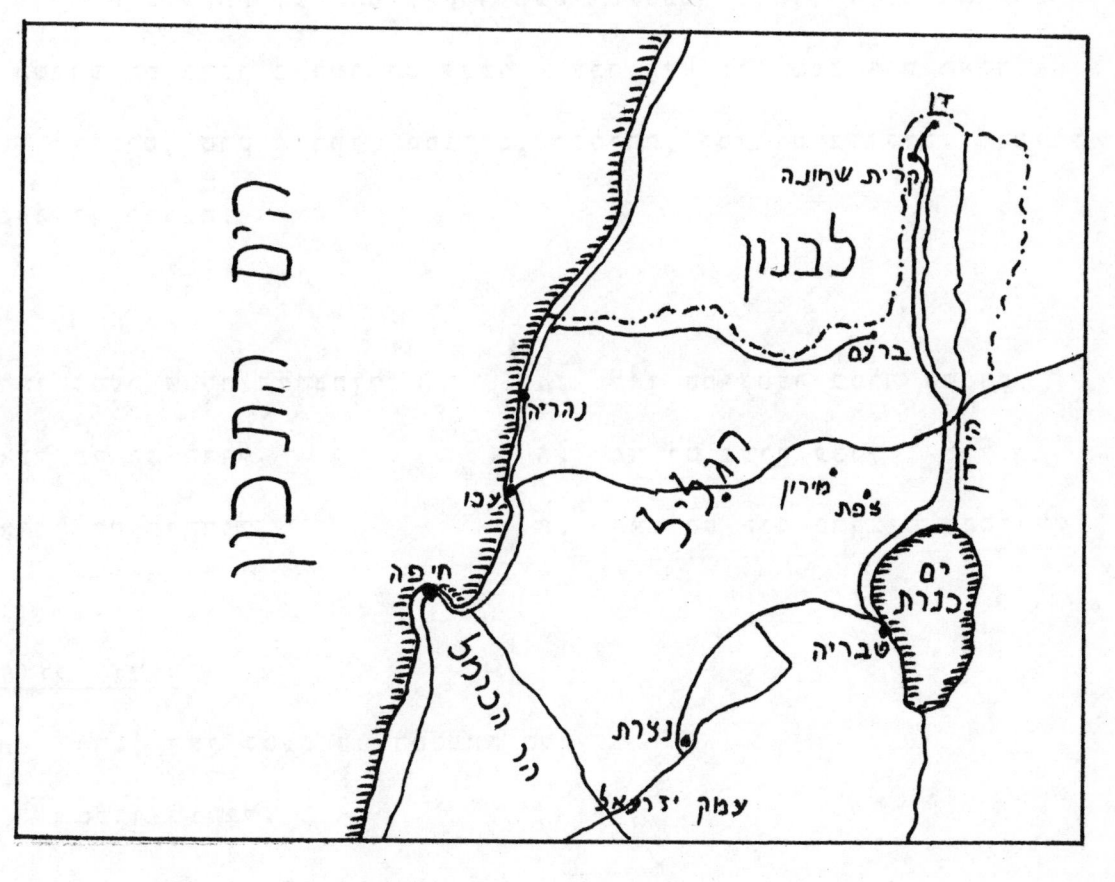

3. Grammar and Exercises

3.a. "Much" and "Very"

הרבה ומאוד

Although in Hebrew, as in English, the quantifier הרבה "much, many" and the adverb מאוד "very" are not at all identical, there is often a tendency to confuse the two.

1. הרבה "much, many" is a quantifier which indicates a large quantity and not a specific quantity. In a sentence, הרבה precedes the nouns it quantifies.

Examples:

<u>many</u> things	הרבה דברים
<u>a lot</u> of time	הרבה זמן
<u>much</u> work	הרבה עבודה

The quantifier הרבה can also follow action verbs to measure duration or quantity:

We worked <u>a lot</u>.	עבדנו הרבה.
We studied <u>a great deal</u>.	למדנו הרבה.
We eat <u>a lot</u>.	אנחנו אוכלים הרבה.

Underlying sentences in which הרבה is used to quantify the action are expanded sentences which specify exactly what הרבה refers to:

1. We worked <u>a lot</u>.   עבדנו הרבה. .1
   We worked <u>many hours</u>.   עבדנו <u>הרבה שעות</u>.

2. We did <u>a lot</u>.   עשינו הרבה. .2
   We did <u>many things</u>.   עשינו <u>הרבה דברים</u>.

Some sentences may have more than one underlying sentence. For example:

"They did not study <u>much</u>."   הם לא למדו הרבה.

a. They did not learn <u>many things</u>.   א. הם לא למדו <u>הרבה</u> דברים.

OR | או

b. They did not study a lot of time / a long time. | ב. הם לא למדו הרבה זמן.

Note that both the English and the Hebrew sentences share the same ambiguity and can be restated in two or three different ways.

2. מאוד "very" is an adverb which indicates the intensity of a state or a process being described. It is usually added to adjectives or to verbs to intensify them.

Examples:

1. We were very happy. | 1. היינו שמחים מאוד.

2. They got very old. | 2. הם הזדקנו מאוד.

3. The house is very nice. | 3. הבית יפה מאוד.

4. The book is very interesting. | 4. הספר מעניין מאוד.

Note that while in English "very" precedes the adjective, in Hebrew מאוד follows either the verb or the adjective it modifies.

3. In Hebrew, as in English, the quantifier הרבה "much" can be made more intensive by adding the adverb מאוד "very" to it. The result is the combination: "very much" הרבה מאוד . Note that in Hebrew, unlike in English, "much" הרבה precedes "very" מאוד .

Examples:

1. There are very many students that study Hebrew. | 1. יש הרבה מאוד סטודנטים שלומדים עברית.

2. They cooked a lot (very much) of food. | 2. הם בישלו הרבה מאוד אוכל.

3.a.1. Fill-in Exercise

תרגיל השלמה

Complete the sentences using either

מאוד or הרבה :

השלם את החסר ב"הרבה" או "מאוד":

1. שמחנו ‎__מאוד__‎ שבאתם לבקר.

2. רינה סיפרה ‎__הרבה__‎ על הטיול שלה.

3. אמא של צבי היא אשה טובה ‎__מאוד__‎.

4. הטיול היה מהנה ‎__מאוד__‎.

5. למדנו ‎__הרבה__‎ מהטיול.

6. ביקרתי ‎__הרבה__‎ ידידים בבאר-שבע.

7. ‎__הרבה__‎ ידידים ותיקים באו לראות אותנו.

8. רצינו ‎__מאוד__‎ לבקר את יוסי.

9. ‎__הרבה__‎ בתי כנסת הם בניינים מעניינים.

10. הלכנו ‎__הרבה__‎ ברגל.

3.b. Past Tense: Regular Verbs in Pi'el Conjugation

בנין פִּעֵל שלמים

In the vowel pattern of the **Pi'el** conjugation in past tense, the stem

vowels of the first and second person are an /i-a/ sequence. In third person,

the sequence is /i-e/ for masculine singular, and /i-Ø/ for feminine and plural.

Examples:

First Person - /i-a/:	דִּבַּרְנוּ	דִּבַּרְתִּי
Second Person - /i-a/:	דִּבַּרְתֶּם	דִּבַּרְתָ
Third Person:		
Masc. Sing. - /i-e/:		דִּבֵּר
Fem. Sing. - /i-Ø/:		דִּבְּרָה
Plural - /i-Ø/:		דִּבְּרוּ

Note: In an unvoweled text, the ‎י‎ is inserted to replace the /i/ vowel. Thus

"למד" in <u>ktiv</u> <u>male</u> will be read לָמַד , and "לימד" in <u>ktiv</u> <u>male</u> will be read לִמֵּד .

PAST TENSE OF REGULAR VERBS IN THE PI'EL CONJUGATION

זמן: עבר   בנין: פִּעֵל (פיעל)   גזרה: שלמים

to visit (in)	לְבַקֵּר (ב...)	ב.ק.ר.
to visit (a person)	לְבַקֵּר (את)	
to tour; take a walk	לְטַיֵּל (ב...;ל..)	ט.י.ל.
to tell	לְסַפֵּר (את;ל..)	ס.פ.ר.
to speak (a language)	לְדַבֵּר (שׂפה)	ד.ב.ר.
to talk (with)	לְדַבֵּר (עם)	
to teach; instruct	לְלַמֵּד (את)	ל.מ.ד.
to cook	לְבַשֵּׁל (את)	ב.ש.ל.

שרש:	ד.ב.ר.	ט.י.ל.	ס.פ.ר.	ב.ש.ל.
שם הפעל:	לְדַבֵּר	לְטַיֵּל	לְסַפֵּר	לְבַשֵּׁל
אני	דִּבַּרְתִּי	טִיַּלְתִּי	סִפַּרְתִּי	בִּשַּׁלְתִּי
אתה	דִּבַּרְתָּ	טִיַּלְתָּ	סִפַּרְתָּ	בִּשַּׁלְתָּ
את	דִּבַּרְתְּ	טִיַּלְתְּ	סִפַּרְתְּ	בִּשַּׁלְתְּ
אנחנו	דִּבַּרְנוּ	טִיַּלְנוּ	סִפַּרְנוּ	בִּשַּׁלְנוּ
אתם	דִּבַּרְתֶּם	טִיַּלְתֶּם	סִפַּרְתֶּם	בִּשַּׁלְתֶּם
אתן	דִּבַּרְתֶּן	טִיַּלְתֶּן	סִפַּרְתֶּן	בִּשַּׁלְתֶּן
הוא	הוא דִּבֵּר	הוא טִיֵּל	הוא סִפֵּר	הוא בִּשֵּׁל
היא	היא דִּבְּרָה	היא טִיְּלָה	היא סִפְּרָה	היא בִּשְּׁלָה
הם/הן	הם/הן דִּבְּרוּ	הם/הן טִיְּלוּ	הם/הן סִפְּרוּ	הם/הן בִּשְּׁלוּ

The other verbs in this category are conjugated in a similar manner.

Note the difference between פעל and פיעל in past tense:

Pa'al פָּעַל	Pi'el פִּעֵל
לָמַדְתִּי	לִמַּדְתִּי (לימדתי)
הוּא לָמַד	הוּא לִמֵּד (לימד)
הִיא לָמְדָה	הִיא לִמְּדָה (לימדה)

Note: When the medial radical is ב,כ,פ , it is always pronounced /b/, /k/, /p/. Formerly this medial radical was doubled, and today this is reflected by the presence of the <u>dagesh</u> דגש in the medial radical which affects its pronunciation.

Examples:

"I told an interesting story." סִפַּרְתִּי סִפּוּר מעניין.

"Dvora did not speak Hebrew." דבורה לא דִבְּרָה עברית.

3.b.1. <u>Conjugation Drill</u> <u>תרגיל</u>

Conjugate the following verbs in present and past tense (with full vocalization):

לטייל; לבקר; לבשל; לספר; ללמד.

3.b.2. <u>Substitution Drill</u> <u>תרגיל התאמה</u>

אני: <u>טיילתי</u> בירושלים <u>וביקרתי</u> במוזיאון ישראל.

גברת ירדני. אנחנו. את. אתם. הסטודנטים. אתן. הן.

הנשים. המורים והתלמידים. הרופאות מתל אביב. ההורים של דני.

אתה. אחותי.

3.b.3. <u>Substitution Drill</u> — תרגיל התאמה

חנה: חנה סיפרה לדן שהיא לימדה עברית.

ירדם. חנה וירדם. אנחנו. אתם. אתה. מי? הוא.

את. הן. אני.

3.b.4. <u>Substitution Drill</u> — תרגיל התאמה

הוא: הוא בישל במטבח ולא דיבר עם האורחים.

אני. אתם. ההורים שלי. אחותי. החברות שלי. אמא.

את. אנחנו. אתה.

3.b.5. <u>Transformation Drill</u> — תרגיל

Change the following sentences from present to past tense:

Example: דוגמא: הוא מספר לי סיפורים ---> הוא סיפר לי סיפורים.

1. את מדברת רק אנגלית? ----------->
2. מי מטייל בגליל? --------------->
3. הם מבקרים בשוק המזרחי --------->
4. הן מבשלות ארוחה גדולה ---------->
5. יעקוב מלמד פילוסופיה ---------->
6. אבי מדברת עם האורחים שלי ------>
7. ריבה מטיילת באירופה עם חברות -->
8. אנחנו מבקרים את יוסי באוניברסיטה -->
9. אתן מספרות סיפורים מעניינים --->
10. יוסי מבשל ארוחה במטבח --------->

3.c. <u>Past Tense of the Hif'il Conjugation</u>

3.c.I. <u>Regular Verbs</u>   בנין הפעיל שלמים

Verbs in the <u>Hif'il</u> conjugation are distinguished by the prefix /hi-/ ה

which appears before the sequence of the radicals and is part of the verb stem.

In past tense, the medial vowel in third person is always /i/ followed by a י .

       Examples: הִרְגִּישׁ , הִתְחִילָה , הִמְשִׁיכוּ , הִרְגִּישׁוּ

The י of the third person must always be written, whether the text is voweled

or not, since it is part of the conjugation pattern.

	גזרה: שלמים	בנין: הִפְעִיל	זמן: עבר
to begin; start		לְהַתְחִיל (את;ב..)	ת.ח.ל.
to continue; go on		לְהַמְשִׁיך (את;ב..)	מ.שׁ.כ.
to feel; sense		לְהַרְגִּישׁ	ר.ג.שׁ.

מ.שׁ.כ.	ר.ג.שׁ.	ת.ח.ל.	שרש:
לְהַמְשִׁיך	לְהַרְגִּישׁ	לְהַתְחִיל	שם הפעל:
	to continue	to feel	to begin
הִמְשַׁכְתִּי	הִרְגַּשְׁתִּי	הִתְחַלְתִּי	אני
הִמְשַׁכְתָּ	הִרְגַּשְׁתָּ	הִתְחַלְתָּ	אתה
הִמְשַׁכְתְּ	הִרְגַּשְׁתְּ	הִתְחַלְתְּ	את
הִמְשַׁכְנוּ	הִרְגַּשְׁנוּ	הִתְחַלְנוּ	אנחנו
הִמְשַׁכְתֶּם	הִרְגַּשְׁתֶּם	הִתְחַלְתֶּם	אתם
הִמְשַׁכְתֶּן	הִרְגַּשְׁתֶּן	הִתְחַלְתֶּן	אתן
הוא הִמְשִׁיך	הוא הִרְגִּישׁ	הוא הִתְחִיל	הוא
היא הִמְשִׁיכָה	היא הִרְגִּישָׁה	היא הִתְחִילָה	היא
הם/הן הִמְשִׁיכוּ	הם/הן הִרְגִּישׁוּ	הם/הן הִתְחִילוּ	הם/הן

Note: In third person, the stress always remains on the second radical. It does not change to the last syllable, as it does in most other past tense conjugations. For example:

Hif'il הפעיל	Pa'al פעל
הוא הִתְחִיל	הוא לָמַד
היא הִתְחִילָה	היא לָמְדָה
הם הִתְחִילוּ	הם לָמְדוּ

3.c.I.1. Substitution Drill — תרגיל התאמה

אני: התחלתי את הטיול בבהריה והמשכתי לעכו.

רון. החברים שלנו. ההורים שלי. אנחנו. דליה. אתה.

3.c.I.2. Transformation Drill — תרגיל

Change the following sentences from present to past tense: שנה מביגוני לעבר:

1. אני מתחילה לכתוב מכתבים בבוקר, וממשיכה בלילה. ---→
2. מי מתחיל לרוץ בבוקר וממשיך לרוץ בלילה? ---------→
3. אחותי מרגישה טוב מאוד. --------------------------→
4. אחי מתחיל לעבוד בתחנת דלק וממשיך לעבוד שם. -----→
5. האם אתם מרגישים טוב? --------------------------→
6. אמי מתחילה לשמוע שיעורים וממשיכה ללמוד.----------→
7. הם מתחילים בעבודה בבנק וממשיכים לעבוד שם. ------→
8. אנחנו מרגישים שאנחנו לומדים הרבה. ---------------→
9. האם את מרגישה שהכל בסדר? -----------------------→
10. אורי מתחיל אבל לא ממשיך. -----------------------→

3.c.II. Verbs of פ"נ — בנין הפעיל: חסרי פ"נ

In the conjugation of verbs belonging to the פ"נ root classification, the initial radical /n/ נ is dropped. In the past, as the /n/ נ became assimilated, the second radical was doubled. Today this is reflected by the presence of the dagesh דגש in the medial radical. Consequently, when the medial radical is ב,כ,פ , it is always pronounced /b/, /k/, /p/.

Examples:

נ.כ.ר.   הנכרתי ------> הִכַּרְתִּי

נ.ג.ע.   הנגעתי ------> הִגַּעְתִּי

זמן: עבר   בנין: הפעיל   גזרה: חסרי פ"נ

נ.כ.ר.	לְהַכִּיר (את)	to know; be acquainted
נ.ג.ע.	לְהַגִּיעַ (מ...;ל...)	to arrive

שרש:	נ.כ.ר.	נ.ג.ע.
שם הפעל:	לְהַכִּיר	לְהַגִּיעַ
אני	הִכַּרְתִּי	הִגַּעְתִּי
אתה	הִכַּרְתָּ	הִגַּעְתָּ
את	הִכַּרְתְּ	הִגַּעְתְּ
אנחנו	הִכַּרְנוּ	הִגַּעְנוּ
אתם	הִכַּרְתֶּם	הִגַּעְתֶּם
אתן	הִכַּרְתֶּן	הִגַּעְתֶּן
הוא	הוא הִכִּיר	הוא הִגִּיעַ
היא	היא הִכִּירָה	היא הִגִּיעָה
הם	הם/הן הִכִּירוּ	הם/הן הִגִּיעוּ

3.c.II.1. Substitution Drill

תרגיל התאמה

אני: הכרתי את יורם בבית של אסתר.

ההורים שלי.   החברה שלנו.   אחיך.   את.   המורות שלי.   אתה.

הפקידה במשרד.

3.c.II.2. Substitution Drill

תרגיל התאמה

אני: הגעתי לקונצרט בזמן.

אנחנו.   אסתר.   האורחים שלך.   האשה מניו יורק.   אתם.   את.

3.c.II.3. Transformation Drill

תרגיל

Change the following sentences from present to past tense: מבינוני לעבר:

1. אני מכירה אתכם   ————————→

2. אתם מכירים אותנו   ————————→

3. מתי הם מגיעים הנה?   ——————→

4. מי מגיע בזמן?   ————————→

5. רון מכיר את אשתי   ————————→

6. אורה לא מגיעה למשרד   ———————→

7. אתה מכיר אנשים בניו יורק?   ——→

3.c.II.4. Transformation Drill

תרגיל

Change the following from past to present tense: מעבר לבינוני:

1. הכרנו את אחיך באוניברסיטה   ———→

2. הגעת לבאר-שבע בלילה?   ———————→

3. הם הכירו חברים שלי   ————————→

4. הוא הגיע הנה ברכבת ‎-------------←

5. הן הכירו את לונדון כי הן גרו שם ‎-←

3.c.II.5. **Exercise**   תרגיל

Translate the following sentences: תרגם לעברית:

1. We arrived at the Druze village and visited friends there.

   אנחנו הגענו לכפר הדרוזי! ואנחנו ביקרנו חברים שם.

2. Uri, did you meet (get acquainted with) my brother at the office?

   אורי, את הכרת את אחי במשרד?

3. We were in Europe and we visited cities, villages, old synogogues, and

   churches.

   אנחנו היינו באירופה! ואנחנו ביקרנו את ערים
   בתי כנסת ועתיקית, וכ...

4. He arrived at the fishing port at night.

   הוא הגיע לנמל הדיג בלילה.

5. Rina travelled by train (for) two weeks, and she arrived in England on (in)

   the weekend.

   רינה נסעה ברכבת שבועיים, והיא הגיעה לאנגליה
   בסוף שבוע.

6. They came to the market in the morning, and they were there until night.

   הם באו אל השוק בבוקר! והם היו שם אל הלילה.

7. I continued to travel in the Negev, and I met new friends in Eilat.

   אני המשכתי לנסוע בנגב, ואני פגשתי את חברים חדשים...

8. They were happy that you felt good at their house.

   (הם) היו שמחים... ארגשת טוב בבית שלהם.

9. We started the trip in Jerusalem and continued from there to the Galilee.

   אנחנו התחלנו את הטיול בירושלים! והמשכנו משם לגליל.

10. I did not feel good and I went home.

    אני לא הרגשתי טוב! והלכתי הביתה.

11. We were introduced (to) his family, and we spent the night at their house

    near Tel Aviv.

    אנחנו הכירנו (הוצגנו) את המשפחה שלו, ואנחנו לנו
    בבית שלהם ליד תל אביב.

12. He told us that his family arrived here from a village not far from Haifa.

    (הוא) אמר... סיפר לנו שהמשפחה שלו הגיעה הנה
    מכפר לא רחוק מחיפה.

253

3.d. Directions and Locations

here ≠ there   פֹּה/כָּאן ≠ שָׁם

to here ≠ to there   הֵנָּה/לְכָאן ≠ לְשָׁם

from here ≠ from there   מִכָּאן ≠ מִשָּׁם

In Hebrew, "to here" or "to there" is indicated by adding the preposition ל to the adverbs כָּאן "here" or שָׁם "there." הֵנָּה "to here" may be used instead of לְכָאן . A mistake often made by English speakers is the omission of the preposition ל .

Example:

"I came (to) here by train".   באתי לכאן ברכבת./ באתי הנה ברכבת.

לא: באתי ~~כאן~~ ברכבת./ באתי ~~פה~~ ברכבת.

3.d.1. Exercise   תרגיל

Read the following dialogues and note the use of here ≠ there in context:

פֹּה / כָּאן ≠ שָׁם

שיחה א'

מי עובד פה?

ריבה עובדת כאן.

למה היא לא במצאת כאן?

היא במצאת עכשיו במשרד של דב.

מה היא עושה שם?

מי יודע?

שיחה ב׳

איפה רון נמצא?

רון נמצא בירושלים.

מה הוא עושה שם?

אני חושבת שהוא לומד שם.

מה הוא לומד שם?

הוא לומד גיאוגרפיה.

שיחה ג׳

הייתי בצפת.

גם אני הייתי שם.

מה עשית שם?

ביקרתי חברים.

מה את עושה כאן?

שום דבר.

לְכָאן / הֵנָּה ≠ לְשָׁם

שיחה ד׳

מתי הם באו הנה?

הם באו הנה בצהריים.

הם הלכו הנה ברגל?

לא. הם הגיעו הנה באוטובוס.

שיחה ה׳

לאן אתם רצים?

אנחנו רצים לספריה.

למה אתם רוצים לשם?

אנחנו רוצים לשם כי אנחנו עובדים שם.

מתי אתם חוזרים הנה?

אנחנו חוזרים הנה בערב.

<u>שיחה ו'</u>

מתי נסעתם לתל אביב?

נסענו לשם בערב.

למה נסעתם לשם?

כי לא ידענו מה לעשות כאן.

אתם מכירים אנשים שם?

כן. חברים שלנו גרים שם.

למה הם לא באו הנה?

הם לא באו הנה כי הם לא רצו לבוא הנה.

<u>שיחה ז'</u>

מתי רינה ודב הגיעו לכאן?

הם הגיעו הנה מוקדם בבוקר.

מתי הם יצאו מתל אביב?

הם יצאו משם אתמול בלילה.

הם שמחים שהם באו הנה?

למה לא?

הם לא רצו להיות שם?

לא. הם רצו להיות כאן.

אז טוב שהם באו הנה.

מִכָּאן ≠ מִשָּׁם

שיחה ח׳

מאיפה אתם באים?

אנחנו באים מבית קפה.

אתם באים משם?

כן. אנחנו חוזרים משם.

וּמִכָּאן – לאן אתם הולכים?

מי יודע?

שיחה ט׳

לאן אתם הולכים הערב?

אנחנו הולכים מכאן לקולנוע.

מתי אתם יוצאים מכאן?

אחרי החדשות בטלביזיה.

ואחרי הקולנוע לאן אתם הולכים?

משם? משם אנחנו הולכים לשפת הים.

ומשם?

משם אנחנו חוזרים הביתה.

ואתם לא רוצים לבוא הנה?

לא. כבר היינו כאן, ואנחנו רוצים ללכת לשם.

אתם רצים כל היום – מכאן לשם, ומשם לכאן.

3.e. Conjugation of the Preposition -ב

The conjugation of the preposition -ב with pronoun suffixes follows the same pattern as the conjugation of the prepositions ל/שֶׁל and the conjugation of single nouns. Note the following table:

	בָּנוּ		בִּי
בָּכֶן	בָּכֶם	בָּךְ	בְּךָ
בָּהֶן	בָּהֶם	בָּהּ	בּוֹ

The preposition -ב is most often translated in English as "at" or "in." However, not all cases using "at" or "in" in English can be translated into Hebrew by using the preposition -ב . For example, one of the most common mistakes made by English speakers is the use of the preposition -ב after the verb "to arrive " להגיע . While in English the preposition "at/in" follows the verb "to arrive," in Hebrew להגיע , being a direction verb, is followed by the preposition -ל.

Examples:

"I arrived in Israel this morning." הגעתי לישראל הבוקר.

"Yossi arrived at the office on time." יוסי הגיע למשרד בזמן.

In general, the preposition -ב denotes being at a certain location rather than movement to a location.

Examples of verbs using the preposition -ב :

to sit at/in	לשבת ב- (בית קפה)
to be at/in	להיות ב- (בית)
to stay at/in	להישאר ב-(בית)

to spend the night at/in	ללון ב- (מלון)
to sleep in	לישון ב- (חדר)

3.e.1. Exercise — תרגיל

Change the underlined prepositional phrases to preposition + suffix:

Ex.: דוגמא: ביקרנו בבית הכנסת פעם אחת ----> ביקרנו בו פעם אחת.

1. לנו בדירה הזאת -------------->
2. הם גרים במלון הזה ---------->
3. אורי ישב בבית הקפה החדש ---->
4. יש בבתים האלה חדרים גדולים ->
5. קראנו בעיתון הזה את החדשות ->
6. אנחנו שומעים בשיעורים האלה הרבה דברים מעניינים -->
7. נסענו באוטובוס הזה לטיול יפה --->
8. הם נשארים בחדר הזה כל היום ----->
9. אנחנו נפגשים בדירה הזאת -------->
10. היינו בכפרים הדרוזיים פעמיים --->

4. Additional Texts — קטעי קריאה .4

The readings offered here include many new vocabulary items. Some of them will be supplied here, while others can be found in the word glossary at the end of the book. The new vocabulary items are not meant to be incorporated into your active vocabulary. The passages are included in order to introduce you to more extensive readings, and to encourage you to read on your own, even when a large portion of the vocabulary is new. Using a Hebrew-English dictionary is an important part of the learning experience.

א. רותי הגיעה לארץ. היא הגיעה מלונדון לנמל חיפה. היא לא רצתה ללמוד באוניברסיטה והיא לא רצתה ללמוד עברית. רותי רצתה לעבוד בארץ, אבל היא לא ידעה איפה.

היא הגיעה לחיפה ושם היא גרה במלון קטן וישן. מחיפה היא נסעה לבקר בעכו ובגליל. לילה אחד היא לנה בעכו ולילה אחד היא לנה בקיבוץ. הקיבוץ הוא גדול ומודרני, אבל הוא לא קיבוץ חדש. יש הרבה חברים וחברות בקיבוץ.

עכשיו רותי נמצאת בקיבוץ ועובדת שם. רותי שמחה מאוד שהיא נסעה לבקר בקיבוץ, כי עכשיו היא גרה בו והיא גם חברה בו. רותי אוהבת את החיים החדשים שלה.

ב. <u>טיול לירושלים</u>

נסענו לירושלים בבוקר. הגענו לשם באוטובוס. בירושלים טיילנו בעיר. הלכנו ברגל לשוק המזרחי בעיר העתיקה. השוק הוא מקום מעניין מאוד. ראינו את מוזיאון ישראל, את הכנסת ואת האוניברסיטה. בצהריים אכלנו ארוחת צהריים בעיר העתיקה. האוכל היה טוב מאוד. ביקרנו בבתי כנסת, במסגדים, ובכנסייה. עשינו הרבה וראינו הרבה.

בערב נסענו לחיפה. הלכנו לשפת הים. היה יפה מאוד. הגענו הביתה בלילה. זה היה טיול מהנה והיינו מרוצים מאוד מהטיול.

5.1. <u>Exercise</u>   תרגיל

Translate the following conversations: תרגם את השיחרת הבאות:

A. a - Dina, what are you doing in the market in Beersheva?

D - I came to see the market.

a - The market is an interesting place.

D - I heard that the Bedouins (בדואים) come here and I wanted to see them.

a - Today they are not here. They were here yesterday.

D - Yes. I arrived here in the morning and I did not see them.

a - Do you plan to return?

D - Yes. I plan to return here.

B. a - Uri, did your family arrive?

U - My father and my mother arrived. My brother and my sister are arriving today.

a - How are they? Is everything alright?

U - Yes. They are fine.

a - How was their trip?

U - It was an interesting trip.

a - Where were they?

U - They were in England and in France.

a - Did you travel with your family?

U - No. I did not travel with my family -- I worked.

C. a - Dalia and Uri, where were you?

DU- We were in the United States.

a - What did you do there?

DU- We lived (resided) there and we worked there.

a - Did you live in a city?

DU- No. We did not want to live in the city. We lived in a fisher-men's village.

a - How did you get (arrive) there?

DU- We went to New York, from there we went by train to the sea shore,

261

and from there we went by car to the village.

a - Did you meet a lot of people there?

DU- No. The people there do not like guests.

a - Were you busy?

DU- All the time. They taught us many new things, and we learned a lot.

5.2. Exercise

תרגיל

Translate the following passage:

תרגם את הקטע הבא:

We arrived at the Druze village and visited friends there. We travelled by bus to the village. We came to the market in the village. From there we went to our friends' house. They cooked a big meal, and we ate and talked with our friends about life in the village and life in the big city. They told us stories and we told them stories. After the meal, we ran to the bus, and arrived on time. We returned to Haifa by bus. The excursion was very pleasant.

5.3. Exercise

תרגיל

Describe a trip to Haifa and the surrounding area.   תאר טיול לחיפה והסביבה.

262

שיעור מספר 10

"למי יש מה?"

"WHO HAS WHAT?"

1. Vocabulary
    a. Active Vocabulary
    b. Vocabulary Notes
2. Texts
3. Grammar and Exercises
    a. There is ≠ There is not   יֵשׁ ≠ אֵין
    b. The concept "to have" יֵשׁ לִי ≠ אֵין לִי
    c. Cardinal Numbers: 1 - 10
4. Additional Texts and Exercises

1.a. Active Vocabulary — .1א. אוצר מילים פעיל

but	אֲבָל	אבל
responsibility	אַחֲרָיוּת	אחריות (נ.)
there is not/are not	אֵין	אין
possibility; chance	אֶפְשָׁרוּת אֶפְשָׁרוּיוֹת	אפשרות (נ)
school; schoolhouse	בֵּית סֵפֶר בָּתֵּי סֵפֶר	בית ספר (ז)

English	Hebrew	
problem	בְּעָיָה בְּעָיוֹת	בעיה (נ)
garden; park	גַּן גַּנִּים	גן (ז)
worry; anxiety	דְּאָגָה דְּאָגוֹת	דאגה (נ)
thing; something; saying	דָּבָר דְּבָרִים	דבר (ז)
lawn; grass	דֶּשֶׁא דְּשָׁאִים	דשא (ז)
opportunity; chance	הִזְדַּמְּנֻת הִזְדַּמְּנֻיוֹת	הזדמנות (נ)
everything	הַכֹּל	הכל
old; aged	זָקֵן – זְקֵנָה	זקן – זקנה
wisdom	חָכְמָה חָכְמוֹת	חכמה (נ)
half	חֲצִי חֲצָאִים	חצי (ז)
important	חָשׁוּב – חֲשׁוּבָה	חשוב – חשובה
desire; willingness; urge	חֵשֶׁק	חשק (ז)
together	יַחַד/ בְּיַחַד	יחד/ ביחד
road (paved); highway	כְּבִישׁ כְּבִישִׁים	כביש (ז)
because	כִּי	כי
money funds (pl.)	כֶּסֶף כְּסָפִים	כסף (ז)
luck	מַזָּל	מזל (ז)
Sky	שָׁמַיִם	שמים

(handwritten annotations): to worry — לִדְאוֹג like דְּאֹג; smart חָכָם, stupid טִפֵּשׁ; זָקֵן / זְקֵנָה; חֲצִי שָׁעָה 1/2 hour; I feel like / I don't feel like; followed by noun; verb follows; can't start sentence; Always masc & always plural

264

party (social affair)	מְסִבָּה מְסִבּוֹת	מסיבה (נ)
situation; condition	מַצָּב מַצָּבִים	מצב (ז)
surroundings; area; environment	סְבִיבָה סְבִיבוֹת	סביבה (נ)
around	סָבִיב	סביב (מסביב ל...)
patience	סַבְלָנוּת	סבלנות (נ)
movie; tape; ribbon; reel	סֶרֶט סְרָטִים	סרט (ז)
tree	עֵץ עֵצִים	עץ (ז)
flower	פֶּרַח פְּרָחִים	פרח (ז)
wall	קִיר קִירוֹת	קיר (ז)
quarter	רֶבַע רְבָעִים	רבע (ז)
furniture	רָהִיט רְהִיטִים	רהיט (ז)
noise	רַעַשׁ רְעָשִׁים	רעש (ז)
permission	רְשׁוּת	רשות (נ)
hour	שָׁעָה שָׁעוֹת	שעה (נ)
program; plan	תָּכְנִית תָּכְנִיּוֹת	תכנית (נ)
always	תָּמִיד	תמיד

Verbs **פעלים**

to hurry	לְמַהֵר (ל...)	מִהֵר - מִהֲרָה
to finish; complete	לְסַיֵּם (את)	סִיֵּם - סִיְּמָה

Phrases and Expressions **בִּיטּוּיִים וְצֵירוּפִים**

wisdom of life	חָכְמַת חַיִּים
high school	בֵּית סֵפֶר תִּיכוֹן
student dorms; dormitories	שִׁכּוּנֵי סְטוּדֶנְטִים
student club; lounge	מוֹעֲדוֹן סְטוּדֶנְטִים
weather	מֶזֶג אֲוִיר
What time is it? (lit. What is the hour?)	מה הַשָּׁעָה?

Furniture **רהיטים**

floor	רִצְפָּה (נ)	bed	מִטָּה (נ)
picture	תְּמוּנָה (נ)	table	שֻׁלְחָן (ז)
flower pot	עָצִיץ (ז)	chair	כִּסֵּא (ז)
sofa; couch	סַפָּה (נ)	rug; carpet	שָׁטִיחַ (ז)

Rooms **חדרים**

dining room	חֲדַר אֹכֶל
bedroom	חֲדַר שֵׁנָה
living room; guest room	חֲדַר אוֹרְחִים
bathroom	חֲדַר שֵׁרוּתִים
workroom; study	חֲדַר עֲבוֹדָה

1.b. Vocabulary Notes

The following vocabulary notes are presented to call your attention to groupings of words belonging to one root. The nouns, verbs, and expressions of the same root often have interesting semantic relationships. This section is for your information, and is not designed to be a part of the newly acquired active vocabulary.

ד.ב.ר.

Verbs:	**פעלים:**
to say, speak	דָּבַר (רק בבינוני)
to talk with one another; agree to	נִדְבַּר
to talk, to speak	דִּבֵּר
to be spoken	דֻּבַּר
Nouns:	**שמות ותארים:**
thing, matter, affair	דָּבָר (ז)
Deuteronomy	דְּבָרִים
word; cause, reason	דִּבְרָה
eloquent speaker; orator; talkative	דַּבְּרָן (ז)
oratory; loquacity	דַּבְּרָנוּת (נ)
torrent of talk	דַּבֶּרֶת (נ)
Expressions:	**ביטויים:**
point and counterpoint	דָּבָר וְהִפּוּכוֹ
epilogue	אַחֲרִית-דָּבָר
It does not matter!	אֵין דָּבָר!
absolutely untrue	לֹא הָיוּ דְּבָרִים מֵעוֹלָם!

2. Texts

2. קטעי קריאה

א. החברים שלי

יש לי שני חברים טובים: האחד הוא חבר שלי מבית הספר -- יחד למדנו ויחד נסענו לטיולים. לחבר שלי אין הרבה סבלנות. הוא תמיד ממהר, הוא תמיד עסוק, תמיד יש לו תכניות. יש לו מזל כי יש לו כסף לכל התוכניות שלו. אין לו דאגות. הוא לומד, עובד, הולך למסיבות, יוצא עם בחורות ונוסע לטייל. אני אוהב ללכת למסיבות ולנסוע לטיולים עם החבר הזה, אבל אין לי אפשרות לשבת ולדבר עם החבר שלי על דברים חשובים.

החבר השני שלי הוא איש זקן. הוא גר על יד המשפחה שלי ויש לו חנות קטנה. אני אוהב לשבת ולדבר עם החבר הזה. תמיד יש לו דברים מעניינים לספר. יש לו זמן ויש לו סבלנות לדבר על הכל: על העבודה, על המצב בעולם, על מזג האוויר ועל החיים. הוא לא למד באוניברסיטה והוא לא סיים בית ספר תיכון, אבל יש לו חוכמת חיים.

יש לי מזל שיש לי שני חברים טובים.

ב. החדר של שמעון בשיכוני הסטודנטים

החדר של שמעון הוא חדר קטן, אבל נחמד. בחדר יש מיטה, יש שולחן, יש כיסאות ויש רדיו. יש שטיח יפה על הרצפה, ויש תמונות על הקיר. יש בחדר גם עציצים ופרחים. אין בחדר טלפון ואין בחדר טלביזיה. יש טלפון במשרד ויש טלביזיה במועדון הסטודנטים.

שאלות:

1. מה יש בחדר של שמעון?

2. מה אין בחדר של שמעון?

ג. <u>הבית של שולה</u>

שולה גרה בבית גדול ויפה רחוק ממרכז העיר. בבית יש שמונה חדרים. יש בבית ארבעה חדרי שינה, חדר אורחים, חדר אוכל, מטבח וחדר שירותים. מסביב לבית יש גן יפה, יש דשא ויש עצים ופרחים. אין רעש בסביבה של שולה. אין הרבה מכוניות ואוטובוסים, כי אין כבישים גדולים על יד הבית שלה.

שאלות:

1. מה יש בבית של שולה?

2. מה אין בסביבה של שולה?

3. Grammar and Exercises

3.a. There is/are ≠ There is not/are not — יש ≠ אין

The Hebrew expression יש means "there is" or "there are," and the expression אין means "there is not" or "there are not."

Examples:

1. יש מורה חדש בבית הספר.	"There is a new teacher in the school."
2. יש ספרים מעניינים בספריה הזאת.	"There are interesting books in this library."
3. אין מסעדה טובה בעיר הזאת.	"There is no good restaurant in this city."
4. אין סרטים טובים בקולנוע הזה.	"There are no good movies at this theater."

ר׳ אלעזר בן-עזריה אומר: אם אין תּוֹרָה - אין דֶּרֶךְ-אֶרֶץ, ואם אין דרך-ארץ - אין תורה; אם אין קמח - אין תורה, ואם אין תורה - אין קמח.

Rabbi Elazar Ben-Azaria says: If there is no learning - there is no respect (manners), and if there is no respect - there is no learning; if there is no bread - there is no learning, and if there is no learning - there is no bread.

3.a.1. <u>Exercise</u> <u>תרגיל</u>

Translate the following sentences: תרגם את המשפטים הבאים:

1. There are plans for (ל) a new building.
   יש תכניות בשביל לבנין חדש.
2. There are no good movies in (the) town.
   אין סרטים טובים בעיר.
3. There is good weather in Jerusalem.
   יש מזג אויר טוב בירושלים.
4. There is no furniture in the apartment.
   אין רהיטים בדירה.
5. There is a lot of food in the house.
   יש הרבה אוכל בבית.
6. There are no rooms in the dormitories.
   אין חדרים במעונות סטודנטים.
7. There are several good clerks in this office.
   יש כמה פקידים טובים במשרד הזה.
8. There are many people in this city.
   יש הרבה אנשים בעיר הזאת.
9. There are several good stores downtown.
   יש כמה חנויות טובות במרכז העיר.
10. There are not many houses on this street.
   אין הרבה בתים ברחוב הזה.
11. There is no table in the dining room.
   אין שולחן בחדר אוכל.
12. There are new chairs and a couch in the living room.
   יש כסאות חדשים וספה בחדר אורחים.
13. There are many trees and flowers in our garden.
   יש הרבה עצים ופרחים בגן שלנו.
14. There are many good books on Israel in this library.
   יש הרבה ספרים טובים על ישראל בספריה הזאת
15. There are libraries, theaters and a university in this city.
   יש ספריות, תאטרונים ואוניברסיטה בעיר הזאת

3.a.2. Exercise תרגיל

Answer the following questions using the items listed below. You may add other items. Form complete sentences:

מה אין בדירה שלך?   מה יש בדירה שלך?

_____   _____

_____   _____

_____   _____

_____   _____

טלביזיה	רדיו	טלפון	מיטה
ספה	שטיח	כיסאות	שולחן
חדר אוכל	פרחים	עציצים	תמונות
חדר שירותים	מטבח	חדר שינה	חדר אורחים

3.b. The Concept "to have" יש לי ≠ אין לי

There is no verb in Hebrew equivalent to the English verb "to have." The concept of possession is expressed by means of a special grammatical construction made up of the following components: (1) a "possessor" noun; (2) a "possessed" noun; (3) the expression יש or אין ; (4) the preposition ל .

The components of the construction are combined as follows:

> there is/is not + to + possessor noun + possessed noun

Examples:

1. יש + ל + רחל + ספר ------> <u>יש לרחל ספר.</u>

1. There is + to + Rachel + book ------> "Rachel has a book."

2. יש + ל + שמעון + זמן ----> <u>יש לשמעון זמן.</u>

2. There is + to + Shimon + time ------> "Shimon has time."

271

3. אין + ל + רינה + חדר ←----- אין לרינה חדר.

3. There is not + to + Rina + room ------> "Rina does not have a room."

4. אין + ל + דוד + סבלנות ←---- אין לדוד סבלנות.

4. There is not + to + David + patience --> "David has no patience."

Note that the preposition ל is prefixed to the possessor noun, and defines the relationship between the possessor and the possessed. Thus, when a pronoun is used instead of a noun to express the possessor, the personal pronoun suffixes are attached to the preposition ל .

Examples:

1. יש לרותי הרבה זמן ←------ יש לה הרבה זמן.

2. אין להורים בית גדול ←---- אין להם בית גדול.

3. יש לתלמיד ספר מעניין ←--- יש לו ספר מעניין.

Conjugation of Preposition ל : ל- בנטייה:

	לָנוּ		לִי
לָכֶן	לָכֶם	לָךְ	לְךָ
לָהֶן	לָהֶם	לָהּ	לוֹ

Note on word order: The preposition + possessor noun may precede the expression יש / אין , without changing the meaning of the sentence. When using this word order, there is a shift of focus to the possessor noun.

Examples:

1. יש לתלמיד ספר מעניין ←---- לתלמיד יש ספר מעניין.

2. יש לרחל חדר יפה ←--------- לרחל יש חדר יפה.

3. אין להורים הרבה כסף ←----- להורים אין הרבה כסף.

Abstract nouns can also constitute "possessed" nouns in the expression of possession.

Examples:

1. I feel like eating a good meal. (I have the urge/ the desire)	1. יש לי חשק לאכול ארוחה טובה.
2. Uri does not feel like studying.	2. אין לאורי חשק ללמוד.
3. They have no patience.	3. אין להם סבלנות.
4. I have the opportunity to travel.	4. יש לי אפשרות לטייל.
5. He has a chance to go to America.	5. יש לו הזדמנות לנסוע לאמריקה.
6. You have no permission to come here.	6. אין לכם רשות לבוא הנה.
7. She has a lot of responsibility.	7. יש לה הרבה אחריות.
8. Who doesn't have problems?	8. למי אין בעיות?
9. You have an interesting philosophy.	9. יש לכם פילוסופיה מעניינת.
10. I don't have much luck today.	10. אין לי הרבה מזל היום.

3.b.1. Substitution Drill — תרגיל התאמה

Replace the "possessor" noun with a pronoun according to the example:

1. יש לאורי חברים טובים בנהריה.

מ: הוא

ת: יש לו חברים טובים בנהריה.

היא. אנחנו. אתם. אתה. הם. את. אני. הן.

2. אין לדינה דירה גדולה.

מ: היא

ת: אין לה דירה גדולה.

הן. אנחנו. אני. הוא. אתם. הם. אתה. את.

3.b.2. Transformation Drill

Change the following phrases according to the given example:

Example:

תרגיל

דוגמא: "הידידים של חגי"

1. <u>יש לחגי ידידים.</u>
2. <u>יש לו ידידים.</u>
3. <u>אין לו ידידים.</u>

א. הפרחים של רינה

1. יש לרינה פרחים
2. יש לה פרחים
3. אין לה פרחים

ב. המכונית של דליה

1. יש לדליה מכונית
2. יש לה מכונית
3. אין לה מכונית

ג. הדירה של יוסי

1. יש ליוסי דירה
2. יש לו דירה
3. אין לו דירה

ד. המשרד של הפקיד

1. _____
2. _____
3. _____

ה. העבודה של דליה ודפנה

1. יש לדליה ודפנה עבודה
2. יש להן עבודה
3. אין להן עבודה

ו. ההזדמנות של השכנים

1. יש לשכנים הזדמנות
2. יש להם הזדמנות
3. אין להם הזדמנות

ז. הבעירות של המורה ומשפחתו

1. _____
2. _____
3. _____

ח. החברות של משפחת זהבי

1. יש למשפחת זהבי חברות
2. יש להם חברות
3. אין להם חברות

opportunity

274

י"א. הספר של הפקידה החדשה		ט. התרכבויות של אסתר ויורם

י"א. הספר של הפקידה החדשה   ט. התרכבויות של אסתר ויורם

1. _____   1. _____

2. _____   2. _____

3. _____   3. _____

י"ב. החברים הותיקים של דניאל   י. המזל של ההורים של יוסי

1. _____   1. _____

2. _____   2. _____

3. _____   3. _____

3.b.3. Exercise   תרגיל

Form ten complete sentences using the following nouns as "possessed" nouns (use different "possessor" nouns for each sentence):

1. זמן

2. הזדמנות *opportunity*

3. אפשרות *chance*

4. עבודה

5. סבלנות *Patience*

6. חשק *desire*

7. מזל

8. רשות *permission*

9. בעיות *problems*

10. תכניות *Program plan*

11. דאגות *worries*

12. אחריות *responsibility*

275

3.b.4. Exercise

Translate the following sentences:

תרגיל

תרגם את המשפטים הבאים:

1. Who has time and who has money?

2. We have time, but we do not have money.

3. The new student has a problem.

4. Daniel has a chance to travel to London and to study there.

5. I don't feel like running to work in the morning.

6. I feel like eating and drinking.

7. There are beautiful pictures, flowers and plants in Rina's apartment.

8. There are no chairs, tables or beds in Zvi's room.

9. The guests have interesting plans: they want to see the new museum (in) downtown.

10. Uri, you have no permission to enter the building at night.

11. Uri, you have permission to leave the room!

12. Uri's mother has many worries.

13. Miriam does not have a chance to talk with her friends; she always has a lot of homework.

14. We have no chance to see new movies; we always see old movies.

15. Uri has many opportunities to meet with his friends.

3.b.5. Exercise

Translate the following passage:

תרגיל

תרגם את הקטע הבא:

Rina doesn't feel like studying. She feels like working. She is lucky, because she has an interesting job in a coffeehouse. She is a waitress (מֶלְצָרִית). She loves to meet people and to talk with people. Her friends come to the coffeehouse in the afternoon to drink coffee. Her parents come in the evening to visit her. Students from the university come and sit and talk about the university, the news, the world situation, and life. She works a lot, but she likes her work.

<u>Note</u>: A source of confusion for English speakers is the possibility of attributing possession to a place or instution. For example:

1. "New York has good restaurants."
2. "This library does not have many books."

When in English, possession is attributed to a place or institution, in Hebrew the expression אין/יש is used followed by the locational preposition ב .

Examples:

"New York has good restaurants."   1. <u>בניו יורק יש</u> מסעדות טובות.

"This library does not have many books."   2. <u>אין בספריה</u> הזאת הרבה ספרים.

3.c. <u>Cardinal Numbers: 1 - 10</u>

In Hebrew, there are two sets of cardinal numbers: one feminine and one masculine. The <u>feminine</u> set of numbers is used in regular <u>counting</u>, and whenever the number refers to a feminine noun. The masculine set is used when the number refers to masculine nouns.

Examples:

"<u>Three clerks</u> work here."   <u>שלוש פקידות</u> עובדות כאן.

"There is <u>one table</u> and <u>four chairs</u> in this room."   בחדר הזה יש <u>שולחן אחד</u> <u>וארבעה כיסאות</u>.

"Five students did not come to class."   חמישה תלמידים לא באו לשיעור.

"Five young girls went on the trip."   חמש בחורות נסעו לטיול.

Note the differences between the masculine and feminine sets in the following table:

Masc. - זכר	Fem. - נקבה	No. - מספר
אֶחָד	אַחַת	1
שְׁנַיִם	שְׁתַּיִם	2
שְׁלוֹשָׁה	שָׁלוֹשׁ	3
אַרְבָּעָה	אַרְבַּע	4
חֲמִשָּׁה	חָמֵשׁ	5
שִׁשָּׁה	שֵׁשׁ	6
שִׁבְעָה	שֶׁבַע	7
שְׁמוֹנָה	שְׁמוֹנֶה	8
תִּשְׁעָה	תֵּשַׁע	9
עֲשָׂרָה	עֶשֶׂר	10

Note: It is the masculine numbers 3 - 10 that have the /-ah/ ה- ending usually associated with feminine gender suffixes.

Numerical Phrases:

(1) When cardinal numbers are used in a phrase, they generally precede the noun they quantify. The one exception is the number "one" which follows the noun.

Examples:

Masc.: "one friend"   חבר אחד

Fem.: "one friend"   חברה אחת

(2)When included in a numerical phrase, the number "two" changes in shape:

Masculine	Feminine
שְׁנַיִם ←------ שְׁנֵי	שְׁתַּיִם ←---- שְׁתֵּי

All other cardinal numbers remain constant.

Examples:

Masc.:	"two friends"	שני חברים
Fem.:	"two friends"	שתי חברות
Masc.:	"three friends"	שלושה חברים
Fem.:	"three friends"	שלוש חברות

3.c.1. Repetition Drill — תרגיל שינון

Repeat the following numerical phrases:

זכר	נקבה
כיסא אחד	מסיבה אחת
שני מאמרים	שתי ידידות
שלושה גנים	שלוש טלביזיות
ארבעה כבישים	ארבע מיטות
חמישה שולחנות	חמש נשים
שישה כיסאות	שש תרבויות
שבעה חדרים	שבע תמונות
שמונה פרחים	שמונה בחורות
תשעה עציצים	תשע רופאות
עשרה סרטים	עשר מסעדות

3.c.2. <u>Chain Drill</u> — תרגיל

Follow the example in sentence 2, and form new sentences to include the information in cue and the information in the sentence above:

1. ראיתי ילדה אחת.

2. שתי נשים: ראיתי ילדה אחת ושתי נשים.

3. שלוש ישראליות: ראיתי ______.

4. ארבע פקידות: ראיתי ______.

5. חמש חברות טובות: ראיתי ______.

6. שש ידידות ותיקות: ראיתי ______.

7. שבע ערים: ראיתי ______.

8. שמונה מכוניות: ראיתי ______.

9. תשע תוכניות בטלביזיה: ראיתי ______.

10. עשר תמונות: ראיתי ______.

3.c.3. <u>Chain Drill</u> — תרגיל

Follow the directions given in Exercise 3.c.2.:

1. ראינו פקיד אחד.

2. שני בנינים חדשים: ראינו ______.

3. שלושה אוטובוסים לירושלים: ראינו ______.

4. ארבעה אורחים מאירופה: ראינו ______.

5. חמישה חברים טובים: ראינו ______.

6. שישה כיסאות ישנים: ראינו ______.

7. שבעה שולחנות גדולים: ראינו ______.

8. שמונה פרחים יפים: ראינו ______.

9. תשעה גנים גדולים: ראינו _____ •

10. עשרה סרטים של אינגמר ברגמן: ראינו _____ •

3.c.4. Exercise   תרגיל

Fill in the correct number form:

Example: 2 __שני__ מורים טובים   :דוגמא

#	phrase	answer (handwritten)
5	חדרים קטנים	חמישה
9	בעיות חשובות (Problem)	תשע
3	ספרים משעממים	שלושה
8	סרטים ישנים	שמונה
9	ספות יפות (sofa)	תשע
4	תכניות רדיו (radio program)	ארבע
6	פקידים במשרד	שישה
10	תמונות ישנות	עשר

#	phrase	answer (handwritten)
10	חבורות פרחים (flowers/flower)	עשר
4	ערים גדולות	ארבע
7	אחיות	שבע
8	אוטובוסים חדשים	שמונה
3	רכבות לתל-אביב (trains)	שלוש
9	קיבוצים ותיקים	תשעה
5	שיעורים בהיסטוריה	חמישה
2	כפרים דרוזיים (Druze village)	שני

3.c.5. Exercise   תרגיל

(1) Form five sentences with number phrases beginning with the words:

לאברהם יש ....

(2) Form five sentences with number phrases beginning with the words:

לאביבה אין ....

(3) Form five sentences with number phrases beginning with the words:

בחנות לרהיטים יש ....

(4) Continue the sentences in (3) with the phrase:

אבל אין ....

א. לרון יש בית קטן בסביבה שקטה. אין בסביבה רעש. הבית נמצא רחוק

מהכביש. מסביב לבית יש דשא. יש בגן הרבה פרחים ועצים. בבית יש

שני חדרי שינה, חדר אורחים קטן, מטבח וחדר שירותים. בחדר האורחים

יש שטיח פרסי על הרצפה, ספה יפה ושלושה כיסאות דניים חדשים. יש שם

גם טלביזיה ורדיו. בחדרי השינה יש רק מיטות: אין כיסאות ואין

שטיחים. בכל החדרים יש הרבה תמונות.

כל היום רון עובד במשרד. העבודה שלו משעממת מאוד. הוא נמצא

במשרד שמונה שעות: משבע בבוקר ועד ארבע אחר הצהריים. קרוב למשרד

של רון יש הרבה כבישים והרעש שם גדול.

אחרי העבודה רון רץ הביתה. הוא ממהר הביתה כי הוא אוהב לעבוד

בגן. בזמן העבודה הוא חושב על הגן שלו. בערב רון נח וקורא עיתון

ושומע מוסיקה. הוא אוהב מוסיקה קלאסית ויש לו הרבה תקליטים. יש לו

תקליטים של בטהובן, של מוצארט ושל באך. הוא גם אוהב מוסיקה מודרנית

של בַרתוק וסטרבינסקי. רון לא אוהב מוסיקה פופולארית ואין לו תקליטים

של מוסיקה פופולארית.

שאלות:

1. איפה רון גר?

2. מה יש בבית של רון?

3. למה רון רץ הביתה?

4. מה רון אוהב לעשות בבית?

5. איזה מוסיקה רון אוהב?

6. איזה תקליטים יש לרון?

ב. לאורי אין חשק ללמוד וגם אין לו חשק לעבוד. לאורי אין סבלנות

לשבת במקום אחד. אבל אורי רוצה הרבה כסף כי הוא אוהב לנסוע לטייל.

worries

יש לאורי מזל כי להורים שלו יש הרבה כסף. לאורי אין דאגות.

יש לאורי מכונית והוא נוסע במכונית לבקר ידידים. לידידים של

opportunity Possibility

אורי אין מכונית ואין להם אפשרות והזדמנות לטייל. להורים שלהם אין

הרבה כסף. אבל לידידים של אורי יש חשק גם לעבוד וגם ללמוד. יש להם

גם הזדמנות לטייל עם אורי. יש להם מזל או אין להם מזל? זאת באמת

serious

שאלה רצינית!

שאלות:

1. מה יש לאורי?

2. מה אין לאורי?

3. מה אורי אוהב לעשות?

4. מה אין לידידים של אורי?

5. יש להם מזל או אין להם מזל?

שיעור מספר 11

"סדר היום"

"THE DAILY SCHEDULE"

1. Vocabulary
    a. Active Vocabulary
    b. Vocabulary Notes – מה השעה?
2. Texts
3. Grammar and Exercises
    a. Past Tense: Nif'al Conjugation בנין נפעל
    b. "What's Left?" נשאר ≠ לא נשאר
    c. Additional Pa'al Verbs in Present and Past:
        I. Pa'al ע"ו: לקום, לברוח
        II. Stative Verb: לישון
    d. Present and Past Tense: Hitpa'el Conjugation
        בנין התפעל: להתלבש, להתרחץ
    e. The Verb להתכונן in Present Tense
    f. Quantifiers: אחדים /רבים /כל ה...
        קצת/ הרבה/ מספיק
    g. "Each" and "Every": כל, כל ה.., הכל, כולם
        The Conjugation of "כל"
4. Additional Texts

1.a. <u>Active Vocabulary</u> <u>אוצר מילים פעיל</u> .א.1

then	אָז	אז
since then	מֵאָז	מאז

several; a few	אֲחָדִים - אֲחָדוֹת	אחדים - אחדות
yesterday	אֶתְמוֹל	אתמול
without	בְּלִי	בלי
during	בְּמֶשֶׁךְ	במשך
fuel; gasoline	דֶּלֶק	דלק (ז)
recess; break; intermission	הַפְסָקָה הַפְסָקוֹת	הפסקה (נ)
midnight	חֲצוֹת	חצות (נ)
everybody	כֻּלָּם	כולם
late	מְאֻחָר	מאוחר
early	מֻקְדָּם	מוקדם
immediately	מִיָּד	מיד
enough; satisfactory	מַסְפִּיק	מספיק
tired	עָיֵף - עֲיֵפָה	עייף - עייפה
numerous; many.	רַבִּים - רַבּוֹת	רבים - רבות
remainder; rest of ..	שְׁאָר	שאר
again	שׁוּב	שוב

<u>Verbs</u> <u>פעלים</u>

to sleep	לִישֹׁן	יָשַׁן - יָשְׁנָה
to get up; arise	לָקוּם	קָם - קָמָה
to rest	לָנוּחַ	נָח - נָחָה
to fall asleep	לְהֵרָדֵם	נִרְדַּם - נִרְדְּמָה
to get dressed	לְהִתְלַבֵּשׁ	הִתְלַבֵּשׁ - הִתְלַבְּשָׁה

to get washed	לְהִתְרַחֵץ	הִתְרַחֵץ - הִתְרַחֲצָה
to get ready; prepare oneself	לְהִתְכּוֹנֵן	הִתְכּוֹנֵן - הִתְכּוֹנְנָה

<u>Phrases and Expressions</u> <u>בִּיטּוּיִים וְצֵירוּפִים</u>

daily schedule	סֵדֶר יוֹם
each/everyone	כָּל אֶחָד
no one/ nobody	אַף אֶחָד לֹא
each/everything	כָּל דָּבָר
nothing	שׁוּם דָּבָר לֹא

1.b. <u>Vocabulary Notes</u>

<u>Telling Time</u> <u>מה השעה?</u>

In Hebrew, the question posed when asking what time it is, is מה הַשָּׁעָה? , literally "What (is) the hour?" The answer is also given in terms of hours:

"The hour is ____." הַשָּׁעָה הִיא ______.

As hours are feminine nouns, all numbers referring to the time of day are feminine in gender.

Observe:

The time is:	השעה היא:
1:00	אחת
2:00	שתיים
3:00	שלוש
4:00	ארבע
5:00	חמש
6:00	שש

7:00	שבע
8:00	שמונה
9:00	תשע
10:00	עשר
11:00	אחת עשרה
12:00	שתים עשרה

The portion of the day is added after the number. See the following examples:

1. "The time is 9 a.m. (in the morning)."	1. השעה היא תשע בבוקר.
2. "The time is 12 noon."	2. השעה היא שתים עשרה בצהריים.
3. "The time is 4 p.m. (in the afternoon)."	3. השעה היא ארבע אחרי הצהריים.
4. "The time is 7 p.m. (in the evening)."	4. השעה היא שבע בערב.
5. "The time is 11 p.m. (at night)."	5. השעה היא אחת עשרה בלילה.

When the numbers over 10 are studied, you will be able to add <u>minutes</u> דקות and <u>seconds</u> שניות . For now, since <u>half</u> חצי and <u>quarter</u> רבע are part of your vocabulary, you can produce the following:

"a quarter past three"	3:15	שלוש וָרֶבַע
"half past three"	3:30	שלוש וָחֵצִי
"a quarter to four"	3:45	רֶבַע לארבע

2. Texts   2. <u>קטעי קריאה</u>

א. יום בחיי גליה:

אתמול בבוקר קמתי בשבע. ישנתי רק חמש שעות, אבל לא הייתי עייפה. התרחצתי, התלבשתי ואכלתי ארוחת בוקר טובה. אני אוהבת ללכת ברגל לעבודה, אבל אתמול בבוקר נסעתי עם השכן שלי.

עבדתי בלי הפסקה עד חמש. לא אכלתי ארוחת צהריים ולא נחתי, כי רציתי לגמור את העבודה שלי. אחרי העבודה נשארתי בעיר. לא הלכתי הביתה. הלכתי לבית קפה לפגוש חברים. אנחנו נפגשים שם כל יום אחרי העבודה ויושבים ומדברים. ישבנו ודיברנו. בשש וחצי בא החבר שלי יוסי והלכנו לאכול ארוחת ערב במסעדה. אחרי הארוחה הלכנו לטייל בעיר. עברנו על יד בית קולנוע חדש, נכנסנו לשם וראינו סרט טוב.

הגעתי הביתה בחצות. אז קראתי עיתון ולא הלכתי לישון עד שתיים. נרדמתי מיד כי הייתי עייפה מאוד. בבוקר שוב קמתי בשבע. ישנתי רק חמש שעות, אבל לא הייתי עייפה. התרחצתי, התלבשתי ....

ב. מה גליה מתכוננת לעשות במשך היום?

1. היא מתכוננת לקום מוקדם.
2. היא מתכוננת להתרחץ ולהתלבש.
3. היא מתכוננת להגיע בזמן לעבודה.
4. היא מתכוננת לעבוד עד חמש.
5. היא מתכוננת להיכנס לבית קפה ולהיפגש עם חברים שם.
6. היא מתכוננת לאכול עם יוסי במסעדה.
7. יוסי וגליה מתכוננים ללכת לסרט טוב.
8. גליה מתכוננת לחזור הביתה בחצות.
9. גליה מתכוננת לקרוא את העיתון.
10. היא לא מתכוננת ללכת לישון לפני שתיים.

ג. מה גליה עושה כל יום?

ב-7:00 בבוקר היא קמה.

ב-8:00 בבוקר היא יוצאת מהבית.

ב-8:30 בבוקר היא מתחילה לעבוד.

ב-12:00 בצהריים יש לה הפסקת צהריים.

ב-1:30 היא ממשיכה בעבודה.

ב-4:00 אחרי הצהריים היא יוצאת מהמשרד.

ב-5:00 אחרי הצהריים היא נפגשת עם חברים בבית קפה.

ב-6:30 בערב יוסי בא.

ב-7:00 בערב הם אוכלים ארוחת ערב במסעדה.

בחצות (12:00 בלילה) היא חוזרת הביתה.

ב-2:00 היא הולכת לישון.

מה את/ה עושה כל יום? מה סדר היום שלך?

3. Grammar and Exercises

3.a. Past Tense: Nif'al Conjugation — זמן: עבר; בנין: נפעל

The past tense of the נפעל conjugation is characterized by the /ni/ -נ prefix, which is also found in the present tense stem of the same conjugation.

Example:

עבר	בינוני
נשארתי	אני נשאר
היא נפגשה	היא נפגשת
נרדמנו	אנחנו נרדמים
נכנסתן	אתן נכנסות

The stem vowel of the second radical is /a/ פתח . Therefore, the past

tense stem of the נפעל verb להרדם "to fall asleep", for example, will be

נרדמ- (from the root ר.ד.מ.). In third person feminine singular and in

third person plural, the stem vowel /a/ is dropped, and the stress shifts to the

last syllable. For example:

נִרְדְּמָה   נִרְדְּמוּ

נִכְנְסָה   נִכְנְסוּ

Conjugation table of נפעל Verbs:

זמן: עבר   בניין: נפעל   גזרה: שלמים

ר.ד.מ.	ש.א.ר.	פ.ג.ש.	כ.נ.ס.	שרש:
לְהֵרָדֵם	לְהִשָׁאֵר	לְהִפָּגֵש	לְהִכָּנֵס	שם הפעל:
נִרְדַּמְתִּי	נִשְׁאַרְתִּי	נִפְגַּשְׁתִּי	נִכְנַסְתִּי	אני
נִרְדַּמְתָּ	נִשְׁאַרְתָּ	נִפְגַּשְׁתָּ	נִכְנַסְתָּ	אתה
נִרְדַּמְתְּ	נִשְׁאַרְתְּ	נִפְגַּשְׁתְּ	נִכְנַסְתְּ	את
נִרְדַּמְנוּ	נִשְׁאַרְנוּ	נִפְגַּשְׁנוּ	נִכְנַסְנוּ	אנחנו
נִרְדַּמְתֶּם	נִשְׁאַרְתֶּם	נִפְגַּשְׁתֶּם	נִכְנַסְתֶּם	אתם
נִרְדַּמְתֶּן	נִשְׁאַרְתֶּן	נִפְגַּשְׁתֶּן	נִכְנַסְתֶּן	אתן
הוא נִרְדַּם	הוא נִשְׁאַר	הוא נִפְגַּש	הוא נִכְנַס	הוא
היא נִרְדְּמָה	היא נִשְׁאֲרָה	היא נִפְגְּשָׁה	היא נִכְנְסָה	היא
הם/הן נִרְדְּמוּ	הם/הן נִשְׁאֲרוּ	הם/הן נִפְגְּשוּ	הם/הן נִכְנְסוּ	הם/הן

290

3.a.1. Substitution Drill — תרגיל התאמה

נשארתי בעיר ונפגשתי עם חברים.

אתה. הם. אנחנו. היא. את. מי? אתן. דליה.

דליה ואורי. יורם. דליה ורחל.

3.a.2. Substitution Drill — תרגיל התאמה

נרדמתי רק אחרי השעה תשע.

הוא. אנחנו. אתם. רינה. אורי ויוסי. אתן. אתה.

את. ההורים. המורה.

3.a.3. Exercise — תרגיל

Answer the following questions using the correct form of the verb להכנס :

1. לאן נכנסת? נכנסתי לחברה.
2. לאן הוא נכנס? ________.
3. לאן נכנסתם? ________.
4. לאן הם נכנסו? ________.
5. לאן גליה נכנסה? ________.
6. לאן נכנסתן? ________.

3.a.4. Transformation Drill — תרגיל

Change the following from present to past tense: מביבוני לעבר:

1. האנשים נכנסים לבנק ←----------------
2. יוסי נפרד מגליה ←------------------
3. אנחנו נפגשים כל יום ←---------------

train station נפרדו.

4. הם נפרדים בתחנת הרכבת   --------- ←

נשארת

5. אתה נשאר בבית בערב   ---------- ←

(he beach) נשארת

6. את נשארת עם חברים על שפת הים?   ----- ←

נפרדה נסעה

7. גליה נפרדת מחברים ונוסעת לטיול   ---- ←

נשארתי

8. אני לא נשאר בבית כל היום   --------- ←

נכנסתם

9. אתם נכנסים לקולנוע   ------------ ←

נפגשנו

10. אתן נפגשות על יד החנות כל בוקר   ---- ←

3.b. "What's Left?"   נשאר ≠ לא נשאר

    In Hebrew, the English expression "have/had... left" is made up of the verb

נשאר in third person past tense, followed by the preposition ־ל (literally

translated as "there remained... to me..."). The verb appears only in third per-

son past. It can be translated in English either in present or past tense.

Examples:

Masc. Sing.: "I have/had money left."   נשאר לי כסף. 1.

Fem. Sing.:   "I have/had work left."   נשארה לי עבודה. 2.

Plural: "I have/had three books left."   נשארו לי שלושה ספרים. 3.

To negate the expression   נשאר לי , the negative particle   לא   precedes the

verb   נשאר :

Examples:

1. "I have/had no time left."   לא נשאר לי זמן. 1.

2. "I don't/didn't have much work left."   לא נשארה לי עבודה. 2.

3. "I don't/didn't have tickets left."   לא נשארו לי כרטיסים. 3.

Note that the verb נשאר agrees in gender and number with the subject, and not with the prepositional phrase which immediately follows it.

Example:

כסף.   לכן   נשאר

Subject	Prep. Phrase	Verb
(Masc. Sing.)	(Fem. Plural)	(Masc. Sing.)

Agreement

The construction of the expression נשאר לי≠לא נשאר לי is similar to that of the expression of possession יש לי ≠ אין לי. Compare the followings sets of examples:

נשאר   יש

נשאר לי כסף.   1. יש לי כסף.

נשארה לי עבודה.   2. יש לי עבודה.

נשארו לי שלושה ספרים.   3. יש לי שלושה ספרים.

לא נשאר   אין

לא נשאר לי זמן.   1. אין לי זמן.

לא נשארה לי הרבה עבודה.   2. אין לי הרבה עבודה.

לא נשארו לי כרטיסים.   3. אין לי כרטיסים.

3.b.1. Transformation Drill   תרגיל

Replace אין ≠ יש with נשאר≠לא נשאר in the following sentences according to the given example:

Example: נשאר לרינה ספר אחד. ←------ יש לריבה ספר אחד: דוגמא

1. יש לסטודנטים שתי בחינות ---------------→

2. אין למורים הרבה זמן ----------------→

293

3. אין לבנו אוכל ‏←-------------------------- *לא נשאר*

4. יש להורים של גליה הזדמנות לראות את הכל ‏←- *נשאר*

5. יש לבנו שלוש שעות לגמור את הכל ‏←-------- *נשאר*

6. יש לסטודנטים יום אחד עד סוף הסימסטר ‏←---- *נשאר*

7. יש לאבא שלי מכונית אחת ‏←---------------- *נשארה*

8. אין לרבקה הרבה שיעורים ‏←--------------- *לא נשארו*

9. יש לבנו הפסקה בצהריים ‏←----------------- *נשארה*

10. אין לבנו מה לעשות ‏←------------------- *לא נשאר*

3.c. Additional Verbs in Present and Past Tense

פעלים נוספים

3.c.I. Pa'al Conjugation: ע"ו Verbs

בנין פעל ע"ו

to get up; arise	לקום	ק.ו.מ.
to rest	לנוח	נ.ו.ח.

Rules for the conjugation of ע"ו Verbs in the פעל conjugation in present and past tense can be found in Lessons 5 and 8 . Review the conjugation patterns before studying the new verbs.

Table A:

טבלה א'

זמן: בינוני   בנין: פעל   גזרה: ע"ו

לָקוּם to get up	קָמוֹת	קָמִים	קָמָה	קָם	ק.ו.מ.
לָנוּחַ to rest	נָחוֹת	נָחִים	נָחָה	נָח	נ.ו.ח.

Table B: טבלה ב׳

זמן: עבר בנין: פעל גזרה: ע״ו

ק.ו.מ.	קַמְתִּי	קַמְתָּ	קַמְתְּ	קַמְנוּ	קַמְתֶּם/ן	קָם	קָמָה	קָמוּ
נ.ו.ח.	נַחְתִּי	נַחְתָּ	נַחְתְּ	נַחְנוּ	נַחְתֶּם/ן	נָח	נָחָה	נָחוּ

3.c.I.1. Substitution Drill תרגיל התאמה

מרים: מרים קמה מאוחר ולא נחה כל היום.

דני. ההורים שלי. אמא של צבי. האנשים. האורחות. אתה.

את. יוסי ודליה. אתן. אני.

3.c.I.2. Substitution Drill תרגיל התאמה

אני: קמתי מוקדם בבוקר ונחתי אחרי הצהריים.

משה ורבקה. החברים בקיבוץ. הפקידים בבנק. השחקן. רחל.

אתם. החבר שלי. את.

3.c.II. Pa'al Conjugation of the Stative Verb "to sleep" לִישׁוֹן

Stative verbs are verbs which describe a state of being: happy, asleep, hungry, thirsty, etc. There are a number of stative verbs in the פָּעַל conjugation, and the present tense vowel pattern of most of them differs from the usual /o-e/ vowel pattern of פעל verbs.

(1) In present tense, the vowel pattern of the stative verb לִישׁוֹן "to sleep"

is /a-e/.

Table A: טבלה א׳

זמן: בינוני   בנין: פָּעַל   גזרה: נחי פ״י

לִישֹׁן to sleep	ישנות	ישנים	ישנה	ישן	י.ש.נ.

Note the difference between the /o-e/ vowel pattern of the regular verb "to learn" ללמד and the /a-e/ pattern of the stative verb "to sleep" :

אני לומד   אני ישן

היא לומדת   היא ישנה

(2) The past tense conjugation of לישן follows the regular pattern:

Table B: טבלה ב׳

זמן: עבר   בנין: פָּעַל   גזרה: נחי פ״י

ישנו	ישנה	ישן	ישנתם/ן	ישנו	ישנת	ישנת	ישנתי	י.ש.נ.

Note: Do not confuse the verb "to sleep" לִישֹׁן with the verb "to fall asleep" להרדם . As in English, the two verbs have their own distinct meanings.

Examples:

"I slept (for) seven hours."   1. ישנתי שבע שעות.

"I fell asleep at ten o'clock at night."   2. נרדמתי בעשר בלילה.

3.c.II.1. Exercise — תרגיל

Translate the following sentences: — תרגם לעברית:

1. He sleeps late, because he likes to sleep late.
2. I rest and sleep in the afternoon, but yesterday I did not rest and I did not sleep.
3. Are the guests still asleep? When did they go to sleep?
4. Rina is unhappy because she did not sleep well.
5. We slept well and we did not hear the noise.
6. We fell asleep at 9:00, and we slept (for) 10 hours.
7. I do not fall asleep early; I go to sleep late.
8. She fell asleep in class, and she slept (for) an hour.

3.d. Present and Past Tense: Hitpa'el Conjugation — בנין התפעל

In the conjugation of התפעל there are several verbs whose meaning is reflexive. The two verbs presented here belong to this category:

to wash oneself	להתרחץ	ר.ח.צ.
to dress oneself	להתלבש	ל.ב.ש.

(1) The present tense conjugation pattern of verbs in התפעל has the prefix /mit-/ מת– attached to all the present tense forms, and the usual present tense suffixes of number and gender:

זמן: בינוני   בנין: התפעל   גזרה: שלמים

להתרחץ to wash oneself	מתרחצות	מתרחצים	מתרחצת	מתרחץ	ר.ח.צ.
להתלבש to dress oneself	מתלבשות	מתלבשים	מתלבשת	מתלבש	ל.ב.ש.

Examples:

"Miriam washes herself in the morning
and in the evening."

.1 מרים מתרחצת גם בבוקר וגם
בערב.

"Danni gets dressed (dresses himself)
every morning."

.2 דני מתלבש כל בוקר.

"They get washed and dressed (wash and
dress themselves) before the concert."

.3 הם מתרחצים ומתלבשים לפני
הקונצרט.

(2) In past tense, verbs in התפעל have the prefix /hit-/ הִתְ– as part of
the verb stem and subject suffixes. In first and second person, the second stem
vowel is /a/: הִתְרַחַצְתִּי, הִתְלַבַּשְׁתְּ ; in third person masculine singular, it is /e/:
הִתְלַבֵּשׁ ; and in third person feminine singular and third person masculine and
feminine plural, the second stem vowel is reduced to /Ø/: הִתְלַבְּשׁוּ, הִתְלַבְּשָׁה.

זמן: עבר		בנין: התפעל		גזרה: שלמים	
הִתְרַחַצְתִּי	הִתְרַחַצְתָּ	הִתְרַחַצְתְּ	הִתְרַחַצְנוּ	הִתְרַחַצְתֶּם	הִתְרַחַצְתֶּן
הִתְלַבַּשְׁתִּי	הִתְלַבַּשְׁתָּ	הִתְלַבַּשְׁתְּ	הִתְלַבַּשְׁנוּ	הִתְלַבַּשְׁתֶּם	הִתְלַבַּשְׁתֶּן

הוא הִתְרַחֵץ	היא הִתְרַחֲצָה	הם/הן הִתְרַחֲצוּ
הוא הִתְלַבֵּשׁ	היא הִתְלַבְּשָׁה	הם/הן הִתְלַבְּשׁוּ

Examples:

"We got washed and dressed (washed
and dressed ourselves) before the meal."

.1 התרחצנו והתלבשנו לפני הארוחה.

298

2. דני התלבש מהר מאוד. "Danni got dressed (dressed himself) very quickly."

3.d.1. Substitution Drill — תרגיל התאמה

מרים: מרים מתרחצת בבוקר ובערב.

אחיו של דני. אחותו. ההורים שלו. החברות שלי. אני. את.

3.d.2. Substitution Drill — תרגיל התאמה

רפי: רפי מתלבש בצהריים.

הפקידים במלון. האורחים של דוד. הרופאה שלי. השחקניות.

3.d.3. Substitution Drill — תרגיל התאמה

אנחנו: התרחצנו והתלבשנו לפני הארוחה.

בני המשפחה. הקרובים שלנו. אתה. אני. הידיד שלנו. את.

אני. אתם. רינה. אתן.

3.d.4. Transformation Drill — תרגיל

(1) Change the following daily schedule from present to past tense.

(2) Change the subject from "I" to "Rina."

(3) Change the subject from "I" to "they."

סדר היום שלי

בבוקר: אני קם בשש.

אני רץ חמישה קילומטרים.

אני מתרחץ ומתלבש.

אני אוכל.

אני עובד במשרד בעיר.

בצהריים: אני חוזר הביתה.

אני אוכל.

אני נח.

אני קורא עיתון.

אחרי הצהריים: אני הולך לאוניברסיטה.

אני שומע שיעורים.

אני נפגש עם חברים בקפטריה.

בערב: אני חוזר הביתה.

אני אוכל בבית.

אני הולך לקולנוע.

אני רואה חדשות בטלביזיה.

בלילה: אני הולך לישון.

שאלה: מה סדר היום שלך?

3.e. <u>The Verb "to plan; get ready" in Present Tense</u> <u>להתכונן</u>

The verb לְהִתְכּוֹנֵן "to plan; get ready" is an irregular verb in the conjugation of התפעל . In this verb, the last consonant /n/ נ of the verb is doubled, and the medial radical ו is kept as a vowel.

זמן: בינוני בנין: התפעל גזרה: ע״ו

to לְהִתְכּוֹנֵן plan; get ready	מִתְכּוֹנְנוֹת	מִתְכּוֹנְנִים	מִתְכּוֹנֶנֶת	מִתְכּוֹנֵן	כ.ו.נ.

When the verb להתכונן is used to mean "to plan," it is always followed by an infinitive שם פועל .

Examples:

"I plan to go on a trip." — 1. אני מתכוננת לצאת לטיול.

"He plans to work this evening." — 2. הוא מתכונן לעבוד הערב.

When it is used to mean "to get ready," it is followed by a noun phrase which is preceded by the preposition ל- .

Examples:

"I am getting ready for the trip." — 1. אני מתכוננת לטיול.

"He is getting ready (preparing) for class." — 2. הוא מתכונן לשיעור.

3.e.1. Substitution Drill — תרגיל התאמה

הם: הם מתכוננים ללכת לקולנוע.

אתן. אני. אנחנו. דן. אתם. הן. רינה. אתה.

את. היא. אורי ודליה. ההורים שלי. החברות שלנו.

3.e.2. Completion Exercise — תרגיל השלמה

Complete the sentences with the appropriate form of the verb להתכונן and translate them into English:

השלם ותרגם לאנגלית:

1. דניאל ________ לאכול ארוחת ערב בעיר העתיקה.
2. דינה ________ לדבר עם דליה בטלפון על הבחינות שלה.
3. דניאל ודינה ________ לבחינות.
4. דינה ורינה ________ לטיול גדול בעולם.

5. האורחים מאמריקה ________ להיפגש עם האנשים כאן.

6. ריבה ________ לתוכנית ברדיו.

7. אנחנו ________ למסיבה הערב.

8. אמי ________ להמשיך בלימודים.

9. התלמידים ________ לסימסטר החדש.

10. ההורים של דניאל ________ לבוא לארוחת ערב.

3.e.3. <u>Exercise</u> <u>תרגיל</u>

Form at least sixteen sentences, using items from each of the three columns:

Example: דוגמא: מה רותי וחנה מתכוננות ללמוד בירושלים?

I	II	III
דן	מתכונן	לגור
אבי		ללמוד
הסטודנטית	מתכוננת	לעשות
אתם		ללכת
רותי	מתכוננים	לבוא
אנחנו		לקרוא
רותי וחנה	מתכוננות	לכתוב
ההורים		לרוץ

3.e.4. <u>Exercise</u>

Write a short composition: (1) your plans for tomorrow; (2) arrange a schedule for next week.

3.f. Quantifiers

3.f.I. A few, many and all.

(1) In Hebrew, there are adjectives which indicate quantity. They are:

few, some	אֲחָדִים, אֲחָדוֹת
many	רַבִּים , רַבּוֹת

Like other adjectives, they follow the noun they modify. Observe:

"a few neighbors"	שכנים אחדים
	שכנות אחדות
"many neighbors"	שכנים רבים
	שכנות רבות

(2) The quantifiers כמה and הרבה can be used instead of אחדים and רבים respectively. When כמה or הרבה are used, they precede the nouns they modify and they do not change in gender and number.

Observe:

כמה שכנים ------> שכנים אחדים

הרבה שכנים ------> שכנים רבים

כמה שכנות ------> שכנות אחדות

הרבה שכנות ------> שכנות רבות

There is no difference in meaning, but there is a difference in the way the phrase is constructed.

(3) The quantifier "all of..." כָּל הַ.. also precedes the noun it quantifies and does not change in form:

"all (of) the neighbors"	כל השכנים
	כל השכנות

Note that the definite article must follow the word כל .

3.f.1. Exercise — תרגיל

Change the underlined nouns from singular to plural using the quantifiers indicated in the example:

Example: דרגמא: סטודנט אחד בא בזמן.

1. סטודנטים אחדים באו בזמן.

2. סטודנטים רבים באו בזמן.

3. כל הסטודנטים באו בזמן.

א. אורח אחד בא למלון ------> 1. ____________
2. ____________
3. ____________

ב. חברה אחת ישבה במלון -----> 1. ____________
2. ____________
3. ____________

ג. פקיד אחד הלך ברגל לעבודה --> 1. ____________
2. ____________
3. ____________

ד. אשה אחת התרחצה בים ------> 1. ____________
2. ____________
3. ____________

ה. בחור אחד בא למסיבה ------> 1. ____________
2. ____________
3. ____________

3.f.II. "a little," "much" and "enough" — קצת, הרבה, מספיק

Quantifiers can also modify singular nouns. The quantifiers introduced here are:

a little	קְצָת
a lot, much	הַרְבֵּה
enough	מַסְפִּיק

Abstract nouns, such as time, patience, joy, can be measured in terms of quantity:

"a little time"	קְצָת זְמַן
"a lot of patience"	הַרְבֵּה סַבְלָנוּת
"enough luck"	מַסְפִּיק מַזָּל

Non-count nouns, such as food, money, or fuel, can likewise be measured in terms of quantity. (Food units, money units or fuel units give a precise measurement in terms of numbers.):

"a little food"	קצת אוכל
"a lot of money"	הרבה כסף
"enough fuel"	מספיק דלק

3.f.2. Exercise — תרגיל

Fill in the blanks using the quantifiers indicated in the example: השלם:

דוגמא:

1. זמן	2. סבלנות
קצת זמן	____________
הרבה זמן	____________
מספיק זמן	____________

3. דלק

4. מזל

5. כסף

6. אוכל

7. חשק

8. חוכמה

3.f.3. Exercise — תרגיל

Translate the following sentences: — תרגם לעברית:

1. I have a little money left.

   נשאר לי קצת כסף

2. Uri always has some money.

   יש לאורי תמיד קצת כסף

3. We don't have enough patience to sit here. Do you have (any) patience left?

   אין לנו מספיק סבלנות לשבת פה. נשארה לכם סבלנות?

4. I have some time left to go and visit my friends.

   נשאר לי קצת זמן ללכת ולבקר את החברים שלי.

5. Rina always has a lot of time in the evening.

   יש לרינה תמיד הרבה זמן בערב.

6. There was enough fuel left.

   נשאר מספיק דלק.

7. I don't have a lot of food in the house, but I have enough food left for supper.

   אין לי הרבה אוכל בבית, אבל נשאר לי מספיק אוכל בשביל ארוחת ערב.

8. Who has a little time and a little patience (in) these days?

   יש למי קצת זמן וקצת סבלנות בימים אלה?

   In question, question word must come first

9. Many people have enough money to travel.

יש להרבה אנשים מספיק כסף לטיול.

10. Many people in the world do not have enough food.

אין להרבה אנשים בעולם מספיק אוכל.

3.g. "Each" and "every"

every/ each	כל
all	כל ה...
everything	הכל
everybody	כולם

(1) each/ every — כל + שם בלתי מיודע

When כל is used before an indefinite singular noun, it means "each" or "every."

Examples:

1. "each day" — כל יום .1

"on (in) each day" — בכל יום

"for each day" — לכל יום

2. "every morning" — כל בוקר .2

"(in) every morning" — בכל בוקר

"for each morning" — לכל בוקר

3. "every meal" — כל ארוחה .3

"at each meal" — בכל ארוחה

"after each meal" — אחרי כל ארוחה

"for each meal" — לכל ארוחה

"with each meal" — עם כל ארוחה

(2) all (of)... — כל + שם מיודע: כל ה...

When כל is followed by a definite noun, it means "all of ...." The noun can be singular or plural.

Examples:

1. "all day long" — כל היום .1

   "all of the days" — כל הימים

2. "all (the whole) of the class" — כל הכיתה .2

   "all (of) the classes" — כל הכיתות

3. "all (the whole) of the lesson" — כל השיעור .3

   "all (of) the lessons" — כל השיעורים

(3) The expression הכל means "everything."

Examples:

1. "He ate everything." — הוא אכל את הכל. .1

2. "Everything in the hotel is good: the food, the rooms,..." — הכל במלון טוב: האוכל, החדרים,... .2

Note that the definite article must be prefixed to כל .

(4) The plural form כולם (כל + הם) means "everybody." It may also mean "all of them" (see conjugation of כל).

Examples:

1. "Everybody is going home." — כולם הולכים הביתה. .1

2. "I saw everybody at the party." — ראיתי את כולם במסיבה. .2

3. "All the students came to class. All of them came to class." — כל התלמידים באו לשיעור. כולם באו לשיעור. .3

4. "We don't have tickets. Moshe bought all of them. — אין לנו כרטיסים. משה קנה את כולם. .4

Note that in Hebrew, כולם is plural in form (Ex. "כולם הולכים"), while in English "everybody" is a singular form (Ex. "Everybody is going.").

כולם everybody; all of them	הכל everything	כל ה.. all of..	כל each/every

"כָּל יִשְׂרָאֵל חֲבֵרִים"

All of Israel are friends (brothers).

"כָּל יִשְׂרָאֵל עֲרֵבִים זֶה לָזֶה"

All Israel are responsible for one another.

3.g.1. Exercise תרגיל

Form two sentences for each given sentence, using "each" and "all of...":

Example: דוגמא: הרופאים עובדים 8 שעות ביום.

1. כל רופא עובד 8 שעות ביום.

2. כל הרופאים עובדים 8 שעות ביום.

א. האורחים קמים מאוחר. 1. ______

2. ______

ב. האורחות בוסעות להתרחץ בים. 1. ______

2. ______

ג. החברים מדברים על המצב. 1. ______

2. ______

ד. לאנשים יש מזל.

1. ____________________

2. ____________________

ה. העיתונים מעניינים מאוד.

1. ____________________

2. ____________________

ו. הסיפורים בספר משעממים.

1. ____________________

2. ____________________

ז. הפרחים הם יפים.

1. ____________________

2. ____________________

ח. התלמידים נוסעים לטיול.

1. ____________________

2. ____________________

3.g.2. Exercise | תרגיל

Translate the following sentences: | תרגם לעברית:

1. Every morning he goes by bus to school.

כל בוקר הוא נוסע באוטובוס לבית ספר

2. There are many people in each bus.

יש הרבה אנשים בכל אוטובוס

3. Each person wants to see everything.

כל איש רוצה לראות את הכל.

4. Few guests like to stay in the hotel all day long.

אורחים אחדים אוהבים להישאר במלון כל היום

5. All of them like to stay up late and see movies on television.

כולם אוהבים להישאר מאוחר ולראות סרטים בטלביזיה

6. Everybody had an opportunity to buy things.

היתה לכולם הזדמנות לקנות דברים.

7. Everything here is interesting: the streets, the cafes, the old buildings.

הכל כאן מעניין: הרחובות, בתי הקפה והבנינים הישנים.

8. I like everybody here. I also like everything here.

אני אוהבת את כולם כאן. אני גם אוהבת את הכל כאן.

The Conjugation of כל

The quantifier "all" כל can have pronoun suffixes attached to it. The plural suffixes are used much more frequently than the singular suffixes.

Pl. Suffix - סיומת רבים		Sing. Suffix - סיומת יחיד	
כֻּלָּנוּ		כֻּלִּי	
כֻּלְּכֶן	כֻּלְּכֶם	כֻּלֵּךְ	כֻּלְּךָ
כֻּלָּן	כֻּלָּם	כֻּלָּהּ	כֻּלּוֹ

Examples:

1. "All of us came to visit you, but you were not home."

   1. כולנו באנו לבקר אותך, אבל לא היית בבית.

2. "All of you came? Yes, all of us came."

   2. כולכם באתם? כן, כולנו באנו.

"כולי אוזן"

"I am all ears; I am listening"

3.g.3. Exercise תרגיל

Fill in the blanks: השלם את החסר:

______ (all of us) הגענו לעבודה בזמן. ______ (every) אחד בא בזמן. זאת אומרת ______ (everybody), אבל לא אורי. ______ (each) בוקר הוא בא בזמן, אבל אתמול הוא עבד ______ (all day long) בגן, והיה עסוק ______ (all night long). לארוחת בוקר לא היה לו זמן, אבל ______ (everybody) רצו לאכול משהו. אורי

הזמין **הרבה** אוכל, כי הוא רצה לאכול.   הוא אכל את הארוחה
a lot of

כולם   **סוף דבר?**   נשאר.   כשהוא הגיע למשרד,
everybody   *nothing*   *all of it*

כבר התחילו לעבוד, ו **אף אחד**   לא דיבר עם אורי.
nobody

4 .   קטעי קריאה

מכתב הביתה:

לדוד שלום,

הגעתי לקיבוץ.   אני נמצא כאן שבוע.   הקיבוץ הזה הוא קיבוץ ותיק

בארץ.   יש כאן בנינים יפים וחדישים, עצים ופרחים ודשאים.   בכל   *in Israel*

הזדמנות אני אוהב ללכת ולטייל ולראות את הכל.

יש לי חדר קטן, אבל נחמד.   בחדר יש הכל: מיטה, שולחן, כיסאות

ושמיח.   יש לי גם מטבח קטן, אבל בדרך כלל אנחנו אוכלים בחדר האוכל,   *usually*

ואני אוהב לשתות קפה עם החברים במועדון החברים.   אני אוהב את השקט   *quiet*

כאן.   אני שמח שאני נמצא רחוק מהרעש של העיר.

כל בוקר אנחנו קמים בשבע, אוכלים והולכים לשיעורים בעברית.

אנחנו לומדים עד הצהריים ואחר כך אוכלים ארוחת צהריים.   אחרי

הצהריים אנחנו עובדים.   אני עובד בגן.   אחרי העבודה אנחנו שומעים

הרצאות, ובערב אנחנו רואים סרטים ויושבים ומדברים.   הרבה חברים

בקיבוץ יודעים אנגלית ורוצים לדבר רק אנגלית.   אנחנו רוצים לדבר רק

עברית.   זאת באמת בעיה!

בסוף השבוע יש טיולים.   *we have already been* כבר היינו בקיסריה, ביקרנו בנתניה,

ואנחנו מתכוננים לנסוע לירושלים.   *we plan to*   אני שמח שבאתי לקיבוץ ושאני

לומד עברית ועובד כאן.

מה נשמע בבית? מה שלום כולם? דרישת שלום לכל החברים.

שלך,

שמעון

Suggestions for classroom activity:

(1) Change the story from letter form to a simple narrative.

(2) Change the subject from "I" to "Shimon," and "we" to "they."

(3) Write a letter home about your arrival at the University of Michigan.

שיעור מספר 12

"ארוחות"

"MEALS"

1. Vocabulary
    a. Active Vocabulary
    b. Vocabulary Notes

2. Texts

3. Grammar and Exercises
    a. The Imperative Mood - ציווי
    b. The Expression "to like" - מוצא חן
    c. Participles of Stative Verbs - בנין פעל
    d. Why? Because.... - משפטי סיבה
    e. Conjugation of the Preposition (את-) עם
    f. Numbers 10-100

4. Additional Readings

1.a. <u>Active Vocabulary</u> | <u>אוצר מילים פעיל</u> .1.א

mister; master	אָדוֹן	אדון (ז)
Sir!	אֲדוֹנִי	אדוני!
rice	אֹרֶז	אורז (ז)
please	בְּבַקָּשָׁה	בבקשה
inexpensively; cheaply Adverb	בְּזוֹל	בזול
expensive(ly) adverb	בְּיֹקֶר	ביוקר

factory	בֵּית חֲרֹשֶׁת בָּתֵּי חֲרֹשֶׁת	בית חרושת (ז)
meat	בָּשָׂר	בשר (ז)
fish	דָּג דָּגִים	דג (ז)
here is...; behold (Biblical)	הִנֵּה	הנה
month	חֹדֶשׁ חֳדָשִׁים	חודש (ז)
two months	חָדְשַׁיִם	חודשיים (ז. זוגי)
eggplant	חָצִיל חֲצִילִים	חציל (ז)
bill of sale; arithmetic	חֶשְׁבּוֹן חֶשְׁבּוֹנוֹת	חשבון (ז)
able to; can	יָכוֹל – יְכוֹלָה	יכול – יכולה
to invite; to order	לְהַזְמִין	להזמין
before	לִפְנֵי	לפני
why?	מַדּוּעַ?	מדוע?
waiter – waitress	מֶלְצָר – מֶלְצָרִית	מלצר – מלצרית
soup	מָרָק מְרָקִים	מרק (ז)
when?	מָתַי?	מתי?
chicken; fowl	עוֹף עוֹפוֹת	עוף (ז)
thirsty	צָמֵא – צְמֵאָה _stative verb_	צמא – צמאה
vegetarian	צִמְחוֹנִי – צִמְחוֹנִית	צמחוני – צמחונית
light; easy	קַל – קַלָּה	קל – קלה

minute; moment	רֶגַע רְגָעִים	רגע (ז)
hungry	רָעֵב - רְעֵבָה	רעב - רעבה
satiated; full	שָׂבֵעַ - שְׂבֵעָה	שבע - שבעה
menu	תַּפְרִיט תַּפְרִיטִים	תפריט (ז)

<u>Verbs</u> <u>פעלים</u>

	שם הפועל	עתיד	ציווי
come!	לָבוֹא	תָּבוֹא	בּוֹא!
go!	לָלֶכֶת	תֵּלֵךְ	לֵךְ!
give!	לָתֵת	תִּתֵּן	תֵּן!

<u>Expressions and Phrases</u> <u>ביטויים וצירופים</u>

What else?; So What?	אֶלָּא מָה?
certainly; definitely; for sure	בְּהֶחְלֵט
generally	בְּדֶרֶךְ כְּלָל
so; so much	כָּל כָּךְ
I like (it); (it) pleases me	מוֹצֵא חֵן בְּעֵינַי
Just a minute!	רַק רֶגַע!
Right away!; On the double!	תֵּיכֶף וּמִיָּד!
More power to you!	כָּל הַכָּבוֹד!
before noon	לִפְנֵי הַצָּהֳרַיִם

1.b. Vocabulary Notes

ז.מ.נ.

Verbs:	פעלים:
to invite, prepare, convene	זִמֵּן
to be prepared, ready	זֻמַּן
to chance, meet, occur	הִזְדַּמֵּן
to chance, meet, occur	נִזְדַּמֵּן
to invite, order (goods), summon	הִזְמִין
to be invited, ordered	הֻזְמַן
Nouns and Adjectives:	**שמות ותארים:**
time, date; tense (gram.); period, season, (school) term; fate	זְמַן (ז)
temporariness	זְמַנִּיּוּת (נ)
cashability, availability (of goods)	זְמִינוּת (נ)
invitation, order (goods)	הַזְמָנָה (נ)
chance, opportunity	הִזְדַּמְּנוּת (נ)
temporary, provisional	זְמַנִּי - זְמַנִּית
Expressions:	**ביטויים:**
on time	בִּזְמַן
during, at the time	בִּזְמַן שֶׁ...
long ago, long since	מִזְּמַן
duly, in his day, at one time	בִּזְמַנּוֹ
regularly, at fixed times	לְעִתִּים מְזֻמָּנוֹת
Pessach (the time of our liberation)	זְמַן חֵרוּתֵנוּ

Shavu'ot (the time of the giving of the Torah)	זְמַן מַתַּן תּוֹרָה
Succot (the time of our rejoicing)	זְמַן שִׂמְחָתֵנוּ
"Holidays and times of rejoicing"	"חַגִּים וּזְמַנִּים לְשָׂשׂוֹן"
"Its time has passed - its sacrifice is void"	"עָבַר זְמַנּוֹ - בָּטֵל קָרְבָּנוֹ"

2. Texts: Dialogues — שיחות .2

מסעדות בעיר

שיחה א'

צילה: אבי, בוא איתי לאכול ארוחת צהריים.

אבי: איפה את רוצה לאכול?

צילה: אנחנו יכולים לאכול בקפטריה.

אבי: יש שם אוכל טוב?

צילה: אני חושבת שהאוכל טוב.

אבי: מה יש שם בדרך כלל?

צילה: יש בשר, עוף, דגים, מרק ....

אבי: אני לא אוכל בשר. אני צמחוני.

צילה: אנחנו יכולים ללכת למסעדה צמחונית.

שיחה ב'

אבי: יוסי, אתה רוצה לאכול איתנו?

יוסי: איתנו? עם מי?

אבי: איתי, עם צילה ועם דפנה.

יוסי: בהחלט. אני רעב וצמא וגם עייף.

אבי: אנחנו רוצים לאכול במסעדה קטנה בעיר העתיקה.

יוסי: מה יש שם?

אבי: יש הכל -- בשר, דגים, אורז, חצילים ....

יוסי: עייף או לא עייף -- אני בא אתכם.

<u>שיחה ג'</u>

צילה: מלצר, אנחנו רוצים להזמין ארוחת ערב.

מלצר: בבקשה גבירתי.

צילה: תן לנו תפריט, בבקשה.

מלצר: תפריט? אה, כן... תפריט.

צילה: מה זה אדוני? אתה לא יודע עברית?

מלצר: לא כל כך טוב. רק קצת.

צילה: מתי באת הנה ומאיפה?

מלצר: באתי מרוסיה לפני חודשיים.

צילה: אם כך, אתה מדבר עברית יפה מאוד. כל הכבוד!

מלצר: תודה גבירתי. זה לא קל.

צילה: איך החיים בארץ מוצאים חן בעיניך?

מלצר: מוצאים חן.... אבל הכל ביוקר. החיים קשים.

צילה: יש אינפלציה.

מלצר: הנה התפריט.

צילה: באמת יש אינפלציה!

שיחה ד׳

אבי: מלצר! חשבון בבקשה!

מלצר: תיכף ומיד אדוני.

אבי: אנחנו ממהרים.

מלצר: רק רגע. הנה החשבון.

אבי: האוכל היה טוב, אבל אני חושב שזה מאוד ביוקר.

מלצר: הכל ביוקר אדוני. אין שום דבר בזול. בכל העולם הכל ביוקר. ברוסיה - ביוקר. בפולניה - ביוקר. ברומניה - ביוקר. בבולגריה - ביוקר ....

אבי: בסדר, בסדר ....

"אין שִׂמְחָה בְּלֹא אֲכִילָה וּשְׁתִיָּה" (מועד קטן ט׳)

"There is no joy without eating and drinking"

3. Grammar and Exercises

3.a. The Imperative Mood — צִווּי

The imperative mood of a verb expresses a command, instruction, or direction to the person being addressed. While in English there is only one verbal form (for example: "go!"), in Modern Hebrew there are three forms: (1) masculine singular; (2) feminine singular; and (3) the plural form which is common to both masculine and feminine. These forms indicate the number and gender features of the person being addressed.

Examples:

Masculine Sing.: 1. זכר יחיד: יורם, בוא!

Feminine Sing.: 2. נקבה יחידה: רותי, בואי!

Plural: 3. רבים: יורם ורותי, בואו!

The <u>second person</u> form of <u>future tense</u> can also be used in situations which call for the imperative, and they are indeed frequently used in everyday spoken Hebrew:

Example:

Future - עתיד	Imperative - ציווי
תָּבוֹא!	בּוֹא!
תָּבוֹאִי!	בּוֹאִי!
תָּבוֹאוּ!	בּוֹאוּ!

<u>The Negative Command</u>

When a negative command is issued, the <u>future tense form</u> (rather than the imperative) must be used, preceded by the negative particle אַל .

Examples:

"Yoram, don't come!" 1. יורם, אַל תָּבוֹא!

"Ruthi, don't come!" 2. רותי, אַל תָּבוֹאִי!

"Yoram and Ruthi, don't come!" 3. יורם ורותי, אַל תָּבוֹאוּ!

<u>Verbs in the Imperative</u> <u>פעלים בציווי</u>

The verbs presented here were chosen for their high frequency in spoken Hebrew:

to come	לָבוֹא	ב.ו.א.
to go	לָלֶכֶת	ה.ל.כ.
to give	לָתֵת	נ.ת.נ.

Negative – שְׁלִילָה			Positive – חִיוּב			שרש
רבים	נקבה	זכר	רבים	נקבה	זכר	
אַל תָּבוֹאוּ	אַל תָּבוֹאִי	אַל תָּבוֹא	בּוֹאוּ	בּוֹאִי	בּוֹא	ב.ו.א.
אַל תֵּלְכוּ	אַל תֵּלְכִי	אַל תֵּלֵךְ	לְכוּ	לְכִי	לֵךְ	ה.ל.כ.
אַל תִּתְּנוּ	אַל תִּתְּנִי	אַל תִּתֵּן	תְּנוּ	תְּנִי	תֵּן	נ.ת.ן.

Examples:

"Shimon, come home immediately."	‎1. שמעון, בוא הביתה תיכף ומיד!
"Shimon, don't come after midnight."	‎2. שמעון, אל תבוא אחרי חצות!
"Ruthi, go home!"	‎3. רותי, לכי הביתה!
"Ruthi, don't go to the Chinese restaurant."	‎4. רותי, אל תלכי למסעדה הסינית!
"Waiter, give us a menu please."	‎5. מלצר, תן לנו תפריט בבקשה!
"Waiter, don't give us meat."	‎6. מלצר, אל תתן לנו בשר!

Note that the first radical of the verbs ‎נ.ת.ב.‎ and ‎ה.ל.כ.‎ does not appear in either the imperative or the future tense forms. An extensive presentation of the imperative is included in Volume II.

3.a.1. Exercise — תרגיל

Fill in the missing verbs: ‎מלא את הפעלים החסרים:

‎ב.ו.א.

שלילה	חיוב
יורם, ___אל תבוא___ למסיבה!	יורם, ___בוא___ בזמן!
רותי, ___אל תבואי___ למסיבה!	רותי, ___בואי___ בזמן!

יורם ורותי, בואו בזמן!   יורם ורותי, אל תבואו למסיבה!

ה.ל.כ.

גיל, לך הביתה!   גיל, אל תלך לקולנוע!

גילה, לכי הביתה!   גילה, אל תלכי לקולנוע!

גיל וגילה, לכו הביתה!   גיל וגילה, אל תלכו לקולנוע!

נ.ת.נ.

ריבה, תני לנו אוכל טוב!   ריבה, אל תתני ליוסי כסף!

יוסי, תן לנו אוכל טוב!   דני, אל תתן ליוסי כסף!

חברים, תנו לנו אוכל טוב!   חברים, אל תתנו ליוסי כסף!

3.a.2. Transformation Drill   תרגיל

A. Change the following from positive to negative: א. מחיוב לשלילה:

1. יוסי, לך הביתה! ←‐‐‐‐‐‐ יוסי, אל תלך הביתה!
2. דליה, בואי היום בערב! ←‐‐‐ דליה, אל תבואי היום בערב!
3. מלצר, תן לי קוקה קולה! ←‐‐‐ מלצר, אל תתן לי קוקה קולה!
4. תבוא לו ללכת לקולנוע! ←‐‐‐ אל תתנו לו ללכת לקולנוע!
5. רותי, לכי לשיעור! ←‐‐‐‐‐‐ רותי, אל תלכי לשיעור!

B. Change the following from negative to positive: ב. משלילה לחיוב:

1. דליה, אל תתני לו כסף! ←‐‐‐‐ דליה, תני לו כסף!
2. אל תלכו לגן הגדול! ←‐‐‐‐‐‐ לכו לגן הגדול!
3. אל תבואו לפני הצהריים! ←‐‐‐ בואו לפני הצהריים!
4. שושנה, אל תתני לשתות קפה! ←‐‐ שושנה, תני לשתות קפה!
5. דני, אל תבוא היום למסיבה! ←‐‐ דני, בוא היום למסיבה!

323

3.b. <u>The Expression "to like"</u> <u>מוצא חן/ לאהוב</u>

I. In Hebrew, the verb "to like" and its object are expressed by means of an idiomatic expression taken from Biblical Hebrew:

"ונח מצא חן בעיני יי." (בראשית 8,6)

"And Noah <u>found favor in the eyes of</u> the Lord." (Genesis 6,8)

The idiom מוצא חן בעיני literally means "to find favor in the eyes of..." or "to please."

Examples:

1. הספר החדש <u>מוצא חן בעיני</u> שולה. — "Shula likes the new book." ("The new book pleases Shula.")

2. הסרט <u>מוצא חן בעיני</u> דני. — "Danni likes the movie." ("The movie pleases Danni.")

(1) Note that the <u>object of affection</u>, i.e. "the new book" הספר החדש or "the movie" הסרט , <u>precedes</u> the verb and constitutes the <u>grammatical subject</u> of the sentence.

(2) The noun "eyes" עינים , always appears in its <u>dependent</u> form -- "eyes of..." עיני -- and is followed by the noun which constitutes the logical subject of the sentence, i.e. the source of the "liking."

Examples:

"in the <u>eyes of Shula</u>" — <u>בעיני</u> שולה

"in the <u>eyes of Danni</u>" — <u>בעיני</u> דני

(3) When the noun constituting the source of "liking" is replaced by a pronoun, the pronoun is suffixed to the noun "eyes" עינים .

Examples:

1. הספר החדש מוצא חן בעיני שולה --> הספר החדש מוצא חן בעיניה.

"She likes the new book." — "Shula likes the new book."

2. הסרט מוצא חן בעיני דני --------> הסרט מוצא חן בעיניו.

"He likes the movie." — "Danni likes the movie."

The following table contains the set of possessive pronouns suffixed to the plural noun עיבים "eyes." This set of suffixes can be added to all plural nouns in Hebrew.

עֵינַיִם = eyes — עֵינֵי = eyes of

Singular Suffix – סיומת יחיד		Plural Suffix – סיומת רבים	
עֵינַי		עֵינֵינוּ	
עֵינֶיךָ	עֵינַיִךְ	עֵינֵיכֶם	עֵינֵיכֶן
עֵינָיו	עֵינֶיהָ	עֵינֵיהֶם	עֵינֵיהֶן

Compare this set of pronoun suffixes with the set of suffixes attached to singular nouns (see Lesson 7).

3.b.1. Repetition Drill — תרגיל שינון

(A) Read the following sentences: — א. קרא את המשפטים הבאים:

1. הארוחה מוצאת חן בעיני.
2. הסרט מוצא חן בעיניך.
3. המסעדה מוצאת חן בעיניך.
4. הדגים מוצאים חן בעיניו.

5. הבשר מוצא חן בעיניה.

6. הבית לא מוצא חן בעיני אורי.

7. המרק לא מוצא חן בעיני דליה.

8. המקום מוצא חן בעינינו.

You (pl) like the waitresses.

9. המלצריות מוצאות חן בעיניכם.

eggplants

10. החצילים מוצאים חן בעיניכן.

11. העוף מוצא חן בעיניהם.

12. העיר העתיקה מוצאת חן בעיניהן.

(B) Translate the above sentences into English.

II. The verb "to love" לאהוב is also used to mean "to like":

(1) The verb לאהוב is used when the expressed attitude towards the object of affection is a constant one. Consider the following examples:

1. רמי <u>אוהב</u> בשר. הוא תמיד מזמין סטייק.

"Rami <u>loves</u> meat. He always orders steak."

2. רמי <u>לא אוהב</u> בשר. הוא צמחוני.

"Rami <u>does not like</u> meat. He is a vegetarian."

Compare the above examples with the following:

היום הבשר מוצא חן בעיני רמי, אבל אתמול ....

"Today Rami <u>likes</u> the meat, but yesterday ...."

(2) The verb לאהוב is <u>always</u> used when the expression "to like" is followed by an <u>infinitive</u>. (It is impossible to use the idiom מוצא חן .)

Examples:

"Rami <u>likes to eat</u> in the Old City." רמי <u>אוהב לאכול</u> בעיר העתיקה.

"Rami <u>likes to go</u> to the beach." רמי <u>אוהב ללכת</u> לים.

NOTE CAREFULLY: שים לב:

  1. I like the city.   העיר מוצאת חן בעיני. 1.

  2. I like these buildings.   הבנינים האלה מוצאים חן בעיני. 2.

  3. I like this salad.   הסלט הזה מוצא חן בעיני. 3.

BUT: אבל:

  1. I like to walk around.   אני אוהב לטייל. 1.

  2. I like to work in the morning.   אני אוהב לעבוד בבוקר. 2.

  3. I don't like to study.   אני לא אוהב ללמוד. 3.

3.b.2. Exercise   תרגיל

Fill in the blanks with the appropriate form of the noun בעיני , with or without a pronoun suffix:

א. דליה: הבית הזה מוצא חן   בעיני . אורי, האם הבית הזה
                         (אני)

                 מוצא חן גם   בעיניך ?
                      (אתה)

      אורי: לא. אבל הוא מוצא חן בעיני גילה.

      דליה: אתה חושב שהוא מוצא חן   בעיניה ?
                    (היא)

      אורי: אני לא רק חושב. אני יודע שהוא מוצא חן   בעיניה.
                          (היא)

ב. אורית: הדירה שלנו מוצאת חן   בעיני ההורים שלי.

      דניאל: הדירה שלנו מוצאת חן   בעיניהם.
                    (הם)

      אורית: כן. האם היא מוצאת חן   בעיני הוריך?

      דניאל: כן. היא מוצאת חן   בעיניהם , אבל לא   בעיני אחותי.
                      (הם)

327

אורית: למה היא לא מוצאת חן ______?
(היא)

דניאל: היא לא אוהבת דירות חדשות.

ג. עודד: רחל, האם הבניינים החדשים בעיר מוצאים חן ______?
(את)

רחל: כן. הם גם מוצאים חן ______ החברים שלי.

עודד: כל הבניינים מוצאים חן ______?
(אתם)

רחל: כן. כל הבניינים מוצאים חן ______.
(אנחנו)

ד. פנינה: נעמי ורחל, מה מוצא חן ______?
(אתן)

נעמי: הארץ מוצאת חן ______.
(אנחנו)

פנינה: וגם ______ ההורים שלכן?

נעמי: למה לא? זאת ארץ יפה מאוד.

3.b.3. <u>Exercise</u> <u>תרגיל</u>

Translate the following sentences into Hebrew, using both אוהב and מוצא חן
Be sure to use the correct expression, regardless of the English:

1. I like reading the newspaper, but I don't like studying.
2. I like this book. It is very interesting.
3. David is going by train. He does not like to go by car.
4. I like travelling, but I don't like this train.
5. I like this new restaurant, because the food is good and inexpensive.
6. David likes this trip, because he likes big cities.

7. Rina does not like New York, because she does not like living in big cities.

8. Does Dalia like her new room in the dorms? She likes it, but she does not "love" it.

9. Dan and Dina love the new village. They plan to live there.

10. Do you like your new neighbors, Rivka?

11. What do you like at this university?

12. Dov and Dina, you don't like your new home, you don't like the furniture in the new home, you don't like the garden, and you don't like your neighbors. What do you like?

13. I am very happy here: I like the people, I like the country, and I like my job.

14. I love the food in this restaurant; it is very good.

15. Daniel loves to eat. He eats seven meals a day. He is always very hungry, but he also likes good food.

3.c. Participles of Stative Verbs in Pa'al Conjugation

to be hungry	לִהְיוֹת רָעֵב	ר.ע.ב.
to be thirsty	לִהְיוֹת צָמֵא	צ.מ.א.
to be satiated; full	לִהְיוֹת שָׂבֵעַ	ש.ב.ע.
to be tired	לִהְיוֹת עָיֵף	ע.י.פ.

There are a number of stative verbs in the פָּעַל conjugation which have special participle forms in present tense that function both as verbs and as adjectives.

Examples:

"I am thirsty. I want to drink." 1. אני צמא. אני רוצה לשתות.

"We are full from the big meal." .2 אנחנו שבעים מהארוחה הגדולה.

"The hungry guests have not eaten yet." .3 האורחים הרעבים עוד לא אכלו.

"The tired student did not sleep all night." .4 התלמידה העיפה לא ישנה כל הלילה.

Note that in the first and second examples, the present tense participles function as verbs; in the third example as an adjective; and in the fourth example, one as an adjective.

Present Tense Conjugation of Stative Verbs: נטיה בזמן בינוני

תרגום	נקבה רבות	זכר רבים	נקבה יחידה	זכר יחיד	שרש
hungry	רְעֵבוֹת	רְעֵבִים	רְעֵבָה	רָעֵב	ר.ע.ב.
thirsty	צְמֵאוֹת	צְמֵאִים	צְמֵאָה	צָמֵא	צ.מ.א.
satiated	שְׂבֵעוֹת	שְׂבֵעִים	שְׂבֵעָה	שָׂבֵעַ	ש.ב.ע.
tired	עֲיֵפוֹת	עֲיֵפִים	עֲיֵפָה	עָיֵף	ע.י.פ.

To conjugate these participles in past and future tense, the verb "to be" להיות is combined with the present tense form in a verb phrase. The verb להיות indicates the tense, person, gender and number, while the participle form reflects only the gender and number.

Examples:

Present Tense: "Itamar is hungry." .1 איתמר רעב.

"Rina is hungry." רינה רעבה.

"The people are hungry." האנשים רעבים.

Past Tense: "Itamar was hungry." .2 איתמר היה רעב.

"Rina was hungry." רינה היתה רעבה.

"The people were hungry." האנשים היו רעבים.

Future Tense: "Itamar will be hungry." 3. איתמר יהיה רעב.

"Rina will be hungry." רינה תהיה רעבה.

"The people will be hungry." האנשים יהיו רעבים.

3.c.1. Exercise תרגיל

(1) Form ten sentences using the above participles in present and past tense.

(2) Write a short story or dialogue using these same participles.

3.d. Questions and Answers שאלות סיבה

WHY?	לָמָּה? מַדּוּעַ?
BECAUSE ...	כִּי...

In Modern Hebrew, the question words למה and מדוע have an identical meaning: "WHY?". The response to questions beginning with למה and מדוע provides a reason, a cause, or an explanation, and commonly begins with the word כי "because", followed by the sentence.

Examples:

1. למה אתם לא אוכלים ארוחת צהריים?

א. אנחנו לא אוכלים ארוחת צהריים כי אנחנו לא רעבים.

ב. כי אנחנו לא רעבים.

2. מדוע דליה אוכלת בקפטריה?

א. דליה אוכלת בקפטריה כי האוכל שם מוצא חן בעיניה.

ב. כי האוכל שם מוצא חן בעיניה.

3.d.1. Exercise — תרגיל

Translate the following sentences: — תרגם לעברית:

1. Why don't you speak Hebrew at home? Because I don't know the language.

2. Why did you go by car? Because I don't like to walk.

3. Why are you not coming home? Because I don't have time.

4. Why do you read the paper at night? Because I work in the morning.

5. Why did Michael visit you? Because he wanted to see me.

3.e. The Preposition "with" — עִם (את-)

In Hebrew, the preposition "with" has two different forms:

(1) When the preposition "with" is followed by a noun or a noun phrase, the preposition עם is used.

Examples:

"with a friend"	עִם חברה
"with my friends"	עִם החברים שלי
"with my sister Aviva"	עִם אחותי אביבה

(2) When the preposition "with" is followed by a pronoun, a combined form of the preposition "את" is used. The preposition את- does not function as an independent preposition; it combines with the personal pronoun suffixes to form

the following table:

Plural - רבים		Singular - יחיד	
אִתָּנוּ		אִתִּי	
אִתְּכֶן	אִתְּכֶם	אִתָּךְ	אִתְּךָ
אִתָּן	אִתָּם	אִתָּהּ	אִתּוֹ

Thus, the preposition "with" followed by a pronoun:

(a) has a different base: -את

(b) has the pronoun suffixed to that base.

Examples:

"Uri talked with her this evening." 1. אורי דיבר איתה הערב.

"I went with them to the concert." 2. הלכתי איתם לקונצרט.

"He came with us to the party." 3. הוא בא איתנו למסיבה.

Note: The base form -את is taken from the preposition את which has the same meaning and is used in older texts. When combined with the pronoun suffixes, the preposition את undergoes an internal vowel change to become -את.

In literary Hebrew, the form עִם of the preposition can also have the pronouns suffixed to it. However, in spoken Modern Hebrew this form is not commonly used. For example: עִמָּנוּ, עִמָּם, עִמִּי.

To summarize:

(1) "with" + noun --------> עִם + שם

(2) "with" + pronoun --------> אֶת- + שם גוף

in literary Hebrew -> עִם + שם גוף

Remember: Direct object particle + pronoun has a different stem:

"him = אוֹתוֹ" as opposed to "with him = אִתּוֹ"

Note: The antonym of עִם "with" is בְּלִי "without":

Example: בְּלִי כסף ≠ עִם כסף

"without money" ≠ "with money"

3.e.1. Transformation Drill — תרגיל

Change the preposition + noun phrase to a preposition + pronoun:

Example: — דוגמא: הרא מדבר עם דבורה ----> הרא מדבר איתה.

1. הרא רץ עם יעקוב ------------>

2. הרא אוכל עם ההורים שלו ----->

3. הרא לומד עם החברות שלו ----->

4. הרא בא לשיעור עם רובית ----->

5. הרא הלך לקולנוע עם ירסי ---->

3.e.2. Substitution Drill — תרגיל התאמה

אהוד מדבר עם המורה שלו.

הוא

אהוד מדבר איתו.

הם. אני. אתם. את. אנחנו. אתן. הן. אתה. היא.

3.e.3. Exercise — תרגיל

Translate the following sentences: — תרגם לעברית:

1. Do you run in the morning with your brother?

האם אתה רץ בבוקר עם אחיך?

2. I don't run with him. I run with my father.

אני לא רץ איתו. אני רץ עם אבי.

3. He goes everywhere with his parents.

4. Dan goes with them to the movies, he goes with them to restaurants, but they do not go with him to school.

5. I am studying music without a teacher.

6. We went to the movie without our little brothers.

7. They want to go to Europe without money.

8. There are no good libraries without good books.

9. Do you want to come with or without your wife?

10. He lived in the big city without friends and without relatives.

3.f. Numbers from 10-100

Numbers from 10-100 are divided into two sets: feminine and masculine. The round numbers: 20, 30, 40, 50, 60, 70, 80, 90, 100 (as well as larger round numbers) have only one form common to both genders. Numbers 11-19 have their own special forms, while the numbers 21-100 have similar sets of numbers.

NUMBERS 11-100   מספרים 11-100

זכר		נקבה
אַחַד עָשָׂר	11	אַחַת עֶשְׂרֵה
שְׁנֵים עָשָׂר	12	שְׁתֵּים עֶשְׂרֵה
שְׁלֹשָׁה עָשָׂר	13	שְׁלֹשׁ עֶשְׂרֵה
אַרְבָּעָה עָשָׂר	14	אַרְבַּע עֶשְׂרֵה
חֲמִשָּׁה עָשָׂר	15	חֲמֵשׁ עֶשְׂרֵה
שִׁשָּׁה עָשָׂר	16	שֵׁשׁ עֶשְׂרֵה
שִׁבְעָה עָשָׂר	17	שְׁבַע עֶשְׂרֵה
שְׁמוֹנָה עָשָׂר	18	שְׁמֹנֶה עֶשְׂרֵה
תִּשְׁעָה עָשָׂר	19	תְּשַׁע עֶשְׂרֵה

עֶשְׂרִים (20)

עֶשְׂרִים וְאֶחָד	21	עֶשְׂרִים וְאַחַת
עֶשְׂרִים וּשְׁנַיִם	22	עֶשְׂרִים וּשְׁתַּיִם
↓	↓	↓
עֶשְׂרִים וְתִשְׁעָה	29	עֶשְׂרִים וְתֵשַׁע

שְׁלֹשִׁים (30)

אַרְבָּעִים (40)

חֲמִשִּׁים (50)

שִׁשִּׁים (60)

שִׁבְעִים (70)

שְׁמֹנִים (80)

תִּשְׁעִים (90)

מֵאָה (100)

3.f.1. Exercise   תרגיל

Write out the following arithmetic exercises. (Remember: all numbers used in counting must be in the feminine form.) The terminology used in simple arithmetic is:

+	וְעוֹד, פְּלוּס
-	פָּחוֹת, מִינוּס
×	כָּפוּל
:	לְחַלֵּק לְ... ← to divide / to cut something into
=	הֵם

Example: 2 × 6 = 12   שְׁתַּיִם כָּפוּל שֵׁשׁ הֵם שְׁתֵּים עֶשְׂרֵה. :דוגמא

10 + 8 = 18   עשׂר ועוד שׁמונה הם שׁמונה עשׂרה. 1.

20 - 4 = 16   עשׂרים פחות ארבע הם שׁשׁ עשׂרה. 2.

336

$$93 - 13 = 80$$ .3

$$5 \times 8 = 40$$ .4

$$100 - 22 = 78$$ .5

$$64 : 8 = 8$$ .6

$$2 + 17 = 19$$ .7

$$21 - 3 = 18$$ .8

$$4 \times 5 = 20$$ .9

$$100 : 4 = 25$$ .10

3.f.2. <u>Exercise</u>   תרגיל

Translate the following sentences: :תרגם לעברית

1. At 11:00 at night I got up and went to a restaurant.

2. I arrived in class at 12:30.

3. We have 20 good books in our library.

4. I visited 33 villages on my trip to Israel.

5. Fifteen friends came to visit us.

6. Forty-five students travelled to the Old City.

7. Seventeen new American students came to dinner.

8. There are 63 girls and 75 boys in this school.

9. The trip was hard -- 24 hours.

10. There are 13 male clerks and 28 female clerks in this bank.

11. There are 35 restaurants in this town, and I have been to 26.

12. There are 17 newspapers in the country.

337

3.f.3. Exercise — תרגיל

Read the passage below and answer the questions that follow:

התוכנית של עזריאל

עזריאל עובד בבית חרושת. בבוקר הוא קם בשעה 7:00 ונוסע לעבודה. בדרך הוא פוגש את יורם, החבר שלו, והם נוסעים ביחד. הם מתחילים לעבוד ב-8:00. בשעה 10:00 יש להם הפסקה של 15 דקות. אחרי ההפסקה הם עובדים עד ארוחת הצהריים ב-12:00. אחרי הארוחה, ב-12:30, הם חוזרים לעבודה. הם עובדים בלי הפסקה עד 4:00 אחרי הצהריים. אחרי העבודה, עזריאל ויורם נוסעים הביתה. הם מגיעים לשם ב-4:45. בדרך כלל עזריאל אוהב לקרוא עיתון לפני ארוחת הערב. ב-6:00 עזריאל אוכל ארוחת ערב ורואה תוכניות בטלביזיה. הוא הולך לישון בשעה 10:00.

שאלות:

1. איפה עובד עזריאל?
2. מתי עזריאל ויורם מתחילים לעבוד?
3. מה הם עושים עד ארוחת הצהריים?
4. מה הם עושים אחרי הצהריים?
5. מה עזריאל עושה אחרי העבודה?

4. Additional Texts — 4. קטעי קריאה

4.a. — 4.א.

יְהוּדִי בַּעַל כֶּרֶס שֶׁהָיָה אוֹכֵל וְשׁוֹתֶה יוֹתֵר מִן הַמִּדָּה בָּא לְבֶּרְדִּיצֶ'יב לְרֶגֶל מִסְחָרוֹ וְנִכְנַס לְמִסְעָדָה לֶאֱכֹל. בְּשָׁעָה שֶׁהָיָה אוֹכֵל לְתֵאָבוֹן נִכְנַס אֶחָד מִמַּכִּירָיו, מֵעִיר סְמוּכָה לְעִירוֹ, וְשָׁאַלוֹ עַל שְׁלוֹמוֹ שֶׁל אֶחָד מִקְּרוֹבָיו.

- מֵת - עָנָה הָאוֹכֵל.

- וְאִשְׁתּוֹ?

- מֵתָה.

- וּבָנָיו?

- אַף הֵם מֵתוּ.

- הִפְרְצָה מַגֵּפָה בְּעִירְךָ?

הָאוֹכֵל לָגַם כַּף שֶׁל מָרָק מִן הַקְּעָרָה וְעָנָה:

- בְּשָׁעָה שֶׁאֲנִי אוֹכֵל כָּל הָעוֹלָם חָשׁוּב בְּעֵינַי כְּמֵת.

(לפי י.ל. מימון, שרי המאה, חלק ד׳ ט״ז)

Translation:

A Jew with a sizable stomach who used to eat and drink too much, came to Berdichev on business, and went into a restaurant to eat. While he was eating heartily, one of his acquaintances from a town close to his town, came in and asked him about (the health) of one of his relatives.

- Died - said the eater.

- And his wife?

- Died.

- And his sons?

- They also died.

- Did an epidemic break out in your town?

The eater sipped a spoonful of soup from the bowl and answered:

- When I eat the entire world is considered dead by me (in my eyes).

Notes:

1. Use of pronoun suffixes on nouns and verbs:

   a. Plural noun + pronoun — Singular noun + pronoun

Plural noun + pronoun	Singular noun + pronoun
מַכִּירָיו = הַמַּכִּירִים שלו	מִסְחָרוֹ = הַמִּסְחָר שלו
קְרוֹבָיו = הַקְּרוֹבִים שלו	עִירוֹ = הָעִיר שלו
בָּנָיו = הַבָּנִים שלו	עִירְךָ = הָעִיר שלך

   b. verb + direct object pronoun: שְׁאָלוֹ = שָׁאַל אותו

2. Less commonly used words and idioms:

one with a stomach, i.e. fat	בַּעַל כֶּרֶס = שמן
on his business	לְרֶגֶל מִסְחָרוֹ = לעסקים שלו
at the time that	בְּשָׁעָה שֶׁ... = כש...
close to	סְמוּכָה ל... = קרובה ל...
the ה of question	הַפְּרָצָה = האם פרצה

4.b. A Poem by Amos Ettinger from A Quarter Past Midnight: 4.ב.

"A Poem Without a Name" "שִׁיר בְּלִי שֵׁם"

(עמוס אטינגר, רבע אחרי חצות, עמ' 51)

לא אדוני המלצר,
היא מיד תבוא ואזמין.
לא אדוני המלצר,
היא תגיע מיד.
לא אדוני המלצר,
זה ענין של רגעים.

לא אדוני המלצר,

אתם כבר סוגרים? הרי אני מחכה פה רק ארבע שעות.

<u>Translation</u>:

No mister waiter,

She'll come right away and then I'll order.

No mister waiter,

She'll arrive right away.

No mister waiter,

It's a matter of minutes.

No mister waiter,

Are you closing already? But I've only been waiting here for four hours.

שיעור חזרה מספר 3

(שיעורים 12-9)

REVIEW LESSON NO. 3

Reading and Transformation Exercise

.1 • תרגיל קריאה והמרה

(1) Identify the verbs and analyze them; (2) Summarize the letter in a story

form in third person, starting with -   ... דינה הגיעה לאילת לפני שבוע

מכתב לדניאל

~Dear~

לדניאל היקר שלום,

LOD(airport)   I flew   a week ago   here I arrived

הגעתי הנה לפני שבוע. טסתי מניו-יורק ללונדון ומלונדון ללוד.

group   on the airplane

במטוס היו הרבה ישראלים ואמריקאים וגם קבוצה של סטודנטים מארגנטינה.

city in Israel

the flight

הטיסה היתה מעייבת מאוד. מלוד נסענו לראשון-לציון. ביקרתי את

one

המשפחה שלי בראשון-לציון. משם נסעתי לירושלים. הייתי בירושלים יום

my   day

אחד, ומשם טסתי לאילת. עכשיו אני נמצאת באילת. אני גרה בדירה של

home werent   friend's apartment

חברים שלי שם. הם ידידים ותיקים שלי. הם לא נמצאים בבית, כי הם

I knew   relatives

נסעו לבקר קרובים בחיפה. הכרתי הרבה אנשים באילת.

Ber-Sheva and   this week everything

אני רוצה לטייל ולראות את הכל. השבוע ביקרתי במצדה ובבאר שבע.

Dead Sea

זה היה טיול מעניין מאוד. ראיתי את מצדה, את ים המלח ראת השוק

בבאר שבע. אני מאוד אוהבת את הנגב. אני רוצה למצוא עבודה באילת

ולגור כאן.

next week

הקרובים שלי נמצאים בטבריה ובשבוע הבא אני חושבת לנסוע ולבקר

342

אותם. אבי מכירה את העיר טבריה, כי כבר הייתי שם. אני רוצה לנסוע

I was there already

גם לכפר קטן על יד עכו. אני מכירה משפחה אמריקאית שגרה שם. הוא

village   *his wife*   *is a teacher*

מורה בכפר ראשתו עובדת בעכו.

מה שלומך? האם הכל בסדר? מתי אתה מתכונן להגיע הנה? אתה

alright everything is   *plan*

מתכונן לנסוע באוניה או במטוס?

plane   *boat*

להתראות שלך,

Review of Numbers (Lessons 9-10)	חזרה על מספרים .2
Fill-in Exercise	תרגיל השלמה

1. _____ חנות דלק.
(15)

2. _____ מיטות גדולות.
(12)

3. _____ ארוחות טובות.
(4)

4. _____ פרחים יפים.
(9)

5. _____ שטיחים פרסיים.   *rug*
(17)

6. _____ נשים בחמדות.
(100)

7. _____ בתי כבסת.
(6)

8. _____ תמרובות חדשות.
(23)

9.   _מ_שונ_ _אַ_ר_ _מסעדות מזרחית.
(18)

10. _אוֹנ_ _ישׂ_ _יפים_ עצים יפים.
(33)

11. _האּיﬡ_ סרטים משעממים.
(5)

12. _שעב_ _מ_ _ישׂﬡ_ בתי חרושת.
(75)

13. _אַ_ _אַﬡ_ _אَרַﬡ_ מלצריות חדשות.
(19)

14. _אַر_ _מ_ _ישׂ_ _מ_ כפרים קטנים.
(22)

15. _ש_ _יﬡ_ עבודות מעניינות.
(2)

Translation   3. תרגום

Rina does not feel like studying, but she feels like working. She is

אין רינה חשק ללמוד אבל יש לה חשק לעבוד. יש לה מזל

lucky because she has an interesting job in a coffeehouse. She is a waitress.

כי יש לה עבודה מעניינת בבית קפה. היא מלצרית.

She loves to meet people and talk to people. Her friends come to the coffee-

היא אוהבת לפגוש אנשים ולדבר עם אנשים. (חברות)ﬡ שלה באות

house in the afternoon to drink coffee. Her parents come in the evening to eat

לבית קפה בצהריים לשתות קפה. ההורים שלה באים בערב לאכל

supper there. Students from the university come to sit and talk about the

שם ארוחת ערב. סטודנטים מהאוניברסיטה באים לשבת ולדבר

university, the news and life. She usually works a lot, but she likes her work.

על האוניברסיטה, החדשות והחיים. היא בדרך כלל עובדת הרבה

אבל היא אוהבת את העבודה שלה.

Vocabulary Review   4. חזרה על אוצר המילים

Translate the following after reviewing new words:

1. On the weekend we arrived at the sea shore.

בסוף שבוע הגענו אל שפת הים.

344

2. He is hungry, but she is not hungry -- she is full.

3. Dan does not have problems. He is a happy man without problems.

4. He invited us to the social club to have (drink) a cup of coffee with him and with his friends.

5. Everything is expensive! apartments, food and furniture.

6. He usually drinks tea because he cannot drink coffee.

7. Life is short! Waitress, give us food right away!

8. What is going on? Why is there noise here? Are the guests not satisfied?

Review of Verbs

.5 חזרה על פעלים

Translation Exercise

תרגם

1. I have a chance to sit and think.

2. Rina slept late and did not eat breakfast.

3. We do not rest at noon. We get up early, go to work early and come home in the evening.

4. Shimon got up late and did not go to work.

5. My brother returned home before midnight and slept 12 hours.

6. Ruth works a lot, but she also rests a lot.

7. We sat and talked a lot about all our friends.

8. Ron sat and ate, and talked to us. He did not eat and run.

9. We came, we ate and we ran.

10. I sat and heard the lecture, but Danni sat and slept and did not hear the lecture.

11. I am preparing for the lesson -- I am reading many books.

6. תרגיל קריאה והמרה — Reading and Transformation Exercise

Read the following and change the story to third person beginning with:

אתמול בבוקר גליה קמה בשבע ...

גליה מספרת:

אתמול בבוקר קמתי בשבע. ישנתי רק חמש שעות, אבל לא הייתי עייפה. התרחצתי, התלבשתי ואכלתי ארוחת בוקר טובה. אני אוהבת ללכת לעבודה ברגל, אבל אתמול בבוקר נסעתי עם השכן שלי. אני לא אוהבת לנסוע עם השכן הזה, כי אני לא חושבת שהוא נהג טוב.

עבדתי עד חמש. לא אכלתי ארוחת צהריים ולא נחתי. רציתי לגמור את העבודה שלי. אחרי העבודה הייתי עייפה מאוד, אבל לא הלכתי הביתה לנוח. הלכתי לבית קפה לפגוש חברים. אנחנו נפגשים שם כל יום אחרי העבודה, יושבים ומדברים. ישבנו ודיברנו ודיברנו. בשש יוסי בא וביקש אותי ללכת לאכול ארוחת ערב איתו. הייתי עייפה, אבל גם הייתי רעבה. הלכתי עם יוסי. אכלנו ארוחת ערב במסעדה טובה. האוכל היה טוב מאוד.

אחרי הארוחה הלכנו לטייל בעיר. עברנו על יד בית קולנוע חדש. נכנסנו לשם וראינו סרט טוב. הגעתי הביתה באחת בלילה, והלכתי לישון בשתיים. הבוקר קמתי בשבע. ישנתי רק חמש שעות, אבל לא הייתי עייפה. התרחצתי והתלבשתי ....

7. מוצא חן בעיני/ אוהב

Fill-in the blanks with מוצא חן בעיני or אוהב depending on context:

הבית הזה לא ______ אורי. למה הוא לא ______ הבית לא ______, כי הוא לא ______?

בניינים חדשים. הוא רק __אוהב__ בניינים ישנים. הדירה שלי

אוהבת את __ אורי, כי היא דירה ישנה. הוא __אוהב__ דירות

ישנות, רהיטים ישנים וסרטים ישנים. למה רק דברים ישנים __אוהב__

כי הוא לומד הסטוריה עתיקה? או האם הוא חושב שהוא __אוהב__

דברים ישנים כי הוא לא __אוהב__ דברים חדשים?

מי יודע מה __אוהב__ אורי ולמה. אני רק יודעת שאני

__אוהבת__ את אורי, והוא __אוהב__ אותי.

8. **חזרה על צירור**   Review of the Imperative

Completion Exercise   תרגיל השלמה

Review the imperative in Lesson 12 . Choose the suitable verb to fill-in the
blanks:

ב.ו.א.   נ.ת.נ.   ה.ל.כ.

1. יוסי, __בוא__ הביתה!

2. דליה, אל __תתני__ ליוסי את הספר שלך!

3. ילדים, אל __תלכו__ לבית הספר היום! אין לימודים!

4. רינה ודליה, __בואו__ איתנו לבית קפה!

5. מלצר, __תן__ לי בבקשה כוס קפה!

6. מלצרית, __תני__ לנו את התפריט!

7. יוסי ורינה, __לכו__ לעבודה! מאוחר!

8. גליה ודליה, __בואו__ למסעדה בשעה שמונה!

347

9. **חזרה על תארי פועל של כמות.**

Review of Quantifiers: Translation

A month of work and study:

Every morning we get up at six. We all wash and dress and all of us eat
breakfast together. All morning long everybody is busy. Some people work in
the kitchen, some people study in the library and some people work in the garden.
At every meal everybody eats together. After every meal we sit and talk. We
talk about everything. Every afternoon we visit interesting places. We
plan to see everything. Every evening there is a program. Some people go to
all the programs, and some people go to some programs, and some people like
to stay in their room and rest. All of us are busy. It is a good month of
work and study.

Review of Quantifiers: Exercise. Complete the following sentences according
to the example.

דוגמא:

(1)   אנחנו – כסף.

יש לנו כסף.   אין לנו הרבה כסף.   נשאר לנו קצת כסף. אבל לא

נשאר לנו מספיק כסף.

(2)   דן – עבודה.

(3)   אתם – רהיטים.

(4)   רות – תקליטים.

(5)   אני – תמרנות.

(6)   ההורים שלנו – עציצים.   *Potted plants – not trees!*

(7)   אורי – אוכל.

348

ת ש ב ץ

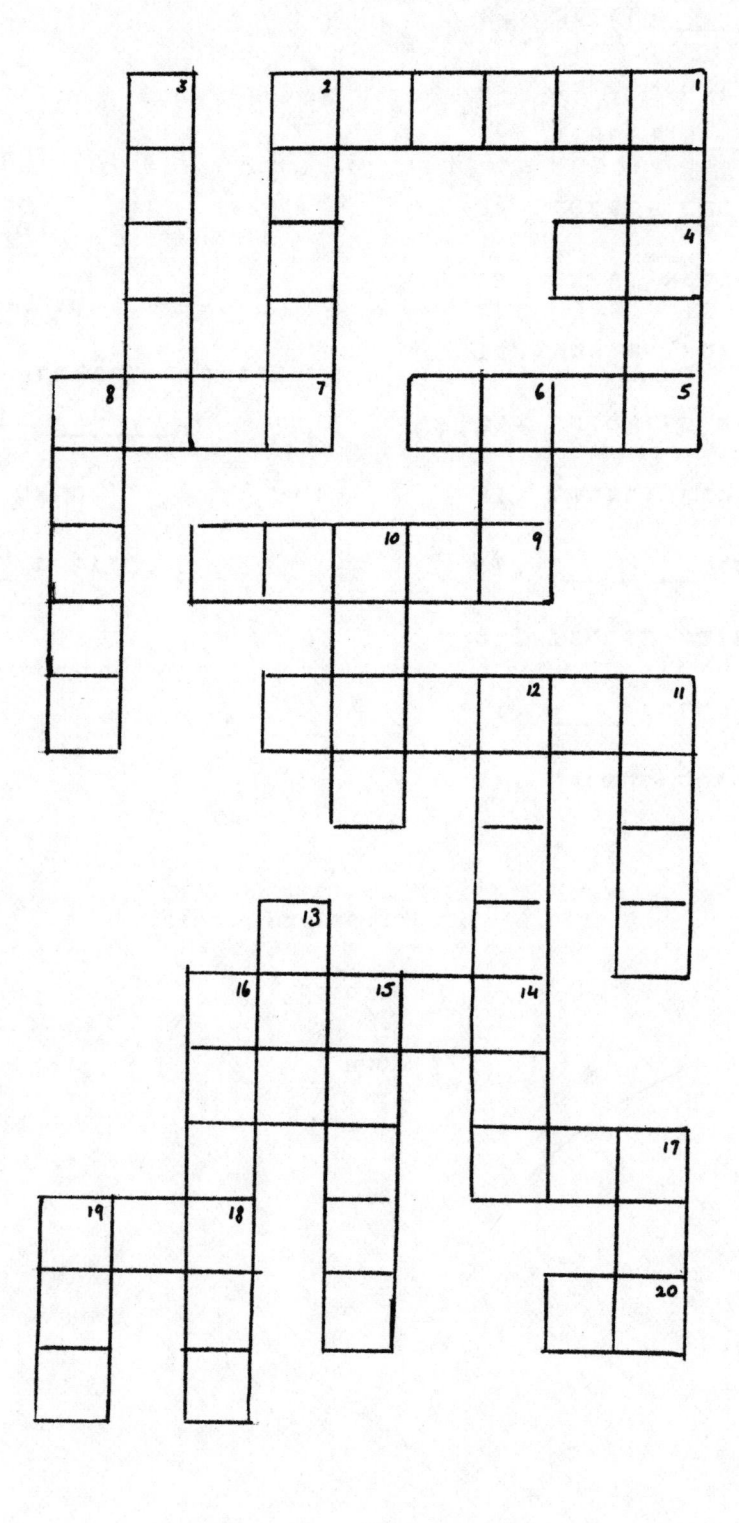

מאוזן:

1. אנחנו נוסעים ב________.

4. ביחד.

5. רבים.

7. לא רעה.

9. סטודנט.

11. patience.

14. אנחנו דואגים ודואגים, יש לנו ________.

17. מילת שאלה.

18. ______ דייגים.

20. ≠כן.

מאונך:

1. אנחנו אוכלים ב________.

2. קיבנו _____ חדש של בּוֹב דִילָן.

3. בערב אנחנו קוראים עיתון ________.

8. הפועל: להכיר. השם: _______

10. בטיול אנחנו לבים ב______.

11. אמא של אמא היא ________.

12. התלמידים עסוקים ב______.

13. לְשִמשוֹן היה הרבה _____.

15. ב_______ יש הרבה תמונות.

16. בגלריה יש הרבה _______.

17. ____ בסדר.

19. לאיפה? להיכן?

crossword puzzle	= תשבץ
across	= מאוזן
down	= מאונך

שיעור מספר 13

"לֹא עַל הַלֶּחֶם לְבַדּוֹ יִחְיֶה הָאָדָם"

"MAN DOES NOT LIVE BY BREAD ALONE"

1. Vocabulary
   a. Active Vocabulary
   b. Vocabulary Notes

2. Texts

3. Grammar and Exercises
   a. The Construct Phrase (Noun + Noun) - סְמִיכוּת
   b. New Adjectives
   c. The Verb "to cost" : לַעֲלוֹת
   d. New Verbs:
      I. The verb: יָכוֹל
      II. Verbs in בנין הפעיל

4. Additional Texts
   a. Reading Text
   b. Food List

1.a. Active Vocabulary — 1.א. אוצר מילים פעיל

possible	אֶפְשָׁר	אפשר
long	אָרֹךְ - אֲרֻכָּה	ארוך - ארוכה
beer	בִּירָה	בירה (נ)
egg	בֵּיצָה בֵּיצִים	ביצה (נ)

bottle	בַּקְבּוּק בַּקְבּוּקִים	בקבוק (ז)
cheese	גְּבִינָה גְּבִינוֹת	גבינה (נ)
milk	חָלָב	חלב (ז)
warm; hot	חַם – חַמָּה	חם – חמה
sour	חָמוּץ – חֲמוּצָה	חמוץ – חמוצה
sharp; hot (taste)	חָרִיף – חֲרִיפָה	חריף – חריפה
tasty	טָעִים – טְעִימָה	טעים – טעימה
taste	טַעַם טְעָמִים	טעם (ז)
fresh	טָרִי – טְרִיָּה	טרי – טרייה
stale	לֹא טָרִי	לא טרי
wine	יַיִן יֵינוֹת	יין (ז)
child; boy	יֶלֶד יְלָדִים	ילד (ז)
girl	יַלְדָּה יְלָדוֹת	ילדה (נ)
vegetables	יְרָקוֹת	ירקות (ז.ר.)
glass	כּוֹס כּוֹסוֹת	כוס (נ)
bread	לֶחֶם	לחם (ז)
a loaf of bread	כִּכַּר לֶחֶם	כיכר לחם (נ)
a slice of bread	פְּרוּסַת לֶחֶם	פרוסת לחם (נ)
water	מַיִם	מים (ז.ר.)
juice	מִיץ מִיצִים	מיץ (ז)

(handwritten annotations: "noun טעם !! to taste פועל normal"; "?"; "Pl. masc always")

352

portion; course	מָנָה	מנה (נ)
	מָנוֹת	
bitter	מַר - מָרָה	מר - מרה
drink	מַשְׁקֶה	משקה (ז)
	מַשְׁקָאוֹת	
sweet	מָתוֹק - מְתוּקָה	מתוק - מתוקה
sugar	סֻכָּר	סוכר (ז)
salad	סָלָט	סלט (ז)
	סָלָטִים	
cake	עוּגָה	עוגה (נ)
	עוּגוֹת	
matter	עִנְיָן	עניין (ז)
	עִנְיָנִים	
fruit	פְּרִי	פרי (ז)
	פֵּרוֹת	
short (in length)	קָצָר-קְצָרָה	קצר - קצרה
cold	קַר - קָרָה	קר - קרה
smell; odor	רֵיחַ	ריח (ז)
	רֵיחוֹת	
both (of them)	שְׁנֵיהֶם	שניהם

Note: For specific names of foods, see the list at the end of the lesson.

Verbs		פעלים
*to cost	לַעֲלוֹת	עָלָה - עָלְתָה
can, is able to		יָכוֹל - יְכוֹלָה
to believe	לְהַאֲמִין (ב..;ל..)	הֶאֱמִין - הֶאֱמִינָה

to invite; order	לְהַזְמִין (אֶת)	הִזְמִין – הִזְמִינָה
to decide	לְהַחְלִיט (עַל)	הֶחְלִיט – הֶחְלִיטָה
to argue; discuss	לְהִתְוַכֵּחַ (עִם/עַל)	הִתְוַכֵּחַ – הִתְוַכְּחָה

*The verb לעלות has the basic meaning "to ascend." In this lesson, it will only be used with the meaning "to cost."

<u>Expression and Phrases</u> <u>ביטויים וצירופים</u>

Life is short!	הַחַיִּים קְצָרִים!
What's going on? What's happening?	מה העניינים?
main course of a meal	מָנָה עִיקָּרִית
first course of a meal	מָנָה רִאשׁוֹנָה
last course; dessert	מָנָה אַחֲרוֹנָה
alcoholic beverages	מַשְׁקָאוֹת חֲרִיפִים
soft drinks	מַשְׁקָאוֹת קַלִּים
There are no disputes about taste!	עַל טַעַם וָרֵיחַ אֵין לְהִתְוַכֵּחַ!

1.b. Vocabulary Notes

There are two distinct dictionary entries for the root א.מ.ן. which are not semantically related. Both are included in the vocabulary notes.

א.מ.ן.[1]

<u>Verbs:</u> <u>פעלים:</u>

to confirm	אִמֵּן
to believe	הֶאֱמִין

Nouns and Adjectives:

שֵׁמוֹת וּתְאָרִים:

faithful	נֶאֱמָן – נֶאֱמָנָה
Amen	אָמֵן
pact; covenant	אֲמָנָה (נ)
Geneva Convention	אֲמָנַת גִ'יבָה
promissory note	שְׁטַר אֲמָנָה
indeed, truly	אָמְנָם (תה"פ)
confidence; loyalty; trust	אֵמוּן (ז)
non-confidence (lack of confidence)	אִי-אֵמוּן
faith; belief	אֱמוּנָה (נ) ✓
believer	מַאֲמִין – מַאֲמִינָה ✓

Expressions:

בִּטּוּיִים:

to remain faithful	לִשְׁמֹר אֱמוּנִים לְ...
oath of allegiance	שְׁבוּעַת אֱמוּנִים
superstition	אֱמוּנָה תְפֵלָה
false belief	אֱמוּנַת שָׁוְא
faithfully	בֶּאֱמוּנָה
reliable witnesses	עֵדִים נֶאֱמָנִים

2. א.מ.נ.

Verbs:

פְּעָלִים:

to train	אִמֵּן
to be trained	אֻמַּן
to train oneself	הִתְאַמֵּן

Nouns and Adjectives:	שמות ותארים:
trainer	מְאַמֵּן - מְאַמֶּנֶת
trained	מְאֻמָּן - מְאֻמֶּנֶת
training	הִתְאַמְּנוּת (נ)
art	אָמָּנוּת (נ)
artist	אָמָּן - אָמָּנִית
skill; craft	אוּמָנוּת (נ)
craftsman	אוּמָן - אוּמָנִית

"פֶּתִי יַאֲמִין לְכָל דָּבָר"
(משלי י"ד, ט"ו)

"A fool will believe anything"
(Proverbs 14:15)

2. Texts — .2 קטעי קריאה

א. מה בני מזמין לארוחה?

דבי: בֶּנִי, מה אתה חושב להזמין לארוחת צהריים?

בני: למנה ראשונה: סלט חצילים או מרק.

דבי: גם סלט וגם מרק?

בני: שניהם טעימים. אני לא יכול להחליט מה להזמין.

דבי: ולמנה עיקרית, מה?

בני: בשר, אורז, סלט ירקות, לחם וכוס בירה.

דבי: זה הכל?

בני: לא! אחר כך מרק פירות, עוגת שוקולד וכוס קפה.

דני: למה אתה אוכל כל כך הרבה?

בני: החיים קצרים!

"אָכוֹל וְשָׁתוֹ כִּי מָחָר נָמוּת" (ישעיה כ"ב, י"ג)

"Eat and drink, for tomorrow we shall die!" (Isaiah 22:13)

ב.   <u>על טעם וריח אין להתווכח!</u>

דני: בני, מה אתה רוצה לשתות? יין או בירה?

בני: אני לא שותה משקאות חריפים. יש לך קוקה-קולה?

דני: לא, אין לי משקאות קלים. אתה רוצה קפה?

בני: כן, בהחלט.

דני: אתה רוצה קפה עם סוכר או בלי סוכר?

בני: אני לא אוהב קפה מתוק. תן לי קפה בלי סוכר.

דני: בלי סוכר? אתה אוהב קפה מר?

בני: כן. עם קצת חלב.

דני: אני לא יודע איך אפשר לשתות קפה עם חלב ובלי סוכר.

בני: על טעם וריח אין להתווכח!

ג.   <u>ארוחות במסעדות</u>

אורי ורותי אוהבים לצאת לאכול במסעדות. אורי אוהב מסעדות קטנות

ואינטימיות. רותי אוהבת מסעדות גדולות וטובות. אורי לא אוהב מסעדות

גדולות כי הוא לא יכול להחליט מה להזמין. רותי אוהבת לקרוא את

התפריט. הכל מוצא חן בעיניה: אוכל סיני, אוכל צרפתי, ואוכל הונגרי.

אורי מכיר שתי מסעדות טובות על יד מקום העבודה שלו. הוא אוהב ללכת

לשם. רותי אוהבת ללכת למקומות חדשים. אורי לא רוצה להתווכח איתה

357

והוא הולך איתה לכל המסעדות החדשות בעיר. אורי ורותי מכירים את כל המסעדות בעיר: גם את הטובות וגם את הלא כל כך טובות.

Meals and Times of Day:	זמנים וארוחות:
a day = 24 hours	יְמָמָה (נ)
day	יוֹם (ז) יָמִים
night	לַיְלָה (ז) לֵילוֹת
morning	בֹּקֶר (ז) בְּקָרִים
a.m. = before noon	לִפְנֵי הַצָּהֳרַיִם
noon	צָהֳרַיִם
p.m. = afternoon	אַחֲרֵי הַצָּהֳרַיִם/ אַחַר הַצָּהֳרַיִם
evening	עֶרֶב
early evening/ late afternoon	לִפְנוֹת עֶרֶב
midnight	חֲצוֹת

Meals:	ארוחות:
breakfast	אֲרוּחַת בֹּקֶר
ten o'clock snack	אֲרוּחַת עֶשֶׂר
noon meal; dinner	אֲרוּחַת צָהֳרַיִם
four o'clock snack	אֲרוּחַת אַרְבַּע
supper	אֲרוּחַת עֶרֶב
light meal	אֲרוּחָה קַלָּה
midnight snack	אֲרוּחַת חֲצוֹת

3. Grammar and Exercises

3.a. The Construct Phrase (Noun-Noun Phrase) סמיכות

A construct phrase, in Hebrew סְמִיכוּת , is a sequence of two nouns: one a nucleus noun and the other a modifier noun. (There are sometimes longer sequences of סמיכות which are discussed in Volume II.) These noun-noun phrases exist both in Hebrew and in English, but their construction is not the same.

In English, the order of nouns in a construct phrase is as follows:

(Noun 1 = Modifier) + (Noun 2 = Nucleus)

honey + cake = honey cake

In the phrase "honey cake," the noun "honey" (i.e. the modifier) comes first, and is followed by the nucleus noun "cake." Numerous nouns can modify the noun "cake": the cake may be chocolate (cake), apple (cake), cheese (cake), and so on.

The word order of a noun-noun phrase in Hebrew is the reverse of English. In Hebrew, the nucleus noun שם נסמך appears first and the modifier noun שם סומך second:

(Noun 1 = Nucleus) + (Noun 2 = Modifier)

Examples (nucleus nouns underlined):

	סמיכות	=	נִסמך + סומך
chocolate cake:	עוגת שוקולד	=	עוגה + שוקולד
cheese cake:	עוגת גבינה	=	עוגה + גבינה
honey cake:	עוגת דבש	=	עוגה + דבש
apple cake:	עוגת תפוחים	=	עוגה + תפוחים

(1) Singular to Plural מיחיד לרבים

To change the construct phrase from singular to plural, the plural suffix is added only to the nucleus noun. Observe the following examples:

chocolate cakes	עוגות שוקולד
cheese cakes	עוגות גבינה
honey cakes	עוגות דבש
apple cakes	עוגות תפוחים

Do not confuse סמיכות , where nouns modify nouns, with phrases containing adjectives that modify nouns. Adjectives that modify nouns always reflect the number and gender features of the modified noun.

Examples:

1. noun + noun:	a chocolate cake	עוגת שוקולד	סמיכות:
	beer glasses	כוסות בירה	
2. adjective + noun:	a tasty cake	עוגה טעימה	שם + שם תואר:
	large glasses	כוסות גדולות	

(2) The Nucleus Noun: the Dependent Form

In Hebrew, the nucleus noun שם נסמך of a noun-noun phrase is a dependent form which may undergo a change in shape. When it undergoes a change, the dependent form of the noun cannot be used without a modifier noun.

Example:

Independent Form:	פְּרוּסָה	שם נפרד:
Dependent Form:	פְּרוּסַת	שם נסמך:
Modifier Noun:	לֶחֶם	שם סומך:
Construct Phrase:	פְּרוּסַת לֶחֶם	סמיכות:

Note the correct and incorrect:

Correct: 1. ‏תן לי פרוסה אחת.‏

                    2. ‏תן לי פרוסת לחם אחת.‏

Incorrect: 1. ‏תן לי פ~~רוסת~~ אחת.‏

                    2. ‏תן לי פ~~רוסה~~ לחם אחת.‏

Examples of other nucleus nouns that undergo change:

	‏סמיכות‏	‏שם נסמך‏	‏שם נפרד‏
school	‏בֵּית סֵפֶר‏	‏בֵּית-‏	‏בַּיִת‏
dining room	‏חֲדַר אוכל‏	‏חֲדַר-‏	‏חֶדֶר‏
kibbutz member	‏חֲבֶרֶת קיבוץ‏	‏חֲבֶרֶת-‏	‏חֲבֵרָה‏
a slice of bread	‏פְּרוּסַת לחם‏	‏פְּרוּסַת-‏	‏פְּרוּסָה‏
club members	‏חַבְרֵי מועדון‏	‏חַבְרֵי-‏	‏חֲבֵרִים‏
city people	‏אַנְשֵׁי עיר‏	‏אַנְשֵׁי-‏	‏אֲנָשִׁים‏

Two types of alterations are applied regulary:

(a) the feminine singular suffix ‏ה-‏ is always changed to ‏ת-‏ :

$$‏חֲבֶרֶת-‏ \longleftarrow ‏חֲבֵרָה‏$$

(b) the plural suffix ‏ים-‏ is always changed to ‏ֵי-‏ :

$$‏חַבְרֵי-‏ \longleftarrow ‏חֲבֵרִים‏$$

The plural suffix ‏ות-‏ remains the same, although the vowel composition may

sometimes undergo some change:

No change: ‏רְחוֹבוֹת‏ ← ‏רְחוֹבוֹת‏

Change: ‏בְּנוֹת‏ ← ‏בָּנוֹת‏

Many construct phrases can be paraphrased by a phrase containing a preposition which links the two nouns. The most commonly used preposition is ‏שֶׁל‏ often translated in English as "of" (possession).

Examples:

פרוסה של לחם <------------------ פרוסת לחם .1

a slice of bread <-------------- a bread slice

ממשלה של ישראל <--------------- ממשלת ישראל .2

government of Israel <-------- Israel government

Other prepositions can also be used to link the two nouns in the phrase.

Examples:

חדר לאורחים <------------------ חדר אורחים .1

a room for guests <---------------- guest room

עוגה מגבינה <------------------ עוגת גבינה .2

a cake from cheese <-------------- cheese cake

חבר בקיבוץ <-------------------- חבר קיבוץ .3

a member in a kibbutz <---------- kibbutz member

Some construct phrases have the status of single semantic units, and others have become compound nouns. Such units cannot be paraphrased with a preposition.

Examples:

a school	בֵּית סֵפֶר
a beach	חוֹף יָם
an airport	נְמַל תְּעוּפָה

Some compound nouns have been joined into one single word:

football	כַּדּוּרֶגֶל
weekend	סוֹפְשָׁבוּעַ

(3)   The Definite Construct Phrase

To make a construct phrase definite, the definite article is added to the

second noun (i.e. modifier   שם סומך) in the phrase.

Observe:

עוגת השוקולד   <----------   עוגת שוקולד

the chocolate cake <-------- a chocolate cake

Note: In English, the definite article precedes the entire phrase. Consequently,

a frequent mistake made by many English speaking students is to place the article

in Hebrew before the first noun. Remember: In Hebrew, the definite article

precedes the second noun.

(4)   Adjectives Added to Construct Phrases

Adjectives can be added to construct phrases to modify either the nucleus

noun of the phrase, or the modifier noun. In Hebrew, the adjective is always the

last item in the phrase, as opposed to English where it precedes the noun-noun

phrase.

Examples:

"a tasty fruit salad"   סלט פירות טעים   1.

"a good chocolate cake"   עוגת שוקולד טובה   2.

"a fresh vegetable salad"   סלט ירקות טריים   3.

Note that when the adjective modifies the nucleus noun, it agrees with it in num-

ber and gender (Ex. 1 and 2). When it modifies the modifier noun, it must agree

with the modifier in gender and number (Ex. 3).

Observe:

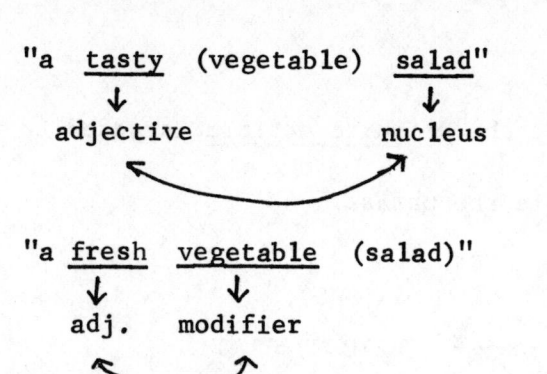

1. סלט (ירקות) טעים.
↓ סלט → נסמך; טעים → ש״ת

"a tasty (vegetable) salad"
tasty → adjective; salad → nucleus

2. (סלט) ירקות טריים
ירקות → סומך; טריים → ש״ת

"a fresh vegetable (salad)"
fresh → adj.; vegetable → modifier

TABLE OF NOUNS

The following table contains the independent and dependent forms of various nouns we have had. Pay attention to the nouns whose dependent form undergoes change:

יחיד / יחידה: שם נפרד	יחיד / יחידה: שם נסמך	רבים / רבות: שם נפרד	רבים / רבות: שם נסמך
אוּנִיבֶרְסִיטָה (נ)	אוּנִיבֶרְסִיטַת-	אוּנִיבֶרְסִיטוֹת	אוּנִיבֶרְסִיטוֹת-
אִישׁ (ז)	אִישׁ-	אֲנָשִׁים	אַנְשֵׁי-
אִשָּׁה (נ)	אֵשֶׁת-	נָשִׁים	נְשֵׁי-
אֲרוּחָה (נ)	אֲרוּחַת-	אֲרוּחוֹת	אֲרוּחוֹת-
בַּיִת (ז)	בֵּית-	בָּתִּים	בָּתֵּי-
בַּקְבּוּק (ז)	בַּקְבּוּק-	בַּקְבּוּקִים	בַּקְבּוּקֵי-
חָבֵר (ז)	חֲבֵר-	חֲבֵרִים	חַבְרֵי-
חֲבֵרָה (נ)	חֲבֶרֶת-	חֲבֵרוֹת	חַבְרוֹת-
חֶדֶר (ז)	חֲדַר-	חֲדָרִים	חַדְרֵי-
כּוֹס (נ)	כּוֹס-	כּוֹסוֹת	כּוֹסוֹת-
מִכְתָּב (ז)	מִכְתַּב-	מִכְתָּבִים	מִכְתְּבֵי-

מֶמְשָׁלָה (נ)	מֶמְשֶׁלֶת-	מֶמְשָׁלוֹת	מֶמְשְׁלוֹת-
מִסְעָדָה (נ)	מִסְעֶדֶת-	מִסְעָדוֹת	מִסְעֲדוֹת-
מָרָק (ז)	מְרַק-	מְרָקִים	מִרְקֵי-
מִשְׂרָד (ז)	מִשְׂרַד-	מִשְׂרָדִים	מִשְׂרְדֵי-
נָמֵל (ז)	נְמַל-	נְמֵלִים	נְמֵלֵי-
סָלָט (ז)	סְלַט-	סָלָטִים	סָלָטֵי-
עוּגָה (נ)	עוּגַת-	עוּגוֹת	עוּגוֹת-
עִתּוֹן (ז)	עִתּוֹן-	עִתּוֹנִים	עִתּוֹנֵי-
פְּרוּסָה (נ)	פְּרוּסַת-	פְּרוּסוֹת	פְּרוּסוֹת-
פָּקִיד (ז)	פְּקִיד-	פְּקִידִים	פְּקִידֵי-
פְּקִידָה (נ)	פְּקִידַת-	פְּקִידוֹת	פְּקִידוֹת-
שִׁעוּר (ז)	שִׁעוּר-	שִׁעוּרִים	שִׁעוּרֵי-
תָּכְנִית (נ)	תָּכְנִית-	תָּכְנִיּוֹת	תָּכְנִיּוֹת-
תַּלְמִיד (ז)	תַּלְמִיד-	תַּלְמִידִים	תַּלְמִידֵי-
תַּלְמִידָה (נ)	תַּלְמִידַת-	תַּלְמִידוֹת	תַּלְמִידוֹת-

(handwritten notes beside table: "Cake", "Program / plan")

3.a.1. Exercise   תרגיל

Combine the following nouns into indefinite construct phrases, and translate the phrases to English:

Ex.: "government men"   -   <u>אנשי ממשלה</u>   <----   אנשים + ממשלה   :דוגמא

1. ארוחה + ערב   <------------   *(handwritten: ארוחת ערב — evening meal)*

2. נמל + חיפה   <------------   *(handwritten: נְמַל חֵיפָה — Port)*

3. משרדים + אוניברסיטה   <-------   *(handwritten: מִשְׂרְדֵי אוּנִיבֶרְסִיטָה — University offices)*

4. חדרים + ילדים   <----------   *(handwritten: חַדְרֵי יְלָדִים — Childrens rooms)*

love letter מִכְתַּב אַהֲבָה *(stays same)*

←-------------- מכתב + אהבה .5

water glasses

←-------------- כוסות מ'ם · כוסות + מים .6

←--------- מסעדת סטו'ב ט'ם · מסעדה + סטודנטים .7

evening papers עתוני ערב ←------- עתונים + ערב .8

School lessons / Homework שעורי ב'ת ←------- שעורים + בית .9

wine bottles בקבוקי יין ←------- בקבוקים + יין .10

3.a.2. Exercise   תרגיל

Combine the following <u>nouns and adjectives</u> in phrases. Adjectives are given in masculine singular. Change them when appropriate. Translate phrases to English:

Ex. "good people" - <u>אנשים טובים</u> ←-------- אנשים + טוב : דוגמא

light meals ארוחות קלות ←-------- ארוחה + קל .1

nice ports גמלים יפים ←-------- גמל + יפה .2

large rooms חדרים גדולים ←-------- חדרים + גדול .3

small glasses כוסות קטנות ←-------- כוסות + קטן .4

good offices משרדים טובים ←-------- משרדים + טוב .5

boring letter מכתב משעמם ←-------- מכתב + משעמם .6

Israeli restaurant מסעדה ישראלית ←-------- מסעדה + ישראלי .7 *(restaurant)*

interesting newspapers עתונים מעניינים ←-------- עתונים + מעניין .8

difficult lessons שיעורים קשים ←-------- שיעורים + קשה .9

tasty food אוכל טעים ←-------- אוכל + טעים .10

Serious clerk(f) פקידה רצינית ←-------- פקידה + רציני .11

small slice פרוסה קטנה ←-------- פרוסה + קטן .12 *(Slice)*

366

3.a.3. Exercise   תרגיל

Translate the following sentences: תרגם לעברית:

1. My friend (fem.) is a good clerk.

   החברה שלי היא פקידה טובה.

2. My friend (fem.) is a government clerk.

   החברה שלי היא פקידת ממשלה.

3. Friends in the city work hard.

   חברים בעיר עם עובדים קשה.

4. Many kibbutz members travel to Europe.

   הרבה חברי קיבוץ נוסעים לאירופה.

5. I read a morning paper, and two evening papers.

   אני קורא עיתון בוקר, ושני עיתוני ערב.

6. We ate very good meals in the cafeteria.

   אנחנו אכלנו ארוחות טובות מאוד בקפטריה.

7. I did not eat many breakfasts on the trip. I always got up late.

8. Give me a bottle of beer! Give me a large bottle.

9. I heard a radio program this morning. It was a very interesting program.

10. The University of Tel Aviv is not a new university.

   אוניברסיטת תל אביב של איננה אוניברסיטה חדשה

   No ה before name of university

3.a.4. Transformation Drill   תרגיל

Change the underlined construct phrase from indefinite to definite:

Example: דוגמא: אכלנו ארוחת צהריים   ----->   אכלנו את ארוחת הצהריים

1.   -------- <-----   אכלתי פרוסת לחם   את

2.   ------ <-----   כמה עולה בקבוק יין?   cost את

3.   ------ <-----   מרק פירות הוא טעים   fruit to cocktail

4.   ------ <-----   אני רוצה כוס קפה   את

5.   ----- <-----   אנחנו רוצים ארוחת בוקר   את

6.   -------- <-----   תן לי כוס בירה   את

7.   -------- <-----   תנו לי כוס מים   את

8.   ------ <-----   בני אכל עוגת גבינה   את

367

3.a.5. Exercise תרגיל

Combine the following into: (1) noun-noun phrases; (2) noun + adjective phrases; (3) noun-noun + adjective phrases. Change the phrases to: (1) indefinite to to definite; (2) definite plural.

Example: דוגמא:

סמיכות: שם + שם	שם + שם תואר	שם + שם + שם תואר
עוגה + (שוקולד)	עוגה + (טעים)	עוגה + (שוקולד) + (טעים)
עוגת שוקולד	עוגה טעימה	עוגת שוקולד טעימה
עוגת השוקולד	העוגה הטעימה	עוגת השוקולד הטעימה
עוגות השוקולד	העוגות הטעימות	עוגות השוקולד הטעימות

1. חבר + (קיבוץ)	חבר + (טוב)	חבר + (קיבוץ) + (טוב)
______	______	______
______	______	______
______	______	______
2. חדר + (אורחים)	חדר + (גדול)	חדר + (אורחים) + (גדול)
______	______	______
______	______	______
______	______	______
3. פרוסה + (לחם)	פרוסה + (קטן)	פרוסה + (לחם) + (קטן)
______	______	______
______	______	______
______	______	______

4.	כוס + (מים)	כוס + (גדול)	כוס + (מים) + (גדול)
	______	______	______
	______	______	______
	______	______	______
5.	בית + (כנסת)	בית + (חדש)	בית + (כנסת) + (חדש)
	______	______	______
	______	______	______
	______	______	______
6.	סלט + (חצילים)	סלט + (טעים)	סלט + (חצילים) + (טעים)
	______	______	______
	______	______	______
	______	______	______

3.a.6. <u>Exercise</u> <u>תרגיל</u>

Complete the following table:

	Noun 1: Indefinite Sing.	Noun 1: Definite Singular	Noun 1: Definite Plural
1.	אכלתי פרוסת לחם	אכלתי את פרוסת הלחם	אכלתי את פרוסות הלחם
2.	______	אני רוצה את כוס המים	______
3.	______	______	שתיתי את בקבוקי הבירה
4.	היא פקידת בנק	______	______
5.	______	ראיתי את בית הקולנוע	______
6.	______	למדתי את שיר הילדים	______

7. שמעתי תכנית רדיו ______ ______ ______

8. ______ ______ קראנו את עתוני הערב

9. ______ ______ כתבתי את מכתבי האהבה

10. ראינו נמל דייגים ______ ______

3.b. New Adjectives

The following adjectives are associated with the sense of taste (except for the last two), and with qualities of food.

tasty	טְעִימוֹת	טְעִימִים	טְעִימָה	טָעִים
sweet	מְתוּקוֹת	מְתוּקִים	מְתוּקָה	מָתוֹק
sour	חֲמוּצוֹת	חֲמוּצִים	חֲמוּצָה	חָמוּץ
sharp	חֲרִיפוֹת	חֲרִיפִים	חֲרִיפָה	חָרִיף
bitter	מָרוֹת	מָרִים	מָרָה	מַר
cold	קָרוֹת	קָרִים	קָרָה	קַר
hot;warm	חַמּוֹת	חַמִּים	חַמָּה	חַם
fresh	טְרִיּוֹת	טְרִיִּים	טְרִיָּה	טָרִי
long	אֲרֻכּוֹת	אֲרֻכִּים	אֲרֻכָּה	אָרֹךְ
short	קְצָרוֹת	קְצָרִים	קְצָרָה	קָצָר

3.b.1. Exercise

Add the proper adjective form to the given nouns. Check the meaning of each item in the food list at the end of the lesson:

שרי (fresh) / לא שרי (stale)

	שרי fresh	לא שרי stale
יחיד:	הלחם ___ שרי	העוף ___ לא שרי
יחידה:	הלחמניה (roll) ___ שריה	החלה (Chalah) ___ לא שריה
רבים:	(5) הירקות ___ שרים	הפירות (fruits) ___ לא שרים
רבות:	(2) הביצים ___ שריות	העגבניות ___ לא שריות

מתוק (sweet) / חמוץ (sour)

	מתוק sweet	חמוץ sour
יחיד:	היין ___ מתוק	הלימון ___ חמוץ
יחידה:	העוגה ___ מתוקה	האשכולית ___ חמוצה
רבים:	התפוחים ___ מתוקים	המלפפונים (cucumber) ___ חמוצים
רבות:	הבננות ___ מתוקות	האשכוליות (grapefruits) ___ חמוצות

מר (bitter) / חריף (sharp)

	מר bitter	חריף sharp
יחיד:	הקפה ___ מר	החרדל (mustard) ___ חריף
יחידה:	הבירה ___ מרה	הבקניקיה (Hot dog) ___ חריפה
רבים:	המשקאות (drinks) ___ מרים	הפלפלים ___ חריפים
רבות:	העגבניות ___ מרות	הבקניקיות ___ חריפות

חם (hot) / קר (cold)

	חם hot	קר cold
יחיד:	החלב ___ חם	המרק ___ קר
יחידה:	הביצה ___ חמה	הבירה ___ קרה
רבים:	היינות ___ חמים	המים ___ קרים
רבות:	החביתות ___ חמות	הארוחות ___ קרות

טעים (tasty) / לא טעים (bland)

	טעים tasty	לא טעים bland
יחיד:	הבשר ___ טעים	הצלי ___ לא טעים
יחידה:	הארוחה ___ טעימה	השעועית ___ לא טעימה

371

רבים: העצבים _____ שׁל עצים _____ התפוזים _____ שׁל עצים
רבות: הארוחות _____ שׁל אׂרוׂח _____ הארוחות _____ אׂל אׂרוׂחׂ

ארוך long   קצר short

יחיד: הסיפור _____ אׂרוׂך
יחידה: הרכבת _____ אׂרוׂכׂה
רבים: הטיולים _____ אׂרוׂכׂים
רבות: התרכבות _____ אׂרוׂכׂוׂת

זה לא סיפור _____ קׂצׂר
זאת לא רכבת _____ קׂצׂרׂה
אלה לא טיולים _____ קׂצׂרׂים
אלה לא תרכבות _____ קׂצׂרׂוׂת

3.b.2. Exercise   תרגיל

Add the adjectives to the construct phrases. The adjectives should modify the
nucleus noun (Noun 1). Note that the phrase containing both the noun modifier
and the adjective is actually composed of two separate phrases. Form the two
phrases, and then combine them. Remember: the adjective always follows the
noun-noun phrase:

Example: שם תואר: טעים   ארוחה + ערב   שמרת: דוגמא:

1. ארוחת ערב

2. ארוחה טעימה

3. ארוחת ערב טעימה

א. עתרבים + בוקר + ארוך
1. _____ טׂיׂוׂלׂיׂ בוׂקׂר
2. _____ טׂיׂוׂלׂ בׂוׂקׂר אׂרׂוׂך
3. _____ טׂיׂוׂלׂ בׂוׂקׂר אׂרׂוׂכׂיׂם

ב. כוס + בירה + גדול
1. _____ כׂוׂס בׂיׂרׂה
2. _____ כׂוׂס גׂדׂוׂלׂה
3. _____ כׂוׂס בׂיׂרׂה גׂדׂוׂלׂה

372

ג. עוגה + גבינה + טוב

1. עוגת גבינה
2. עוגה טובה
3. עוגת גבינה טובה

ד. ארוחות + צהריים + טעים

1. ארוחות צהריים
2. ארוחות טעימות
3. ארוחות צהריים טעימות

ה. מרק + עוף + חם

1. מרק עוף
2. מרק חם
3. מרק עוף חם

ו. חברים + ממשלה + חדש

1. חברי ממשלה
2. חברים חדשים
3. חברי ממשלה חדשים

ז. חדר + אוכל + ישן

1. חדר אוכל
2. חדר ישן
3. חדר אוכל ישן

ח. משרד + בנק + חדש

1. משרד בנק
2. משרד חדש
3. משרד בנק חדש

ט. תלמידות + אוניברסיטה + ותיק

1. תלמידות אוניברסיטה
2. תלמידות ותיקות
3. תלמידות אוניברסיטה ותיקות

3.b.3. **Exercise** **תרגיל**

Combination of phrases: (1) construct a phrase from the two nouns; (2) in phrase 2, modify the second (modifier) noun; (3) combine the two phrases. **Remember**: you are modifying **Noun 2**.

Example: דוגמא: שמות: כוס + חלב שם תואר: חמוץ

1. כוס חלב "a glass of milk"
2. חלב חמוץ "sour milk"
3. כוס חלב חמוץ "a glass of **sour milk**"

א. בקבוקים + יין + חמוץ

1. בקבוקי יין
2. יין חמוץ
3. בקבוקי יין חמוץ

ב. כוסות + קפה + חם

1. כוסות קפה
2. קפה חם
3. כוסות קפה חם

ג. פרוסות + לחם + טרי

1. פרוסות לחם
2. לחם טרי
3. פרוסות לחם טרי

ד. מרק + פירות + מתוק

1. מרק פירות
2. פירות מתוקים
3. מרק פירות מתוקים

ה. סלט + ירקות + טרי

1. סלט ירקות
2. ירקות טריים
3. סלט ירקות טריים

ו. כוס + מים + קר

1. כוס מים
2. מים קרים
3. כוס מים קרים

ז. בקבוקים + משקאות + חריף

1. בקבוק משקאות
2. משקאות חריפים
3. בקבוק משקאות חריפים

3.c. The Verb "to cost"　　　　הפועל "לעלות" (ע.ל.ה.)

The verb לעלות with the root ע.ל.ה. in the פעל conjugation may mean "to go up; ascend," "to immigrate," or "to cost." When the meaning used is "to cost," the verb appears only in third person, since it applies only to objects and not to people.

Conjugation of Verb "to cost": Third Person Only!

זמן	זכר יחיד	נקבה יחידה	זכר רבים	נקבה רבות
בינוני:	עוֹלֶה	עוֹלָה	עוֹלִים	עוֹלוֹת
עבר:	עָלָה	עָלְתָה	עָלוּ	עָלוּ
עתיד:	יַעֲלֶה	תַּעֲלֶה	יַעֲלוּ	יַעֲלוּ

Prices　　　　מחירים

A question concerning price begins with the question word כמה? "how much" which precedes the verb and the subject.

Monetary Units

יחידות כסף

יחידות כסף ישראלי:

אֲגוֹרָה (נ) אֲגוֹרוֹת

לִירָה (נ) לִירוֹת

לירה ישראלית = ל"י

יחידות כסף אמריקאי:

סֶנט (ז) סנטים

דולאר (ז) דולארים

דולאר אמריקאי = $

Examples:

דוגמאות:

א. כמה עולה הספר? <------------ הספר עולה שבע ל"י.

כמה עלה הספר? <------------- הספר עלה שלוש ל"י.

כמה יעלה הספר? <------------ הספר יעלה עשר ל"י.

ב. כמה עולה הארוחה? <---------- הארוחה עולה 20 ל"י.

כמה עלתה הארוחה? <---------- הארוחה עלתה רק חמש ל"י.

כמה תעלה הארוחה? <---------- היא תעלה הרבה כסף.

ג. כמה עולים התקליטים? <-------- הם עולים 30 דולארים.

כמה עלו התקליטים האלה? <--- הם עלו שבעה דולארים.

כמה יעלו התקליטים האלה? <--- הם לא יעלו הרבה כסף.

ד. כמה עולות הלחמניות? <------ הן עולות דולאר אחד.

כמה עלו הלחמניות? <--------- הן לא עלו הרבה כסף.

כמה יעלו הלחמניות? <-------- הלחמניות יעלו דולאר ועשרים.

3.c.1. <u>Exercise</u> <u>תרגיל</u>

Fill in the correct form of the verb "to cost" לעלות :

עכשיו:
1. כמה עולה הארוחה?
2. כמה עולים החצילים?
3. כמה עולה הארכל?
4. כמה עולות הבננות?

בעבר:
1. כמה עלה הלחם?
2. כמה עלתה הבירה?
3. כמה עלו המשקאות?
4. כמה עלו הפירות?

בעתיד:
1. כמה יעלה היין?
2. כמה יעלה בקבוק חלב?
3. כמה יעלו העוגות?
4. כמה יעלו הביצים?

3.c.2. <u>Exercise</u> <u>תרגיל</u>

Translate the following sentences:

1. The cheese costs three IL.
הגבינה עולה שלוש לירות
2. The apples will cost 75¢.
התפוחים יעלו שבעים וחמישה סנטים
3. Breakfast did not cost much money.
ארוחת בוקר לא עלתה הרבה כסף.
4. The milk cost 25 agorot.
החלב עלה עשרים וחמש אגורות
5. A glass of Coca-Cola costs a dollar in France.
כוס של קוקה קולה עולה דולר בצרפת
6. How much will this wine cost?
כמה יעלה היין הזה?

7. How much did the new car cost?

כמה עלתה המכונית החדשה?

8. How much does lunch cost?

כמה עולה ארוחת צהריים?

9. How much does one portion cost?

כמה עולה מנה אחת?

10. How much does dinner cost in a good restaurant?

כמה עולה ארוחת ערב במסעדה טובה?

3.c.3. <u>Exercise</u> <u>תרגיל</u>

Suggestions for classroom activities:

(1) Prepare an extensive menu including prices (use the food list at the end of the lesson):

הכן תפריטים עם מחירים:

a. for breakfast — א. לארוחת בוקר

b. for lunch — ב. לארוחת צהריים

c. for dinner — ג. לארוחת ערב

(2) Prepare a dinner menu for a students' cafeteria at a university.

הכן תפריט לארוחת צהריים בקפטריה באוניברסיטה.

3.d. <u>New Verbs</u>

3.d.I. <u>Present Tense of the Verb "to be able; can"</u> <u>הפועל: יכול</u>

The present tense of the verb י.כ.ל. "to be able to..." is irregular, and is identical to the four forms of adjectives like גדול :

זמן: בינוני בנין: פָּעַל גזרה: נְטִיָּה בּוֹדֶדֶת*

י.כ.ל.	יָכוֹל	יְכוֹלָה	יְכוֹלִים	יְכוֹלוֹת

* An irregular conjugation particular to one verb.

The present tense form of the verb is translated as "can." There is no infinitive for this verb.

The verb יכול is a modal verb which usually combines with the infinitive of another verb.

Examples:

1. אורי יכול לבוא בזמן. — "Uri can come (is able to come) on time."
2. רות לא יכולה לנוח בצהריים. — "Ruth cannot rest (is unable to rest) in the afternoon."
3. אנחנו יכולים לבשל במטבח. — "We can cook (are able to cook) in the kitchen."
4. הן יכולות להתווכח כל הלילה. — "They can argue (are able to argue) all night."

3.d.II. New Verbs in the Hif'il Conjugation — פעלים בבנין הפעיל

ז.מ.נ.	להזמין (את)	to order; invite
א.מ.נ.	להאמין (ב..;ל..)	to believe
ח.ל.ט.	להחליט (ש..;על)	to decide

(1) Present Tense — נטיה בבינוני

All present tense forms of הפעיל have the prefix /m/ מ- :

בנין: הִפְעִיל גזרה: שלמים ועי' גרונית

ז.מ.נ.	מַזְמִין	מַזְמִינָה	מַזְמִינִים	מַזְמִינוֹת	לְהַזְמִין to invite (to order)
א.מ.נ.	מַאֲמִין	מַאֲמִינָה	מַאֲמִינִים	מַאֲמִינוֹת	לְהַאֲמִין to believe
ח.ל.ט.	מַחְלִיט	מַחְלִיטָה	מַחְלִיטִים	מַחְלִיטוֹת	לְהַחְלִיט to decide

When the first radical is א or ע (for example: עַ.בַ.ד. , אַ.מַ.נ.), the only change from the regular present tense pattern is the addition of an /a/ חטף-פתח vowel to the א or ע radical. Example: מַעֲבִיד מַאֲכִילָה

(2) Past Tense

נטייה בעבר

Rules for the conjugation of הִפְעִיל in past tense can be found in Lesson 9.

ח.ל.ט.	א.מ.נ.	ז.מ.נ.	שרש:
להחליט	להאמין	להזמין	שם הפעל:
הֶחְלַטְתִּי	הֶאֱמַנְתִּי	הִזְמַנְתִּי	אני
הֶחְלַטְתָ	הֶאֱמַנְתָ	הִזְמַנְתָ	אתה
הֶחְלַטְתְ	הֶאֱמַנְתְ	הִזְמַנְתְ	את
הֶחְלַטְנוּ	הֶאֱמַנוּ	הִזְמַנוּ	אנחנו
הֶחְלַטְתֶם/ן	הֶאֱמַנְתֶם/ן	הִזְמַנְתֶם/ן	אתם/ן
הוא הֶחְלִיט	הוא הֶאֱמִין	הוא הִזְמִין	הוא
היא הֶחְלִיטָה	היא הֶאֱמִינָה	היא הִזְמִינָה	היא
הם/הן הֶחְלִיטוּ	הם/הן הֶאֱמִינוּ	הם/הן הִזְמִינוּ	הם/הן

(1) In past tense, when the first radical is א or ע the vowel under the prefix ה- of the הִפְעִיל changes from /i/ to /e/ and a חטף-סגול /e/ vowel is added to the א or the ע : הֶאֱמַנְתִּי, הֶעֱבַדְתִּי

(2) When the first radical is ח , the only change is in the vowel of the prefix ה- , which changes from /i/ to /e/: הִזְמַנְתִּי ‹--- הֶחְלַטְתִּי .

3.d.1. <u>Exercise</u> <u>תרגיל</u>

Fill in the correct verb in present tense. The roots indicate what verbs should be used:

השלם בבינוני:

1. מי __יכול__ להזמין את כולם הביתה?
   י.כ.ל.

2. אנחנו לא __יכולים__ כי אין לנו מספיק מקום.
   י.כ.ל.

3. אני לא __מאמין__ שאתן לא __יכולות__ להזמין את כולם הביתה.
   א.מ.נ.   י.כ.ל.

4. אנחנו לא __מחליטים__ כאן מי __יכול__ לבוא ומי לא __יכול__ לבוא.
   ח.ל.ט.   י.כ.ל.   י.כ.ל.

5. הם __מאמינים__ שיהיה טוב.
   א.מ.נ.

6. רינה תמיד __מזמינה__ את כולם.
   ז.מ.נ.

7. רון __מזמין__ ארוחות גדולות.
   ז.מ.נ.

8. רינה __מחליטה__ כל יום מה לעשות.
   ח.ל.ט.

9. הן לא __מאמינות__ שתגיעו בזמן.
   א.מ.נ.

10. אם אנחנו __מחליטים__ לבוא בזמן, אנחנו באים בזמן.
    ח.ל.ט.

11. אתם __מזמינים__ אותם למסיבה או לא?
    ז.מ.נ.

12. הוא לא __מאמין__ שאתן __יכולות__ לצאת לטיול.
    א.מ.נ.   י.כ.ל.

3.d.2. Exercise

Translate the following sentences:

1. When did you decide to order the new furniture?

2. Ruth ordered all her clothes from Paris.

3. I don't believe you! I think you decided to argue about everything.

4. We believed in you, and now you see that you can really cook.

5. I ordered a salad, Uri ordered cheese cake, and Dina ordered a glass of wine.

4. Additional Readings — 4. קטעי קריאה

Read the following conversation and identify all the construct forms. Use the glossary or a dictionary to find new vocabulary items:

א. ארוחת בוקר בקיבוץ

(ביקור בחדר האוכל בקיבוץ שנמצא בנגב. חברי הקיבוץ אוכלים את הארוחות שלהם בחדר האוכל. הם גרים בדירות או בחדרים בבניני הקיבוץ. הילדים גרים בבית הילדים ואוכלים את הארוחות שלהם בחדר האוכל בבית הילדים.)

אנחנו נמצאים בחדר האוכל בשבע בבוקר. דליה וזיוה הן חברות קיבוץ והן יושבות ומחכות לארוחת הבוקר.

דליה: בוקר טוב, זיוה.

זיוה: בוקר טוב, דליה. מה נשמע?

דליה: הכל בסדר. מה שלומך הבוקר?

זיוה: ככה...

(שמוליק בא עם עגלת האוכל)

זיוה: בוקר אור!

שמוליק: בוקר טוב, חברות.

דליה: מה חדש בחדר האוכל?

שמוליק: מה חדש בחדר האוכל?? אין חדש בחדר האוכל.

דליה: מה חדש לארוחת בוקר?

שמוליק: מה את רוצה לארוחת בוקר?

דליה: תן לי סלט ירקות, ביצה, פרוסת לחם וכוס קפה עם חלב.

שמוליק: בסדר גמור. ומה את רוצה, זיוה?

זיוה: מה אני רוצה? אני רוצה סלט עגבניות בלי שמן.

שמוליק: אין סלט עגבניות. יש סלט ירקות, עם שמן ועם לימון.

זיוה: אבל אני רוצה סלט עגבניות.

שמוליק: זיוה, סלט זה סלט! יש סלט ירקות: עם עגבניות, עם מלפפונים, עם בצל, ועם פלפל ירוק.

זיוה: אני לא אוהבת מלפפונים, אני לא אוהבת פלפל ירוק, ואני לא אוהבת בצל.

שמוליק: שמעי חברה, כאן זה חדר האוכל בקיבוץ. זאת לא מסעדת הסטודנטים באוניברסיטה, וזה לא בית קפה בדיזינגוף בתל אביב. זה חדר האוכל בקיבוץ!

זיוה: טוב, בסדר. מה עוד יש היום?

שמוליק: לחם, גבינה....

זיוה: טוב. תן לי פרוסת לחם וחתיכת גבינה.

שמוליק: את רוצה כוס קפה?

זיוה: קפה??? אני לא אוהבת קפה.

שמוליק: כוס תה?

זיוה: בבוקר? אני שותה תה רק אחרי הצהריים.

שמוליק: אז מה את רוצה לשתות?

זירה: תן לי כוס חלב.

שמוליק: סוף, סוף. תודה לאל!

(קארן, סטודנטית צעירה מארצות הברית, נכנסת לחדר האוכל.)

דליה: בוקר טוב קארן. את מכירה את זירה?

קארן: לא. אני לא מכירה אותה.

דליה: קארן, תכירי את זירה. זירה, תכירי את קארן.

קארן: נעים מאוד. את חברת קיבוץ?

זירה: כן. ואת? את חברת קיבוץ חדשה?

קארן: לא. אני סטודנטית. באתי לעבוד בקיבוץ.

דליה: קארן סטודנטית אמריקאית. היא מתכוננת ללמוד באוניברסיטת "בן גוריון" בבאר שבע.

זירה: את מדברת עברית יפה. איפה למדת?

קארן: למדתי עברית באוניברסיטה בארצות הברית.

זירה: באמת מלמדים שם יפה. אני מקווה שהקיבוץ שלנו מוצא חן בעיניך.

קארן: זה קיבוץ יפה מאוד. הכל מוצא חן בעיני: בית הילדים, בית הספר, מועדון החברים, חדר האוכל....

(שמוליק בא עם עגלת האוכל)

שמוליק: בוקר טוב, קארן. מה את רוצה לארוחת בוקר?

קארן: אני באמת לא יודעת. מה יש לארוחת בוקר?

שמוליק: יש הכל: סלט ירקות, ביצים,...

קארן: מה? סלט ירקות לארוחת בוקר?

שמוליק: כן. סלט טוב מאוד. יש בסלט עגבניות, מלפפונים, פלפל ירוק,

בצל,...

זיוה: שמוליק, סלט זה סלט!

שמוליק: כאן לא ניו יורק.

זיוה: כן... אנחנו יודעות. זו לא מסעדת הסטודנטים באוניברסיטה, זה לא בית קפה בדיזנגוף בתל אביב, וזו לא ניו יורק. זה חדר האוכל בקיבוץ.

שמוליק: את רוצה כוס קפה, קארן?

קארן: כן. עם חלב ועם סוכר.

שמוליק: הנה פרוסת לחם וחתיכת גבינה. זה טוב. זה פרוטאין!

קארן: תודה רבה לך.

זיוה: אני רואה שקארן מוצאת חן בעיניך.

שמוליק: כן. היא מדברת עברית כל כך יפה.

זיוה: אתה אוהב את כל הסטודנטיות היפות.

שמוליק: למה לא?

B. An advertisement for a Hungarian restaurant:

ב. פרסומת למסעדה הונגרית:

מסעדת „פפריקה"
רח' יפת 13 יפו
מוסיקה צוענית, ריקודים
מטבח הונגרי מעולה!!!
גריל רומני ● בלוי נעים!!
פתוח גם בשעות הצהריים ומ־7 בערב
הזמנת מקומות טלפון 885363
— חניה מובטחת —

C. For your information, here is a list of some food items associated with
    various meals:

                        MENU   תפריט

Breakfast   ארוחת בוקר


```
        white bread              לחם לבן ✓
        dark/rye bread           לחם שחור
        roll                     לחמניה ✓

        butter                   חֶמאָה ✓
        margarine                מרגרינה

        jam                      רִיבָּה ✓
        honey                    דבש
        white cheese             גבינה לבנה ✓
        yellow cheese            גבינה צהוּבָּה ✓

        hard boiled egg          בֵּיצה קָשָׁה ✓
        soft boiled egg          ביצה רכּה
        omellet                  חביתה
```


Lunch   ארוחת צהרים

First Course: :מנה ראשונה ✓


```
        eggplant salad           סלט חצילים ✓
        humus with tehinah       חומוס עם טְחִינָה
        vegetable soup           מרק ירקוֹת ✓
```


Second (Main) Course: :מנה שניה (עיקרית) ✓


```
        roast beef               בשר צלוּי ✓
        roasted chicken          עוף צלוּי ✓
```


                            386

fried chicken	עוֹף מְטוּגָן
fried fish	דָגִים מְטוּגָבִים
with	עם
potatoes	תַפוּחֵי אֲדָמָה
French fries	צִ'יפְּס
rice	אוֹרֶז
with vegetables:	עִם יְרָקוֹת:
peas	אֲפוּנָה
spinach	תֶּרֶד
beans	שְׁעוּעִית
cabbage	כְּרוּב
cauliflower	כְּרוּבִית

Last (dessert) Course: :מָנָה אַחֲרוֹנָה (קִינוּחַ)

fruit:	פֵּירוֹת:
apples	תַפּוּחִים
oranges	תַפּוּזִים
grapes	עֲנָבִים
grapefruit	אֶשְׁכּוֹלִיּוֹת
fruit salad with:	סָלָט פֵּירוֹת עִם:
raisins	צִימוּקִים
bananas	בָּנָנוֹת
nuts	אֱגוֹזִים
canned fruit:	לִפְתָּן:
pears	אֲגָסִים
peaches	אֲפַרְסֵקִים
apricot	מִישְׁמִישׁ
plums	שְׁזִיפִים

Supper — ארוחת ערב

hotdog with mustard	נקניקיה עם חרדל
salami sandwich	סנדביץ' עם נקניק
pickles	מלפפונים חמוצים
cheeses:	גבינות:
lean white cheese	גבינה לבנה רזה
cream cheese	גבינה לבנה שמנה
yellow cheese	גבינה צהובה
Swiss cheese	גבינה שוויצרית
cottage cheese	גבינת קוטג'
green olives	זיתים ירוקים
black olives	זיתים שחורים
yogurt	יוגורט
strawberries with cream	שמנת עם תות-שדה
vegetable salad with:	סלט ירקות עם:
tomato	עגבניה (עגבניות)
cucumber	מלפפון (מלפפונים)
pepper	פלפל (פלפלים)
lettuce	חסה (חסות)
onion	בצל (בצלים)

Beverages — משקאות

Hot Beverages: — משקאות חמים:

coffee	קפה
Turkish coffee	קפה תורכי
Espresso	קפה אספרסו
tea (with/without lemon)	תה (עם או בלי לימון)

Cold drinks: :משקאות קרים

milk	חלב ✓
juice	מיץ ✓
Coca Cola	קוקה קולה ✓

Strong (alcoholic) drinks: :משקאות חריפים

wine	יין ✓
cognac	קוניאק
beer	בירה

389

שיעור מספר 14

"היו זמנים"

"THE GOOD OLD DAYS"

1. Vocabulary
   - a. Active Vocabulary
   - b. Vocabulary Notes
2. Texts
3. Grammar and Exercises
   - a. The Verb "to be": Past and Future Tense היה
   - b. New Adjectives
   - c. "to have": Past and Future Tense
   - d. New Verbs in Present and Past Tense
   - e. Numbers and Dates
4. Additional Texts

1.a. Active Vocabulary — א.1 אוצר מילים פעיל

joke	בְּדִיחָה בְּדִיחוֹת	בדיחה (נ)
tall	גָּבוֹהַּ - גְּבוֹהָה	גבוה - גבוהה
adventure	הַרְפַּתְקָה הַרְפַּתְקוֹת	הרפתקה (נ)
dream	חֲלוֹם חֲלוֹמוֹת	חלום (ז)

such (as this)	כָּזֶה - כָּזוֹ	כזה - כזו
such (as these)	כָּאֵלֶּה	כאלה
like	כְּמוֹ	כמו
when; whenever	כְּשֶׁ...	כש...
to sing	לָשִׁיר	לשיר
counselor	מַדְרִיךְ - מַדְרִיכָה	מדריך - מדריכה
position; job	מִשְׂרָה	מישרה (נ)
	מִשְׂרוֹת	
journey; hike	מַסָּע	מסע (ז)
	מַסָּעוֹת	
a little; few	מְעַט	מעט
profession	מִקְצוֹעַ	מקצוע (ז)
	מִקְצוֹעוֹת	
nice looking	נָאֶה - נָאָה	נאה - נאה
marvelous	נֶהְדָּר - נֶהְדֶּרֶת	נהדר - נהדרת
short (in height)	נָמוּךְ - נְמוּכָה	נמוך - נמוכה
immigrant	עוֹלֶה - עוֹלָה	עולה - עולה
municipality; city hall	עִירִיָּה	עיריה (נ)
	עִירִיּוֹת	
future	עָתִיד	עתיד (ז)
corner	פִּנָּה	פינה (נ)
	פִּנּוֹת	
young	צָעִיר - צְעִירָה	צעיר - צעירה
voice; sound	קוֹל	קול (ז)
	קוֹלוֹת	
condition	תְּנַאי	תנאי (ז)
	תְּנָאִים	

hope	תִּקְוָה תִּקְווֹת	תקווה (נ)

Verbs — **פעלים**

Past Tense: — **עבר:**

to help	לַעֲזֹר (ל..;ב..)	עָזַר - עָזְרָה
to be born	לְהִוָּלֵד	נוֹלַד - נוֹלְדָה
to finish	לְסַיֵּם (את)	סִיֵּם - סִיְּמָה
to receive	לְקַבֵּל (את)	קִבֵּל - קִבְּלָה
to earn (money)	לְהַרְוִיחַ (את)	הִרְוִיחַ - הִרְוִיחָה

Present Tense: — **בינוני:**

to hope	לְקַוּוֹת (ש...)	מְקַוֶּה - מְקַוָּה

Expressions and Phrases — **ביטויים וצירופים**

How old are you?	בֶּן/בַּת כַּמָּה אַתָּה/אַתְּ?
North Africa	צְפוֹן אַפְרִיקָה
the fifties	שְׁנוֹת הַחֲמִישִּׁים
youth movement	תְּנוּעַת נוֹעַר
service in the army	שֵׁירוּת בַּצָּבָא

1.b. Vocabulary Notes

י.ל.ד.

Verbs: — **פעלים:**

to bear (children), beget	יָלַד (את)
to be born	נוֹלַד

to deliver (a child)	יָלַד (אֶת)
to be born	יָלֵד
to declare one's pedigree; to be infantile	הִתְיַלֵּד
to cause to bear, beget, give birth to	הוֹלִיד
to be begotten, be born	הוּלַד

Nouns and Adjectives: שמות:

child, son	יֶלֶד – יְלָדִים
child born in old age	יֶלֶד זְקוּנִים
lovely child, darling	יֶלֶד חֶמֶד
child prodigy	יֶלֶד פֶּלֶא
world events, worldly troubles	יַלְדֵי הַזְּמַן
original ideas, creations	יַלְדֵי הָרוּחַ
and the child is gone! (the bird has flown!)	וְהַיֶּלֶד אֵינֶנּוּ!
child, girl	יַלְדָּה (נ) – יְלָדוֹת
native, indigenous	יָלִיד (ז) – יְלִידִים
childhood	יַלְדוּת (נ)
infantile, childlike	יַלְדוּתִי – יַלְדוּתִית
history; results	תּוֹלְדוֹת (י.ל.ד)
birthday	יוֹם הֻלֶּדֶת

"אֵיזֶהוּ חָכָם? הָרוֹאֶה אֶת הַנּוֹלָד."

"Who is wise? Whoever foresees the consequences."

2. Texts — 2. קטעי קריאה

א. היו זמנים

רותי מספרת:

נחום היה המדריך שלי בתנועת הנוער. כולנו אהבנו אותו. הוא היה בחור צעיר, גבוה ונאה. היה לו קול נהדר והוא אהב לשיר. הוא גם אהב לספר בדיחות וסיפורי הרפתקות. לאף אחד לא היה מדריך כזה, מדריך כמו נחום.

אחרי שלא ראיתי אותו שנים, פגשתי אותו יום אחד במסעדה קטנה בתל-אביב. הייתי רעבה וצמאה ונכנסתי לאכול ארוחה קלה. ושם בפינה ישב נחום. מיד הכרתי אותו והוא הכיר אותי.

ישבנו ודיברנו על הזמנים שהיו, איך היה ומה היה. נחום סיפר לי סיפורים ובדיחות. דיברנו על חברים וחברות, על טיולים ומסעות. היו זמנים!

(1) תאר פגישה עם חברים שלמדו איתך בבית הספר.

(1) Describe a meeting with friends who studied with you in school.

(2) נחום מספר על הפגישה שלו עם רותי.

(2) Nachum tells about his meeting with Ruthi.

ב. חלומות ותקוות

לנחמה תמיד היו חלומות ותקוות. היא נולדה בשנות החמישים. נחמה היא בת למשפחת עולים מצפון אפריקה. כשהמשפחה הגיעה לארץ בשנת 1954 לא היה להם הרבה כסף. בצפון אפריקה היתה לאב חנות שטיחים גדולה. לא היתה לו אפשרות להביא כסף או שטיחים לארץ. הוא לא דיבר עברית ולא היה לו מקצוע. אבא של נחמה קיבל עבודה בעיריה. הוא עבד קשה והרוויח

מעט. כשנחמה היתה קטנה היו למשפחה שלה תנאים קשים: המשפחה היתה

גדולה, הדירה היתה קטנה, ולא היה להם מספיק כסף.

נחמה למדה בבית ספר תיכון, והיא סיימה את הלימודים בהצלחה. אחרי

השירות בצבא, נחמה קיבלה עבודה מעניינת ב"מוזיאון ישראל". יש לה

הרבה תקוות וחלומות לעתיד. היא מקווה שתהיה לה מישרה טובה גם בעתיד

ושתהיה לה אפשרות לעזור למשפחה שלה. היא מקווה שיהיו לה חיים טובים

ומעניינים.

(1)   שאלות תוכן:

ה. מה עשה האב בצפון אפריקה?	א. מתי נולדה נחמה?
ו. האם היתה לו מישרה טובה בארץ?	ב. מאיפה המשפחה שלה?
ז. איפה נחמה עובדת?	ג. מתי הם הגיעו לארץ?
ח. מה הם החלומות שלה לעתיד?	ד. איזה תנאים היו למשפחה?

(2)   כתוב פסקות קצרות על: Write short paragraphs on:

א. נחמה מספרת על החלומות והתקוות שלה.

ב. מה הם החלומות והתקוות שלך?

ג. מה הם התנאים שלך בבית?

3. Grammar and Exercises

3.a. The Verb "to be": Past and Future Tense   להיות: עבר ועתיד

The verb "to be" .ה.י.ה is presented here in past and future tense. The
present tense of this verb is not used in Modern Hebrew. The verb is conjugated
in the פעל conjugation pattern, and belongs to the class of גזרת ל"ה ,

395

since the last radical is ה .

Table A: Past Tense   טבלה א: זמן עבר

שרש: ה.י.ה.   גזרה: ל"ה   בנין: פָּעַל

שם הפעל		רבים		יחיד	
			הָיִינוּ		הָיִיתִי
לִהְיוֹת		הם הָיוּ	הֱיִיתֶם	הוּא הָיָה	הָיִיתָ
"to be"		הן הָיוּ	הֱיִיתֶן	היא הָיְתָה	הָיִית

Table B: Future Tense   טבלה ב: זמן עתיד

רבים		יחיד	
(אנחנו) נִהְיֶה		(אני) אֶהְיֶה	
(אתם/ן) תִּהְיוּ		(אתה) תִּהְיֶה (את) תִּהְיִי	
הם/הן יִהְיוּ		הוא יִהְיֶה היא תִּהְיֶה	

Note that the pronouns of the <u>future tense</u> are <u>prefixed</u> to the verb stem. This
is in contrast to the past tense, where the pronouns are suffixed to the stem.
A more detailed discussion of future tense is presented in Lesson 15.

3.a.1. Substitution Drill   תרגיל התאמה

אנו: הָיִיתִי תלמידה בתיכון.

אנחנו.   הם.   את.   אתן.   רותי.   דליה ולאה.   יורם.

3.a.2. Substitution Drill — תרגיל התאמה

אני: אהיה בבית בערב.

אתה. אנחנו. הם. רותי. את. אתן. רינה ודליה.

הן. אורי. אתם.

3.a.3. Transformation Drill — תרגיל

Change the following to past and future tense:

Example: דוגמא: אני בתל אביב.

1. עבר: הייתי בתל אביב.

2. עתיד: אהיה בתל אביב.

בינוני	עבר	עתיד
1. אנחנו בחיפה.		
2. הם בירושלים.		
3. הן בטיול.		
4. אתם אצל חברים.		
5. אתה השכן שלנו.		
6. את האורחת שלהם.		
7. אני פקידה בבנק.		
8. אנחנו חדשים כאן.		
9. רחל סטודנטית.		
10. הוא ואשתו רופאים.		
11. רבקה שחקנית בתיאטרון.		
12. אורי ודליה הם צמד חמד.		

3.a.4. Transformation Drill

Change the following from past to future tense:

מעבר לעתיד:

דוגמא: הייתי חברה בתנועת הנוער   ---<   אהיה חברה בתנועת הנוער.

1.   הם היו תלמידים טובים בתיכון   ----<

2.   נחום היה מדריך טוב   ------------<

3.   היו זמנים   -------------------<

4.   הייבו עסוקים   -------------------<

5.   האם היית רעב וצמא?   ---------------<

3.b. New Adjectives

The following are new adjectives introduced in this lesson:

young	צְעִירוֹת	צְעִירִים	צְעִירָה	צָעִיר
old (person)	זְקֵנוֹת	זְקֵנִים	זְקֵנָה	זָקֵן
tall	גְּבוֹהוֹת	גְּבוֹהִים	גְּבוֹהָה	גָּבוֹהַּ
short	נְמוּכוֹת	נְמוּכִים	נְמוּכָה	נָמוּךְ
nice looking	נָאוֹת	נָאִים	נָאָה	נָאֶה
marvelous	נֶהְדָּרוֹת	נֶהְדָּרִים	נֶהְדֶּרֶת	נֶהְדָּר

3.b.1. Exercise

תרגיל

Complete the following table according to the given example. Make the appropriate changes in person and tense: השלם את הטבלה לפי הדוגמא:

.1	רמי בחור גבוה	רמי היה בחור גבוה	רמי יהיה בחור גבוה
	____	רותי היתה אשה גבוהה	____
	____	____	הבתים לא יהיו גבוהים
	____	העוגות היו גבוהות	____
.2	הבית נמוך	____	____
	____	הילדה היתה נמוכה	____
	הציונים נמוכים	____	____
	____	____	הן יהיו נמוכות
.3	הסבא זקן		____
	הסבתא זקנה		____
	אנחנו זקנים		____
.4	אנחנו צעירים	____	
	____	הן היו צעירות	
	ריבה צעירה	____	
	אתם צעירים	____	
	____	הוא היה צעיר	
.5	המקום נהדר	____	____
	____	הסיבה היתה נהדרת	____
	____	____	האנשים יהיו נהדרים
	____	הרופאות היו נהדרות	____

6. הבחור נאה ______________ ______________

______________ האשה היתה נאה ______________

______________ ______________ הבתים יהיו נאים

הערים הן נאות ______________ ______________

3.b.2. Exercise — תרגיל

Read the following "gossip" dialogues:

קרא את הקטעים הבאים:

רכילות

לא צעיר ולא זקן

- לדליה יש חבר נחמד.
- לדליה אין חבר.
- יש לה חבר. ראיתי אותם ביחד.
- באמת? לא ידעתי שיש לה חבר. הוא בחור נאה?
- הוא לא גבוה ולא נמוך, לא צעיר ולא זקן.
- האם הוא בחור טוב?
- אני באמת לא יודעת.
- מה את כן יודעת?

החברה של נפתלי

- ראיתם את החברה החדשה של נפתלי?
- כן. ראינו אותה אתמול אצל לאה.
- נו, מה אתם חושבים?
- אני לא חושבת שהיא כל כך נאה.

‎- היא לא מוצאת חן בעיניך?

‎- לא. זה לא זה.

‎- מה הבעיה?

‎- היא זקנה והוא צעיר. היא גבוהה והוא נמוך. היא משעממת והוא

‎מעניין.

‎- אבל הוא אוהב אותה.

‎- אותה? הוא אוהב את הכסף שלה!

3.b.3. <u>Exercise</u>   <u>תרגיל</u>

Suggestions for classroom activities or homework:

(1) List all the adjectives you know.

(2) Write a story about people you know. Describe their appearance, their
personality and their occupation, using new and old adjectives.

(3) Write a "gossip" dialogue.

(4) Write a gossip column for your local paper.

3.c. <u>The Expression "to have" in Past and Future Tense</u>

The expression "to have" has already been discussed in Lesson 10. To
indicate past or future tense, the past and future forms of the verb "to be"
ה.י.ה. replace the verbal expression יש . In the negative, the verbal
expression אין is replaced by the past or future form of the verb "to be"
ה.י.ה. <u>preceded</u> by the negative particle לא .

Examples:

401

מביגובי לעבר: <u>יש</u> לי זמן -----→ <u>היה</u> לי זמן

<u>אין</u> לי זמן -----→ <u>לא היה</u> לי זמן

מביגובי לעתיד: <u>יש</u> לי זמן -----→ <u>יהיה</u> לי זמן

<u>אין</u> לי זמן -----→ <u>לא יהיה</u> לי זמן

In both the past and future tenses, the <u>verb form is always in third person</u>. The gender and number features depend on the grammatical subject of the sentence.

Examples:

"I had time."	1. <u>היה</u> לי <u>זמן</u>.
"I will have time."	<u>יהיה</u> לי <u>זמן</u>.
"I had work."	2. <u>היתה</u> לי <u>עבודה</u>.
"I will have work."	<u>תהיה</u> לי <u>עבודה</u>.

Note that the nouns "time" זמן and "work" עבודה are the grammatical subjects in the above sentences, unlike in English where the possessor "I" constitutes both the grammatical and logical subject of the sentences. This change of focus, from "possessor" to "possessed" as the subject of the sentence, often causes some problems to students of Hebrew. Remember: To change a sentence of the expression "to have" to past or future tense, <u>the verb must agree with the grammatical subject</u>, i.e. the <u>possessed noun</u>, in <u>person</u>, <u>number</u>, and <u>gender</u>.

The structure of the sentences, including the rules of agreement, are identical to those of נשאר לי (see Lesson 11):

תהיה לי עבודה.	היתה לי עבודה.	1. נשארה לי עבודה.
יהיו לי ספרים.	היו לי ספרים.	2. נשארו לי ספרים.

Additional examples:

בינוני	עבר	עתיד
יש לו בית	היה לו בית	יהיה לו בית
יש לו תרכבית	היתה לו תרכבית	תהיה לו תרכבית
יש לחנה חברים	היו לחנה חברים	יהיו לחנה חברים
אין לבו תקליט	לא היה לבו תקליט	לא יהיה לבו תקליט
אין לבו מכונית	לא היתה לבו מכונית	לא תהיה לבו מכונית
אין לדן חברות	לא היו לדן חברות	לא יהיו לדן חברות

3.c.1. Exercise

תרגיל

Complete the missing sentences. Pay attention to subject and tense:

Example:

דוגמא: יש לי זמן

עבר: היה לי זמן.

עתיד: יהיה לי זמן.

1. אין לבו מכונית

עבר: ______

עתיד: ______

2. יש למרים סבלבות

עבר: ______

עתיד: ______

3. בינוני: ______

עבר: ______

לא תהיה לרון עבודה.

4. יש לבו אורחים

עבר: ______

עתיד: ______

5. בינוני: ______

היו לי בעיות

עתיד: ______

6. בינוני: ______

עבר: ______

לפסיכולוג לא יהיה זמן.

7. למי אין חברים טובים?

עבר: ______

עתיד: ______

8. בינוני: ______

לקופאים לא היה כסף.

עתיד: ______

9. בינוני: ______

עבר: ______

יהיו לכם הרבה דאגות.

10. יש לי הזדמנות לנסוע.

עבר: ______

עתיד: ______

תרגיל

3.c.2. Transformation Drill

Read the following passages and change the tense to: (1) past and (2) future:

1. השנה רמי לומד בירושלים. יש לו גם עבודה בירושלים. אין לו הרבה כסף ואין לו מכונית, אבל אין לו בעיות. הוא מכיר את העיר. יש לו הרבה חברים וקרובים בעיר. יש לו תוכנית גם לעבודה וגם ללימודים, כך שאין לו הרבה זמן.

2. יש לי בעיה: איך להגיע לתחנת הרכבת? אין לי חשק ללכת ברגל, ואין לי חשק לרוץ לשם. אין לי מכונית, ואין לי מספיק כסף לנסוע במטקסי. אז החלטתי להשאר בבית ולא לנסוע לשם.

עבר: ______

______

עתיד: ______

______

3.d. New Verbs in Present and Past Tense

(1) The Verb "to help"   לעזור (ל../ב..)

The verb ע.ז.ר. is a regular verb in the פעל conjugation.

A. Present Tense   בינוני

שרש: ע.ז.ר.   גזרה: שלמים   בנין: פעל

לַעֲזֹר to help	עוזרות	עוזרים	עוזרת	עוזר

B. Past Tense   עבר

עזרו	עזרתם/ן	עזרנו	עזרה	עזר	עזרת	עזרת	עזרתי

(2) The Verb "to earn"   להרויח (את)

The verb ר.ו.ח. is an ע"ו verb in the הפעיל conjugation.

A. Present Tense   בינוני

שרש: ר.ו.ח.   גזרה: ע"ו   בנין: הפעיל

לְהַרְוִיחַ to earn	מרויחות	מרויחים	מרויחה	מַרְוִיחַ

B. Past Tense   עבר

הרויחו	הרוחתם/ן	הרוחנו	הרויחה	הרויח	הרוחת	הרוחת	הרוחתי

a. In third person masculine singular, in present tense מַרְוִיחַ and in past tense הִרְוִיחַ , an /a/ vowel is added to the ח radical. (This conforms with the rule that when ח is the final letter of a word, and is not preceded

by an /a/ vowel, an extra /a/ vowel is added to the ח .)

b. In unvoweled texts, the ר of the verb is doubled: מְרוֹרִיחַ ‏→‎ מרורח

(3) Verbs in Pi'el Conjugation   פְּעָלִים בְּבִנְיָן פִּעֵל

A. The verbs ק.ב.ל. "to receive" and ס.י.מ. "to finish" are both

regular verbs in the פִּעֵל conjugation.

זְמַן: בֵּינוֹנִי   בִּנְיָן: פִּעֵל   גִּזְרָה: שְׁלֵמִים

לְקַבֵּל to receive	מְקַבְּלוֹת	מְקַבְּלִים	מְקַבֶּלֶת	מְקַבֵּל
לְסַיֵּם to finish	מְסַיְּמוֹת	מְסַיְּמִים	מְסַיֶּמֶת	מְסַיֵּם

זְמַן: עָבָר   בִּנְיָן: פִּעֵל   גִּזְרָה: שְׁלֵמִים

קִבְּלוּ	קִבַּלְתֶּם/ן	קִבַּלְנוּ	קִבְּלָה	קִבֵּל	קִבַּלְתְּ	קִבַּלְתָּ	קִבַּלְתִּי
סִיְּמוּ	סִיַּמְתֶּם/ן	סִיַּמְנוּ	סִיְּמָה	סִיֵּם	סִיַּמְתְּ	סִיַּמְתָּ	סִיַּמְתִּי

1. Note that in unvoweled texts the verb לקבל in the past tense is

spelled with a י after the first radical: קִבַּלְתִּי‏→‎קיבלתי ; קִבֵּל‏→‎קיבל .

2. In the verb לסיים, an extra י is inserted in past and present

tense: מְסַיֵּם ‏→‎ מסיים ; סִיַּמְתִּי ‏→‎ סיימתי .

B. The verb ק.ו.ה. "to hope" is conjugated here only in the present

tense. It is a ל"ה verb in the פָּעַל conjugation.

406

1. With vowels:

שרש: ק.ו.ה.　　　גזרה: ל"ה　　　בנין: פִּעֵל

לְקַוּוֹת ש.. to hope	מְקַוּוֹת	מְקַוִּים	מְקַוָּה	מְקַוֶּה

2. Without vowels: מקווה, מקווה, מקווים, מקוות

3.d.1. Exercise　　　תרגיל

Translate the following passage:　　　תרגם את הקטע הבא:

I got a very good job in city hall. I hope to work, live at home, and earn money for a new car. The conditions at work are very good. The people are very nice. They help me in my work. I think that I will have a chance to learn a lot. I am young, and I have many hopes and dreams for a good future in an interesting profession.

3.e. Numbers and Dates

3.e.I. How old are you?　　　בן/בת כמה אתה/את?

In Hebrew, the question "How old are you?" is formed by using the idiom: בֶּן/בַּת כַּמָּה אַתָּה/אַתְּ?.

Examples:

Masculine Singular: 1. בן כמה אתה? (בן כמה שנים אתה?)

Feminine Singular: 2. בת כמה את? (בת כמה שנים את?)

Masculine Plural: 3. בני כמה אתם? (בני כמה שנים אתם?)

Feminine Plural: 4. בנות כמה אתן? (בנות כמה שנים אתן?)

The answer is formed by using the same idiom:

Examples:

Masculine Singular:	1. אני <u>בן</u> עשר.
Feminine Singular:	2. אני <u>בת</u> עשר.
Masculine Plural:	3. אנחנו <u>בני</u> עשר.
Feminine Plural:	4. אנחנו <u>בנות</u> עשר.

In Hebrew, the word "years" שנים is usually omitted in the answer and only the number is given.

3.e.1. <u>Chain Drill</u> <u>תרגיל שרשרת</u>

תלמיד א: אבי בן ________. בן כמה אתה?

תלמיד ב: אבי בן ________. בת כמה את?

תלמידה ג: אבי בת ________. בת כמה את? ......

3.d.II. <u>Numbers 100-100,000</u>

זכר ונקבה:	100	מֵאָה		
זכר:	137	מֵאָה שְׁלֹשִׁים <u>וְשִׁבְעָה</u>.		
נקבה:	137	מֵאָה שְׁלֹשִׁים <u>וָשֶׁבַע</u>.		
זכר ונקבה:	200	מָאתַיִם	600	שֵׁשׁ מֵאוֹת
	300	שְׁלֹשׁ מֵאוֹת	700	שְׁבַע מֵאוֹת
	400	אַרְבַּע מֵאוֹת	800	שְׁמֹנֶה מֵאוֹת
	500	חֲמֵשׁ מֵאוֹת	900	תְּשַׁע מֵאוֹת
זכר:	999	תְּשַׁע מֵאוֹת, תִּשְׁעִים <u>וְתִשְׁעָה</u>		
נקבה:	999	תְּשַׁע מֵאוֹת, תִּשְׁעִים <u>וָתֵשַׁע</u>		

זכר ונקבה: 1000 אֶלֶף

2000 אַלְפַּיִם	6000 שֵׁשֶׁת אֲלָפִים	
3000 שְׁלֹשֶׁת אֲלָפִים	7000 שִׁבְעַת אֲלָפִים	
4000 אַרְבַּעַת אֲלָפִים	8000 שְׁמֹנַת אֲלָפִים	
5000 חֲמֵשֶׁת אֲלָפִים	9000 תִּשְׁעַת אֲלָפִים	

10,000 עֲשֶׂרֶת אֲלָפִים (רִבּוֹא, רְבָבָה)

זכר: 10,275 עֲשֶׂרֶת אֲלָפִים, מָאתַיִם, שִׁבְעִים וַחֲמִשָּׁה

נקבה: 10,275 עֲשֶׂרֶת אֲלָפִים, מָאתַיִם, שִׁבְעִים וְחָמֵשׁ.

זכר ונקבה: 20,000 עֶשְׂרִים אֶלֶף

30,000 שְׁלֹשִׁים אֶלֶף

40,000 אַרְבָּעִים אֶלֶף

90,000 תִּשְׁעִים אֶלֶף

100,000 מֵאָה אֶלֶף

3.d.III. **Dates: The Common Era**   תאריכים: הספירה הכללית

    In Israel, dates are given both according to the Hebrew calendar and according to the general calendar (Gregorian). The general calendar is used in everyday life, and is presented here.

Months of the Year: חודשי השנה:

January	יָנוּאָר
February	פֶּבְּרוּאָר
March	מֶרְץ
April	אַפְּרִיל
May	מַאי

June	יוני
July	יולי
August	אוגוסט
September	ספטמבר
October	אוקטובר
November	נובמבר
December	דצמבר

Note: When the date is written in numbers, the day of the month precedes the month itself, and the year is given last.

Example: 4/10/76 = October 4, 1976

In the United States, it is customary to write the month first and then the day of the month. Thus, the date 4/10/76 would not mean the same thing to an Israeli as it does to an American. An Israeli would read it as the fourth of October, 1976. An American, on the other hand, would read it as the tenth of April, 1976. All dates in this book should be read according to the Israeli interpretation.

Both cardinal and ordinal numbers are used for the day of the month, so that 4/10 can be read as either ארבעה באוקטובר or הרביעי באוקטובר . When an ordinal number is used, it is usually definite. Note that the usual preposition preceding the month is ב- .

When the word "year" שנה is included before the number, it appears as the dependent form of a construct phrase: "year of" שנת-.

Example: "the year 1965" שנת אלף, תשע מאות, ששים וחמש.

Remember: The conjunction ו- is commonly used only before the single number digits.

Example: 1965 = אלף, תשע מאות, ששים וחמש

In numbers larger than one hundred, if there is no single number digit, the conjunction is optional before the last number:

Examples:
1. אלף, תשע מאות, עשרים.
2. אלף, תשע מאות ועשרים.

3.e.2. Conversion Drill תרגיל

Write out the following dates in full phrases (use cardinal numbers for the days):

Example: 10/5/1962 = עשרה במאי, שנת אלף תשע מאות, ששים ושתים

1. 5/5/1862	5. 14/3/1929	9. 13/1/1760
2. 7/2/1935	6. 15/8/1901	10. 9/4/1881
3. 18/7/1268	7. 28/10/1959	11. 13/8/1750
4. 30/6/1975	8. 30/11/1956	12. 31/9/956

3.e.IV. The Date of Birth תאריך לידה

זמן: עבר בנין: נפעל שרש: י.ל.ד.

להולד (להיוולד) to be born		נולדתי
	הוא נולד	נולדת
	היא נולדה	נולדת
		נולדנו
	הם נולדו	נולדתם
	הן נולדו	נולדתן

Examples: דוגמאות:

1.   שמואל, מתי נולדת?

נולדתי בשנת אלף, תשע מאות, חמישים ושש.

2.   רחל, מתי נולדת?

נולדתי בשנת אלף, תשע מאות, חמישים ותשע.

3.   מתי נולד קופרניקוס?

קופרניקוס נולד בשנת אלף, ארבע מאות, שבעים ושלוש.

4.   באיזה יום נולדת?

נולדתי בעשרה בנובמבר.

5.   איפה נולדה אשתו של ברנשטיין?

אשתו של ברנשטיין נולדה באירופה.

3.e.3.   **Chain Drill**   תרגיל שרשרת

תלמיד א: מתי נולדת?   בן כמה אתה?

תלמיד ב: נולדתי בשנת...   אני בן ....

בת כמה את?   מתי נולדת?

תלמידה ג: נולדתי בשנת...   אני בת....

4.   **Additional Texts**   4.   קטעי קריאה

An Interview with a Hundred Year Old Man   ראיון עם זקן בן מאה

המראיינת: אנחנו נמצאים עכשיו בדירה של מר זלמן גרינברג.   מר זלמן

גרינברג נולד ברוסיה ובא לארץ לפני שמונים שנה.   שלום

מר גרינברג!

412

הזקן: שלום וברכה... החברים והידידים שלי לא קוראים לי מר זלמן גרינברג. כולם קוראים לי "חבר זלמן."

מ: חבר זלמן, האם אתה יודע למה באנו לבקר אותך היום?

ז: לא. אין לי מושג. ברוכים הבאים!

מ: זלמן גרינברג! היום הוא יום ההולדת שלך, ובאנו לחגוג איתך את היום החשוב הזה.

ז: מה את שחה? יום ההולדת שלי? בן כמה אני?

מ: חבר זלמן, אתה היום בן מאה... עד מאה ועשרים.

ז: בן מאה??? יוצא מן הכלל!

מ: חבר זלמן. האם אתה יכול לספר לנו איפה ומתי נולדת?

ז: נולדתי בעיירה קטנה באוקראינה. זה היה לפני הרבה זמן.

מ: כן. לפני מאה שנים בדיוק.

ז: מה את שחה! מה התאריך היום?

מ: היום הוא האחד במאי.

ז: האחד במאי? מי אמר לכם שנולדתי באחד במאי? הבת שלי? היא מדברת הרבה... כל הזמן.

מ: חבר זלמן, האם אתה יכול לספר לנו מה הסוד שלך?

ז: סוד? אין לי סודות. אני איש פשוט, ואני חי חיים פשוטים: אוכל, שותה, וישן.

מ: אתה מעשן? שותה אלכוהול?

ז: חס וחלילה! רק לפעמים כוס יין בשבת ובפסח, בחתונות וחגיגות בר מצווה.

מ: מה אתה עושה כל יום?

ז: בבוקר אני קם ורב עם השכנים, בצהריים אני רב עם הבת שלי.

היא מדברת כל הזמן. אחרי הצהריים אני רב עם הבנים שלי.

בערב אני רב עם אשתי.

מ: אה-הה! זה הסוד שלך. שתריב עד מאה ועשרים!

ז: אמן.

<u>New Expressions</u>: <u>בישורים חדשים</u>:

welcome	בְּרוּכִים הַבָּאִים!
God forbid!	חַס וְחָלִילָה!
I have no idea!	אֵין לִי מֻשָּׂג
I am known as; they call me...	קוֹרְאִים לִי
extraordinary	יוֹצֵא מִן הַכְּלָל
May you quarrel!	שֶׁתָּרִיב!
You don't say?!?	מה אַתְּ שָׂחָה?

Use the glossary or the dictionary for other new vocabulary items.

שיעור מספר 15

"אתמול, היום ומחר"

"YESTERDAY, TODAY AND TOMORROW"

1. Vocabulary
    - a. Active Vocabulary
    - b. Vocabulary Notes
2. Texts
3. Grammar and Exercises
    - a. Future Tense: Pa'al Conjugation - בנין פָּעַל
        - I. /o/ stem - גזרת שלמים
        - II. /a/ stem - גזרת שלמים
        - III. גזרת ל"ה
        - IV. גזרת ע"ו
        - V. גזרת פ"י
    - b. Semantic Notes: לְסַפֵּר, לְדַבֵּר, לְהַגִּיד, לוֹמַר
4. Additional Readings

1.a. Active Vocabulary — 1.א. אוצר מילים פעיל

perhaps; maybe	אוּלַי	אולי
sure; certain	בָּטוּחַ - בְּטוּחָה	בטוח - בטוחה
show	הַצָּגָה הַצָּגוֹת	הצגה (נ)
material	חֹמֶר	חומר (ז)

telephoned	טִלְפֵּן	טלפן
advisor	יוֹעֵץ - יוֹעֶצֶת	יועץ - יועצת
ticket	כַּרְטִיס כַּרְטִיסִים	כרטיס (ז)
test; quiz	מִבְחָן מִבְחָנִים	מבחן (ז)
play (stage play)	מַחֲזֶה מַחֲזוֹת	מחזה (ז)
full	מָלֵא - מְלֵאָה	מלא - מלאה
boxoffice; cash register	קֻפָּה קֻפּוֹת	קופה (נ)

Verbs — פְּעָלִים

to say	לוֹמַר (ל...)	אָמַר - אָמְרָה (עבר)
to tell, say	לְהַגִּיד (ל...)	יַגִּיד - תַּגִּיד (עתיד)

Expressions and Phrases — בִּיטּוּיִים וְצֵירוּפִים

it depends (on...)	זֶה תָּלוּי (ב...)
on the way back	בַּדֶּרֶךְ חֲזָרָה
The Chamber Theater	"הַתֵּיאַטְרוֹן הַקָּאמֶרִי"
Saturday night	מוֹצָאֵי שַׁבָּת
"Waiting for Godot" (a play by Becket)	"מְחַכִּים לְגוֹדוֹ"
overflowing	מָלֵא וְגָדוּשׁ

Days of the Week — יְמֵי הַשָּׁבוּעַ

Sunday	יוֹם רִאשׁוֹן	יוֹם א׳

Monday	יוֹם שֵׁנִי	יום ב׳
Tuesday	יוֹם שְׁלִישִׁי	יום ג׳
Wednesday	יוֹם רְבִיעִי	יום ד׳
Thursday	יוֹם חֲמִישִׁי	יום ה׳
Friday	יוֹם שִׁשִּׁי	יום ו׳
Saturday; Sabbath	יוֹם שַׁבָּת	–

1.b. Vocabulary Notes

ס.פ.ר.[1]

Verbs: <u>פעלים</u>:

to count	סָפַר
to tell, to recount	סִפֵּר
to be told	סֻפַּר
to number	מִסְפֵּר

Nouns: <u>שמות</u>:

book	סֵפֶר (ז) - סְפָרִים
school	בֵּית סֵפֶר
scholar, bookish person	אִישׁ סֵפֶר
the People of the Book	עַם הַסֵּפֶר
booklet	סִפְרוֹן (ז) - סִפְרוֹנִים
story	סִפּוּר (ז) - סִפּוּרִים
literature	סִפְרוּת (נ)
fine literature	סִפְרוּת יָפָה
library	סִפְרִיָּה (נ) - סִפְרִיּוֹת

librarian   סַפְרָן - סַפְרָנִית

library science   סַפְרָנוּת

number   מִסְפָּר (ז) - מִסְפָּרִים

counting; date, era   סְפִירָה (נ) - סְפִירוֹת

   the Common Era   הַסְּפִירָה הַכְּלָלִית

   the counting of the Omer   סְפִירַת הָעוֹמֶר

numbering   מִסְפּוּר (ז)

"לֹא יֵאָמֵן כִּי יְסֻפַּר"

"It is unbelievable."   (Lit. It will not be believed when told.)

ס . פ . ר . 2.

Verbs: :פעלים

   to cut (someone's hair)   סִפֵּר - לְסַפֵּר

   to have one's hair cut; to be cut (hair)   סֻפַּר

   to get a haircut   הִסְתַּפֵּר - לְהִסְתַּפֵּר

Nouns: :שמות

   hairdresser, barber   סַפָּר - סַפָּרִית

   hairdressing   סַפָּרוּת (נ)

   haircut, hairdo   תִּסְפּוֹרֶת (נ) - תִּסְפּוֹרוֹת

   barbershop, beauty shop   מִסְפָּרָה (נ) - מִסְפָּרוֹת

אולי, אולי, אולי...

התוכניות של ריבה לשבוע:

ביום ראשון:

אלך לאוניברסיטה מוקדם בבוקר. אשב בספריה ואלמד. אחרי הצהריים אכתוב את העבודה שלי בספרות. המורה אמר לנו שהוא רוצה שנכתוב את העבודה עד סוף השבוע.

לערב אין לי תוכניות. אולי עוזי יטלפן.

ביום שני:

אלך לקופה של "התיאטרון הקאמרי" ואקנה שני כרטיסים למחזה של בֶּקֶט "מחכים לגודו". אם עוזי יטלפן, אלך איתו להצגה. אם לא, אלך עם דליה. בערב אשב ואקרא את הספר החדש של אורי כהן.

אולי עוזי יטלפן.

ביום שלישי:

אסע לחיפה לבקר את ההורים. אם יהיה לי זמן בדרך חזרה, אלך להתרחץ בחוף הכַּרְמֶל. בערב אלמד ואלמד, כי יהיה לנו מבחן ביום רביעי. אם עוזי לא יטלפן, אולי אטלפן לעוזי. אני מקווה שהוא יבוא לארוחת ערב ביום ששי.

ביום רביעי:

בבוקר יהיה לנו מבחן. אני מקווה שיהיה לי זמן לעבור על החומר לפני המבחן. זה מבחן חשוב.

בערב אלך לדירה של אורי ודן. יש להם תקליטים חדשים והם רוצים שאשמע אותם. אורי רוצה שאלך איתו לקונצרט במוצאי שבת. אולי עוזי

ילך איתי לקונצרט.

<u>ביום חמישי</u>:

אקום מוקדם ואלך לאוניברסיטה. בבוקר אלך לדבר עם היועץ שלי. בצהריים אלך לקפטריה. שם אפגוש את דליה ואיציק. אולי עוזי גם יהיה שם.

בערב אלך להצגה. אולי עם עוזי, ואולי עם דליה. זה תלוי!

<u>ביום ששי</u>:

אלך לסופרמרקט לקנות אוכל. אני בטוחה שעוזי יטלפן ושהוא יבוא לארוחת ערב. אחרי ארוחת הערב נצא לטייל או נשב בגן.

<u>בשבת</u>:

אקום מאוחר ואנוח כל היום. בערב אלך עם עוזי לקונצרט. אני בטוחה שעוזי יטלפן.

יש לי שבוע מלא וגדוש!

(1) כתוב מה התכניות שלך לשבוע.

(1) Write about your plans for the week.

(2) כתוב יומן של שבוע בחיי עוזי.

(2) Write a journal on a week in Uzi's life.

Note: It is advisable to do the reading and the writing assignments after first going through the grammar and exercises.

3. Grammar and Exercises

3.a. Future Tense — זמן עתיד

Verb forms in future tense are a combination of: (1) future tense verb stem; and (2) subject pronoun prefix.

Examples: future form = verb stem + pron. pref.

"I will finish" — 1. אֶ + גְמֹר = אֶגְמֹר

"We will study" — 2. נִ + לְמַד = נִלְמַד

In some verb forms, the pronouns are discontinuous, i.e. one part of the pronoun is prefixed to the verb stem, and the other part is suffixed to it.

Examples: future form = suffix + stem + prefix

"You will finish" — 1. תִּ + גְמֹר + ו = תִּגְמְרוּ

"They will study" — 2. יִ + לְמַד + ו = יִלְמְדוּ.

Note: In many verbs, the verb forms having discontinuous pronouns often lose the future stem vowel and the stress shifts to the final syllable.

Examples:

1. Loss of stem vowel:

   Pronoun Prefix: אֶגְמֹר

   Discontinuous Pronoun: תִּגְמְרוּ

2. Stem vowel kept:

   Pronoun Prefix: אָקוּם

   Discontinuous Pronoun: תָּקוּמוּ

In the above examples, the future stem vowel /o/ of the verb לִגְמֹר is lost in the verb form with the discontinuous pronoun. In the verb לָקוּם , the future stem vowel /u/ is retained.

Table of Subject Pronouns in Future Tense:

discontinuous*	prefix
	(אני) א ___
(את) ת ___ י	(אתה) ת ___
(אתם) (אתן) ת ___ ו	הוא י ___
	היא ת ___
(הם) (הן) י ___ ו	(אנחנו) נ ___

* discontinuous = contains prefix and suffix

3.a.I. GROUP A: Pa'al Conjugation with /o/ Stem Vowel

(1) When the first radical is ב כ פ , the fricative variant /v/, /x/, /f/ is used in future tense. The same rule applies to the infinitive form.

Examples:

Verb	שם הפעל	עתיד	עבר	שרש
"to check"	לִבְדֹּק	יִבְדֹּק	בָּדַק	1. *ב.ד.ק.
"to write"	לִכְתֹּב	יִכְתֹּב	כָּתַב	2. כ.ת.ב.
"to meet"	לִפְגֹּשׁ	יִפְגֹּשׁ	פָּגַשׁ	3. פ.ג.ש.

(2) When the second radical is ב כ פ , the variant used is the stop: /b/, /k/, /p/. The same applies to the infinitive form.

Examples:

"to break"	לִשְׁבֹּר	יִשְׁבֹּר	שָׁבַר	1. *ש.ב.ר.
"to rent; hire"	לִשְׂכֹּר	יִשְׂכֹּר	שָׂכַר	2. *ש.כ.ר.

3. *ס.פ.ר. סָפַר יִסְפֹּר לִסְפֹּר "to count"

* Verbs introduced only as examples.

GROUP A: Pa'al /o/ Stem

זמן: עתיד   בנין: פָּעַל   גזרה: שְׁלֵמִים

שרש:	ג.מ.ר.	כ.ת.ב.	פ.ג.ש.
(אני)	אֶגְמֹר	אֶכְתֹּב	אֶפְגֹּשׁ
(אתה)	תִּגְמֹר	תִּכְתֹּב	תִּפְגֹּשׁ
(את)	תִּגְמְרִי	תִּכְתְּבִי	תִּפְגְּשִׁי
הוא	יִגְמֹר	יִכְתֹּב	יִפְגֹּשׁ
היא	תִּגְמֹר	תִּכְתֹּב	תִּפְגֹּשׁ
(אנחנו)	נִגְמֹר	נִכְתֹּב	נִפְגֹּשׁ
(אתם/ן)	תִּגְמְרוּ	תִּכְתְּבוּ	תִּפְגְּשׁוּ
הם/הן	יִגְמְרוּ	יִכְתְּבוּ	יִפְגְּשׁוּ

3.a.I.1. Substitution Drill — תרגיל התאמה

ברנשטיין: ברנשטיין יכתוב מכתב לעיתון.

אתה. דליה. אנחנו. הפקידים. את. האחיות שלך. הן.

3.a.I.2. Substitution Drill — תרגיל התאמה

אנחנו: לא נגמור את העבודה בזמן.

את. ההורים שלי. אני. אבא. אחי. אתם. אתה. הן.

3.a.I.3. Substitution Drill — תרגיל התאמה

רינה: רינה תפגוש את אורי בפיצה.

אבי. אנחנו. הם. אתן. את. מי? יוסי. אתה.

3.a.I.4. Transformation Drill — תרגיל

Change the following sentences to future tense: — הפוך לעתיד:

Example: — דוגמא: כתבתי מכתב בעברית ----> אכתוב מכתב בעברית

1. מתי עמוס כתב מאמר בעיתון? ---------->
2. בורית גמרה לאכול וכתבה מכתב -------->
3. לא פגשנו את אחיך אתמול ------------->
4. ריבה, מתי פגשת את ההורים שלי? ------>
5. האם אתם גמרתם את הספר? ------------->
6. האם הם כותבים מאמרים? -------------->
7. הם פוגשים חברים בבית קפה ----------->
8. היא גומרת ללמוד לפני שש ------------>
9. הוא לא פוגש הרבה אנשים בעבודה ------>
10. מתי גמרת לכתוב את העבודה? ---------->

3.a.II. GROUP B: Pa'al Conjugation with /a/ Stem Vowel

In future tense, several Pa'al verbs share the stem vowel /a/. Some verbs are regular:

1.	*ר.כ.ב.	לרכב	ארכב - ירכב	"to ride"
2.	*ש.כ.ב.	לשכב	אשכב - ישכב	"to lie down"

"to study"   אֶלְמַד – יִלְמַד   לִלְמֹד   •ל.מ.ד.   3.

Other verbs have final or medial radicals which determine the nature of the stem

vowel.

(1) Verbs which have ח or ע as final or medial radicals are conjugated in

the future with an /a/ vowel:

"to hear"   אֶשְׁמַע – יִשְׁמַע   לִשְׁמֹעַ   •ש.מ.ע.   1.

"to open"   אֶפְתַּח – יִפְתַּח   לִפְתֹּחַ   •פ.ת.ח.   2.

"to fear"   אֶפְחַד – יִפְחַד   לִפְחֹד   •פ.ח.ד*   3.

"to hunger"   אֶרְעַב – יִרְעַב   לִרְעֹב   •ר.ע.ב*   4.

(2) Verbs which belong to the ל״א root classification where א   is the final

radical, are also conjugated in the future with an /a/ vowel:

"to read"   אֶקְרָא – יִקְרָא   לִקְרֹא   •ק.ר.א.   1.

"to find"   אֶמְצָא – יִמְצָא   לִמְצֹא   •מ.צ.א.   2.

Note: The infinitive form of these verbs may or may not have an /a/ vowel. The

stem vowel of the infinitive, in this case, cannot be predicted and must be

learned individually.

GROUP B: /a/ Stem Vowel

זמן: עתיד   בנין: פָּעַל

שרש:	•ל.מ.ד.	•פ.ת.ח.	•ק.ר.א.	•ש.מ.ע.	•נ.ס.ע.*
(אני)	אֶלְמַד	אֶפְתַּח	אֶקְרָא	אֶשְׁמַע	אֶסַּע
(אתה)	תִּלְמַד	תִּפְתַּח	תִּקְרָא	תִּשְׁמַע	תִּסַּע
(את)	תִּלְמְדִי	תִּפְתְּחִי	תִּקְרְאִי	תִּשְׁמְעִי	תִּסְּעִי
הוא	יִלְמַד	יִפְתַּח	יִקְרָא	יִשְׁמַע	יִסַּע

425

היא	תִּלְמַד	תִּפְתַּח	תִּקְרָא	תִּשְׁמַע	תִּסַּע
(אנחנו)	נִלְמַד	נִפְתַּח	נִקְרָא	נִשְׁמַע	נִסַּע
(אתם/ן)	תִּלְמְדוּ	תִּפְתְּחוּ	תִּקְרְאוּ	תִּשְׁמְעוּ	תִּסְּעוּ
הם/הן	יִלְמְדוּ	יִפְתְּחוּ	יִקְרְאוּ	יִשְׁמְעוּ	יִסְּעוּ

*Note that in the verb נ.ס.ע. the /n/ נ radical has been assimilated into the second consonant.

Observe:

אנסע ----> אֶסַּע

ננסע ----> נִסַּע

3.a.II.1. Substitution Drill — תרגיל התאמה

מי: מי יקרא עיתון בבוקר?

אנחנו. ברנשטיין. אביבה. אני. את. אורי ויוסי. הם.

3.a.II.2. Substitution Drill — תרגיל התאמה

הסטודנטים: הסטודנטים ישמעו תוכנית על המצב בעולם.

אתן. מי? את. דניאל. אתה. אנחנו. אני. רותי.

3.a.II.3. Substitution Drill — תרגיל התאמה

הם: הם לא ילמדו היום בכיתה.

את. המורים. החברה שלך. האורחות שלנו. אתה. אנחנו.

3.a.II.4. Substitution Drill — תרגיל התאמה

אנחנו: נפתח את הקופה רק בשעה 4:00.

הקופאי. רינה. הם. אני. הפקידות. אתם. רותי.

3.a.II.5. <u>Substitution Drill</u> <u>תרגיל התאמה</u>

רותי: <u>רותי תסע</u> לירושלים ביום שלישי.

אורי. אחי. ההורים שלי. החברות שלו. אנחנו. אני.

3.a.II.6. <u>Transformation Drill</u> <u>תרגיל</u>

Change the following sentences to future tense: הפוך לעתיד:

Example: דוגמא: קראנו ספר שירים יפה <---- <u>נקרא</u> ספר שירים יפה

1. נסענו במכונית לעכו <-----------

2. דן לא למד לקרוא <--------------

3. רינה שמעה את הסיפורים שלך <---

4. את לומדת בתיכון? <-------------

5. הם למדו אנגלית בבית ספר <------

6. הן נסעו למצדה בבוקר <----------

7. קראנו את העיתון "מעריב" <------

8. לא שמעת את החדשות? <-----------

9. פתחנו את החנות בשמונה בבוקר <--

10. האם אתם לומדים את החומר? <----

11. מרים נוסעת לחיפה בערב <-------

12. הם פתחו את הקופה לקולנוע <----

3.a.III. <u>GROUP C: Pa'al Conjugation of ל"ה Verbs</u> <u>בנין פעל ל"ה</u>

In future tense, verbs with ה as the final radical have an /e/ stem vowel.

ש.ת.ה.	ר.צ.ה.	ר.א.ה.	ה.י.ה.	ק.נ.ה.	שרש:
אֶשְׁתֶּה	אֶרְצֶה	אֶרְאֶה	אֶהְיֶה	אֶקְנֶה	(אני)
תִּשְׁתֶּה	תִּרְצֶה	תִּרְאֶה	תִּהְיֶה	תִּקְנֶה	(אתה)
תִּשְׁתִּי	תִּרְצִי	תִּרְאִי	תִּהְרִי	תִּקְנִי	(את)
יִשְׁתֶּה	יִרְצֶה	יִרְאֶה	יִהְיֶה	יִקְנֶה	הוא
תִּשְׁתֶּה	תִּרְצֶה	תִּרְאֶה	תִּהְיֶה	תִּקְנֶה	היא
נִשְׁתֶּה	נִרְצֶה	נִרְאֶה	נִהְיֶה	נִקְנֶה	(אנחנו)
תִּשְׁתּוּ	תִּרְצוּ	תִּרְאוּ	תִּהְיוּ	תִּקְנוּ	(אתם/ן)
יִשְׁתּוּ	יִרְצוּ	יִרְאוּ	יִהְיוּ	יִקְנוּ	הם/הן

(handwritten annotation pointing to תִּהְרִי: "2nd root letter" and "suffix")

Note that in second person feminine singular, as well as in second and third person plural, the ה is completely dropped. Both the stem vowel /e/ and the final radical ה are lost in the forms with discontinuous pronouns.

Examples:

"you (fem.) will buy"   (את) תִּקְנִי

"you (pl.) will buy"   (אתם/ן) תִּקְנוּ

"they will buy"   הם/הן יִקְנוּ

(2) In the verbs ע.ש.ה. "to do" and ע.ל.ה. "to cost" or "to ascend", the initial radical ע affects the prefixes of the verb forms, except for first person singular. The prefix vowel changes from /i/ to /a/:

428

זמן: עתיד בנין: פָּעַל גזרה: ל״ה

ע.ל.ה.	ע.ש.ה.	שרש:
אֶעֱלֶה	אֶעֱשֶׂה	(אני)
תַּעֲלֶה	תַּעֲשֶׂה	(אתה)
תַּעֲלִי	תַּעֲשִׂי	(את)
יַעֲלֶה	יַעֲשֶׂה	הוא
תַּעֲלֶה	תַּעֲשֶׂה	היא
נַעֲלֶה	נַעֲשֶׂה	(אנחנו)
תַּעֲלוּ	תַּעֲשׂוּ	(אתם/ן)
יַעֲלוּ	יַעֲשׂוּ	הם/הן

3.a.III.1. Substitution Drill

תרגיל התאמה

אני: אקנה ספר חדש לצבי.

אתה. את. אנחנו. מי? הידידים של צבי. החברה שלי.

(handwritten) תִּקְנֶה תִּקְנִי נִקְנֶה יִקְנוּ תִּקְנֶה

3.a.III.2. Substitution Drill

תרגיל התאמה

אנחנו: נראה את התמרבות החדשות במוזיארן.

רינה. צבי. את. אתך. הך. צבי ורינה. אני. הם.

(handwritten) תִּרְאֶה יִרְאֶה תִּרְאִי תִּרְאוּ יִרְאוּ יִרְאוּ אֶרְאֶה יִרְאוּ

3.a.III.3. Substitution Drill

תרגיל התאמה

רון: רון יהיה האורח שלנו.

אתה. גם את. התלמידים. החברה שלי. אתם. רינה. אני.

(handwritten) תִּהְיֶה תִּהְיִי יִהְיוּ תִּהְיֶה תִּהְיוּ תִּהְיֶה אֶהְיֶה

429

3.a.III.4. <u>Substitution Drill</u>   תרגיל התאמה

אורי: <u>אורי ירצה</u> לבוא למסיבה.

רינה.   רינה ודליה.   רוסי ויצחק.   אנחנו.   אתם.   את.

(handwritten) תִּרְצֶה   תִּרְצוּ   נִרְצֶה   יִרְצוּ   יִרְצִי   תִּרְצֶה

3.a.III.5. <u>Substitution Drill</u>   תרגיל התאמה

אתה: <u>תשתה</u> קפה?

אתם.   דליה.   רותי ורינה.   אורי.   המורים.   את.   אנחנו.

(handwritten) נִשְׁתֶּה   תִּשְׁתִּי   יִשְׁתּוּ   יִשְׁתֶּה   תִּשְׁתֶּינָה   תִּשְׁתֶּה   תִּשְׁתּוּ

3.a.III.6. <u>Substitution Drill</u>   תרגיל התאמה

אנחנו: מה <u>נעשה</u> בתל אביב?

דני.   האורחים של דני.   אחותך.   אתם.   אתך.   נעמי.

(handwritten) תַּעֲשֶׂה   יַעֲשׂוּ   תַּעֲשֶׂה   תַּעֲשׂוּ   תַּעֲשִׂי   תַּעֲשֶׂה

3.a.III.7. <u>Completion Exercise</u>   תרגיל השלמה

Complete the following sentences in future tense:

1. היא תרצה לאכול בשש.

אתה <u>תִּרְצֶה לֶאֱכֹל</u>   הרא *(handwritten)* יִרְצֶה לֶאֱכֹל בְּשֵׁשׁ

2. לא רצה ללכת לשפת הים בלילה.

הרא *(handwritten)* לֹא יִרְצֶה לָלֶכֶת   הם *(handwritten)* לֹא יִרְצוּ לָלֶכֶת

3. תעשה מה שאתה רוצה.

אבחנו <u>נַעֲשֶׂה מַה</u>   את *(handwritten)* תַּעֲשִׂי מַה שֶׁאַתְּ רוֹצָה

4. מה אראה שם?

אתה <u>תִּרְאֶה שָׁם?</u>   ירבתן *(handwritten)* תִּרְאֶינָה שָׁם?

5. בקנה אוכל לפִּיקְנִיק.

מרים *(handwritten)* תִּקְנֶה אוֹכֶל   האורחים *(handwritten)* יִקְנוּ אוֹכֶל לַפִּיקְנִיק.

430

6. ברגשטיין לא יעשה את הכל.

אמא של ברגשטיין _[handwritten]_ ההורים שלו _[handwritten]_

7. יהושע יהיה פקיד במשרד.

ריבה _[handwritten]_ ואתם _[handwritten]_

8. לא אשתה חלב.

אורי _[handwritten]_ אנחנו _[handwritten]_

3.a.IV. GROUP D: Pa'al Conjugation of ע"ו Verbs   בנין פעל ע"ו

Verbs with ו as a medial radical have /u/ as a stem vowel. The future tense verb forms contain only two radicals. The medial ו is the stem vowel /u/ rather than the medial radical.

זמן: עתיד   בנין: פָּעַל   גזרה: ע"ו

ב.ו.א.*	ר.ו.צ.	נ.ו.ח.	ק.ו.מ.	שרש:
אָבוֹא	אָרוּץ	אָנוּחַ	אָקוּם	(אני)
תָּבוֹא	תָּרוּץ	תָּנוּחַ	תָּקוּם	(אתה)
תָּבוֹאִי	תָּרוּצִי	תָּנוּחִי	תָּקוּמִי	(את)
יָבוֹא	יָרוּץ	יָנוּחַ	יָקוּם	הוא
תָּבוֹא	תָּרוּץ	תָּנוּחַ	תָּקוּם	היא
נָבוֹא	נָרוּץ	נָנוּחַ	נָקוּם	(אנחנו)
תָּבוֹאוּ	תָּרוּצוּ	תָּנוּחוּ	תָּקוּמוּ	(אתם/ן)
יָבוֹאוּ	יָרוּצוּ	יָנוּחוּ	יָקוּמוּ	הם/הן

431

* <u>Note</u>: In the case of the verb ב.ו.א. , the stem vowel of the conjugation
is /o/ instead of /u/. This particular verb belongs to both the ע"ו and the
ל"א root classifications, and in future tense, the verb לָבוֹא is unique with an
/o/ stem vowel rather than the usual /u/ vowel.

"תָּבוֹא עֲלֵיכֶם הַבְּרָכָה"

"May you be blessed"

3.a.IV.1. <u>Substitution Drill</u>   תרגיל התאמה

אני: לא אָקֻם מוקדם בבוקר.

אתם.   האורחות.   הוא.   רבקה.   את.   הם.   אנחנו.   אתה.
תָקוּמוּ.   תָקוּמוּ.   תָקוּם.   תָקוּם.   תָקוּמִי.   יָקוּמוּ.   נָקוּם.   תָקוּם.

3.a.IV.2. <u>Substitution Drill</u>   תרגיל התאמה

אנחנו: נָרוּץ חמישה קילומטרים.

את.   אני.   אתה.   האבא של דוב.   החברים שלי.   רינה.
תָרוּצִי.   אָרוּץ.   תָרוּץ.   יָרוּץ.   יָרוּצוּ.   תָרוּץ.

3.a.IV.3. <u>Substitution Drill</u>   תרגיל התאמה

after shabbat goes out

מי: מי יָבוֹא במוצאי שבת?

דליה ורינה.   אתם.   כולם.   דליה ודוב.   אני.   אנחנו.
יָבוֹאוּ.   תָבוֹאוּ.   יָבוֹאוּ.   יָבוֹאוּ.   אָבוֹא.   נָבוֹא.

3.a.IV.4. <u>Substitution Drill</u>   תרגיל התאמה

1st

אני: אָנוּחַ אחרי הצהריים.

האורח.   הילדות.   הבחורים.   אתן.   את.   אתה.   כולם.
יָנוּחַ.   יָנוּחוּ.   יָנוּחוּ.   תָנוּחִי.   תָנוּחִי.   תָנוּחַ.   יָנוּחוּ.
                                                        אנחנו.   אתם.
                                                        נָנוּחַ.   תָנוּחוּ.

432

3.a.IV.5. Completion Exercise

תרגיל

Complete the following sentences in future tense (subject substitution):

1. אקום מוקדם בבוקר.

אתה תקום ______ את תקומי ______

2. לא תנוח בטיול.

אנחנו ננוח ______ משה ינוח ______

3. תבוא בזמן.

היא תבוא ______ אתם תבואו ______

4. נגור באילת.

את תגורי ______ הן יגורו ______

5. נקום מאוחר.

אתם תקומו ______ מי יקום ______

6. הם יבואו לבקר אותנו.

את תבואי ______ הוא יבוא ______

tickets

7. ארוץ לקנות כרטיסים.

אתה תרוץ ______ מיכאל ירוץ ______

party

8. לא אנוח לפני המסיבה.

האורחים ינוחו ______ ריבה תנוח ______

3.a.V. GROUP E: Pa'al Conjugation חסרי פ"י Verbs

פעל חסרי פ"י

Verbs in this root classification are irregular in that they lose their initial radical י in future tense, the imperative mood, and infinitive. Note the following examples:

Verb	Future	Imperative	Infinitive	Root	
to sit	אֵשֵׁב - תֵּשֵׁב	שֵׁב!	לָשֶׁבֶת	י.ש.ב.	.1
to go out; exit	אֵצֵא - תֵּצֵא	צֵא!	לָצֵאת	י.צ.א.	.2

In future tense, these verbs have a distinct vowel pattern for the stem vowel, as well as for the pronoun prefixes.

Note: Although the verb ה.ל.כ. is not a פ״י verb, its conjugation pattern is the same:

to go	אֵלֵךְ - תֵּלֵךְ	לֵךְ!	לָלֶכֶת	ה.ל.כ.

זמן: עתיד   בנין: פָּעַל   גזרה: חסרי פ״י

שרש:	י.ש.ב.	י.צ.א.	ה.ל.כ.*
(אני)	אֵשֵׁב	אֵצֵא	אֵלֵךְ
(אתה)	תֵּשֵׁב	תֵּצֵא	תֵּלֵךְ
(את)	תֵּשְׁבִי	תֵּצְאִי	תֵּלְכִי
הוא	יֵשֵׁב	יֵצֵא	יֵלֵךְ
היא	תֵּשֵׁב	תֵּצֵא	תֵּלֵךְ
(אנחנו)	נֵשֵׁב	נֵצֵא	נֵלֵךְ
(אתם/ן)	תֵּשְׁבוּ	תֵּצְאוּ	תֵּלְכוּ
הם/הן	יֵשְׁבוּ	יֵצְאוּ	יֵלְכוּ

3.a.V.1. Substitution Drill — תרגיל התאמה

אני: אצא בשבע, אלך לטייל, ואשב בבית קפה.

אתה. אתם. אנחנו. את. הם. הוא. הם. היא.

3.a.V.2. <u>Transformation Drill</u> <u>תרגיל</u>

Change the following sentences to future tense: הפוך לעתיד:

Example: דוגמא: רותי <u>יושבת</u> בבית. ----- רותי <u>תשב</u> בבית.

1. רני הולך לקולנוע --------------→

2. רותי יוצאת עם רמי --------------→

3. אני יושב בגן עם דליה ----------→

4. אנחנו יוצאים לטיולים בשבת ----→

5. את הולכת לשיעור? --------------→

6. אני לא הולכת לסרט המשעמם ------→

7. ברנשטיין יוצא עם בחורות צעירות -→

8. אתן יושבות בבית במוצאי שבת? --→

3.b. <u>Semantic Notes: to talk, to say, to tell</u> <u>להגיד/לומר/לספר/לדבר</u>

3.b.I. <u>The Verbs "to say/ to tell"</u> <u>להגיד ולומר</u>

In standard spoken Modern Hebrew, the verbs לוֹמַר and לְהַגִּיד share the meaning of "to say, tell..." The verb לוֹמַר is always used in present and past tense, while it is customary to use לְהַגִּיד in the future, the imperative and the infinitive.

Examples:

<u>Past</u>:	"Moshe <u>said</u> hello to us."	1. עבר: משה <u>אמר</u> לנו שלום.
<u>Present</u>:	"They <u>say</u> what they think."	בינוני: הם <u>אומרים</u> מה שהם חושבים.
<u>Future</u>:	"Uri will tell you how to get here."	2. עתיד: אורי <u>יגיד</u> לכם איך להגיע הנה.

Imperative: "Tell me Rina, what time is it?" — ציווי: הגידי לי, רינה, מה השעה?

Infinitive: "Uri wants to tell you something." — שם פועל: אורי רוצה להגיד לך משהו.

The verb לומר (א.מ.ר.) is in the Pa'al פעל conjugation, and the verb להגיד(נ.ג.ד.) is in the Hif'il הפעיל conjugation.

Note: The future, imperative and infinitive forms of לומר are also used, but usually in more formal style of Hebrew.

Conjugation of לומר and להגיד

שרש: א.מ.ר. — בנין: פעל — שם הפעל: לומר

זמן	אני	אתה	את	אנחנו	אתם/ן	הוא	היא	הם/הן
עבר:	אמרתי	אמרת	אמרת	אמרנו	אמרתם/ן	אמר	אמרה	אמרו
עתיד:	אמר	תאמר	תאמרי	נאמר	תאמרו	יאמר	תאמר	יאמרו
בינוני:	יחיד: אומר	יחידה: אומרת	רבים: אומרים	רבות: אומרות				
ציווי:	יחיד: אמור	יחידה: אמרי	רבים/רבות: אמרו					

שרש: נ.ג.ד. — בנין: הפעיל — שם הפעל: להגיד

עתיד:	אגיד	תגיד	תגידי	נגיד	תגידו	יגיד	תגיד	יגידו
ציווי:	יחיד: הגד	יחידה: הגידי	רבים/רבות: הגידו					

3.b.II. The Verbs: "to say, tell, and talk"   להגיד/לומר, לספר, לדבר

(1) "to say/tell"   1. להגיד/ לומר

a. The verb לומר is used to convey a speech act, in either direct or indirect speech, and as such it is translated in English as "to say."

Examples:

1. משה <u>אמר</u>: "הכל בסדר."   Moshe said: "Everything is alright."

2. משה <u>אמר</u> שהכל בסדר.   "Moshe said that everything is alright."

b. The verbs לומר and להגיד can also be translated as "to tell", in the sense of to order somebody to do something, or to instruct.

Examples:

1. משה <u>אמר</u> לנו ללכת הביתה.   "Moshe told us to go home."

2. משה <u>יגיד</u> להם ללכת הביתה.   "Moshe will tell them to go home."

3. דליה, <u>תגידי</u> לי מה השעה.   "Dalia, tell me what time it is."

(2) "to tell/narrate"   2. לספר

The verb לְסַפֵּר has the meaning of "to tell, to narrate." It is used to relate a fact, an event, a sequence of events, or to narrate a story.

Examples:

1. משה <u>סיפר</u> לי שהוא היה בארץ.   "Moshe told me that he was in Israel."

2. משה <u>סיפר</u> לי שהוא גר בתל אביב ואחר-כך הוא עבר לירושלים.   "Moshe told me that he lived in Tel Aviv and then moved to Jerusalem."

"Moshe told me a long story about his life." — 3. משה סיפר לי סיפור ארוך על החיים שלו.

There are times when either סיפר or אמר can be used, for the differences in their meaning is very subtle.

Examples:

"Moshe told me that he was in Israel." (i.e. he said, he iterated) — 1. משה אמר לי שהוא היה בארץ.

"Moshe told me that he was in Israel." (i.e. he related the fact to me) — 2. משה סיפר לי שהוא היה בארץ.

(3) The verb לדבר is translated as either "to speak" or "to talk," and is not to be confused with "say" or "tell." (The same is true in English.)

Examples:

"We talk to our parents on the phone." — 1. אנחנו מדברים עם ההורים בטלפון.

"Uri talks a lot." — 2. אורי מדבר הרבה.

"Rina speaks fast." — 3. רינה מדברת מהר.

"The guests do not speak Hebrew." — 4. האורחים לא מדברים עברית.

3.b.1. Exercise — תרגיל

Fill in the appropriate form of the verbs לומר or להגיד :

א. עבר: 1. ______ להם לבוא לקונצרט בזמן.
(אבי)

2. אורי ______ לנו שהוא יבוא לבקר.

3. גברת כספי ______ שהיא מתכוננת לבוא.

4. כולם ______ שהם יבואו.

5. ________ שאין לכם זמן?
(אתם)

ב. בינוני:

1. אנחנו ________ לכם את האמת.

2. את לא ________ את הכל.

3. הן ________ לנו שלום כל בוקר.

4. למה אתה לא ________ שלום?

ג. עתיד:

1. דן ________ לכולם את כל מה שהוא שמע.

2. האם אתם ________ לנו לאן לבוא?

3. למה (את) לא ________ מה את רוצה?

4. הם ________ לכם מי יהיה כאן הערב.

5. ריבה ________ לדן איפה תהיה המסיבה.

3.b.2. __Exercise__ תרגיל

Fill in the correct verbs: לדבר , לומר , לספר , in past tense:

1. אחרי ש ________ לו את הכל, הוא הלך ו ________ את הכל לכולם.
(אני)

2. כשפגשתי את אחיך הוא לא ________ לי שלום.

3. האם ________ לדני סיפור, או ש ________ לו ללכת לישון?
(את) (את)

4. פגשנו את השחקן אחרי ההצגה, ו ________ לו שההצגה היתה טובה.

5. מי ________ שהם לא היו בהצגה? ראינו אותם ו ________ איתם.

6. הוא ________ לנו בדיחה בכיתה.

7. ________ עם משה ו ________ לו על ההצגה.
(אנחנו)

8. אחרי ששמענו את הסיפור, הלכנו __________ עם המורה שלנו.

9. הוא לא __________ עברית, אבל __________ איתו אנגלית.
(אנחנו)

10. מי __________ לכם שהיינו בצרפת ושמשם נסענו לארצות הברית?

3.b.3. <u>Exercise</u> — <u>תרגיל</u>

Translate the following sentences: — תרגם לעברית:

1. David, are you saying that there are no tickets for the concert?
2. David talked to the cashier, and the cashier told him that there are no tickets to the concert.
3. Who told you the story about David and the cashier?
4. Tell the cashier that I want ten tickets.
5. I can tell him, but I told you that he said that there are no tickets.
6. The teacher told us to study for the test.
7. He said that the test will be difficult.
8. His students told us that his tests are always difficult.
9. You will not tell me what to do!
10. Uri told us how he and his friends went to the city.

4. <u>Additional Texts</u> — 4. <u>קטעי קריאה</u>

New vocabulary items should be looked up in the dictionary!

"החלומות של יוסי"

יוסי: אני חולם חלומות על מה שאעשה אחרי שאגמור את הבחינות.

רותי: מה תעשה אחרי שתגמור את הבחינות?

יוסי: אסע הביתה. בבית אשב ולא אעשה שום דבר.

רותי: לא תעשה שום דבר?

יוסי: אקום מאוחר, ואולי אלך לים, ואולי אנוח בבית.

רותי: אלה החלומות שלך לעתיד?

יוסי: לא. אחר כך אצא לטיול גדול בעולם.

רותי: ומה תעשה אחרי הטיול?

יוסי: מי יודע?

"החלומות של אמא של יוסי"

יוסי שלי בחור יוצא מן הכלל. הוא כל כך מעוניין בלימודים.

מהבוקר ועד הערב הוא רק יושב ולומד. הוא לא חושב על בחורות והוא לא

חושב על טיולים -- רק על לימודים. יוסי שלי יהיה רופא, או אולי עורך

דין. כשהוא יגמור את הלימודים בתיכון, הוא ילמד באוניברסיטה. יוסי

חושב רק על הקריירה שלו ועל העתיד שלו. גם אני ....

כשיוסי היה ילד קטן הוא תמיד שאל שאלות. כשאמרתי לו ללכת לישון,

תמיד היו לו תירוצים. אולי הוא יהיה עורך דין. דבר אחד אני יודעת,

יוסי שלי יודע בדיוק מה הוא רוצה לעשות, וגם אני יודעת בדיוק מה יוסי

רוצה לעשות. יש לי מזל ויש לי נחת!

I have pleasure,   - (..מ) יש לי נַחַת
    satisfaction (from)

דִּבְרֵי חֲלוֹמוֹת לֹא מַעֲלִין וְלֹא מוֹרִידִין   (ירושלמי, ברכות ט,א)

Dreams do not add and do not detract. (Yerushalmi, Berakhot 9:1)

441

שיעור מספר 16

"שיעורים בהסטוריה"

"LESSONS IN HISTORY"

1. Vocabulary
   a. Active Vocabulary
   b. Vocabulary Notes
2. Texts
3. Grammar and Exercises
   a. Time Adverbs
   b. How Long? For How Long? כמה זמן? לכמה זמן?
   c. Time Expressions - ביטויי זמן
   d. Time Sequence
   e. Ordinal Numbers
4. Additional Texts

1.a. Active Vocabulary — אוצר מילים פעיל .1.א

enemy	אוֹיֵב אוֹיְבִים	אויב (ז)
strategic	אִסְטְרָטֵגִי	אסטרטגי
Asia	אַסְיָה	אסיה (נ)
grapevine	גֶּפֶן גְּפָנִים	גפן (נ)
minute	דַּקָּה דַּקּוֹת	דקה (נ)

abroad	חו״ל (חוּץ לָאָרֶץ)	חו״ל (חוץ לארץ)
strong	חָזָק - חֲזָקָה	חזק - חזקה
anniversary	יוֹבֵל	יובל (ז)
in order to	כְּדֵי	כדי
conquest	כִּבּוּשׁ	כיבוש (ז)
	כִּבּוּשִׁים	
sometimes	לִפְעָמִים	לפעמים
sometimes	לְעִתִּים	לעתים
often; frequently	לְעִתִּים קְרוֹבוֹת	לעתים קרובות
seldom	לְעִתִּים רְחוֹקוֹת	לעתים רחוקות
often; frequently	לְעִתִּים תְּכוּפוֹת	לעתים תכופות
district	מָחוֹז	מחוז (ז)
	מְחוֹזוֹת	
war	מִלְחָמָה	מלחמה (נ)
	מִלְחָמוֹת	
king	מֶלֶךְ	מלך (ז)
	מְלָכִים	
decade	עָשׂוֹר	עשור (ז)
activity	פְּעִילוּת	פעילות (נ)
	פְּעִילוּיוֹת	
army	צָבָא	צבא (ז)
	צְבָאוֹת	
navy; fleet	צִי	צי (ז)
	צִיִּים	
before; earlier	קֹדֶם/מִקֹּדֶם	קודם/מקודם
battle	קְרָב	קרב (ז)
	קְרָבוֹת	

connection	קֶשֶׁר קְשָׁרִים	קשר (ז)
first	רִאשׁוֹן - רִאשׁוֹנָה	ראשון - ראשונה
tribe	שֵׁבֶט שְׁבָטִים	שבט (ז)
day before yesterday	שִׁלְשׁוֹם	שלשום
second	שְׁנִיָּה שְׁנִיּוֹת	שניה (נ)
fig	תְּאֵנָה תְּאֵנִים	תאנה (נ)
under	תַּחַת	תחת

<u>Verbs</u> <u>פעלים</u>

to build	לִבְנוֹת (ב.נ.ה.)	בָּנָה - בָּנְתָה
to conquer	לִכְבּוֹשׁ (כ.ב.ש.)	כָּבַשׁ - כָּבְשָׁה
to fight	לִלְחוֹם (ל.ח.מ.)	לָחַם - לָחֲמָה
to rule	לִמְלוֹךְ (מ.ל.כ.)	מָלַךְ - מָלְכָה
to call; name	לִקְרוֹא ל... (ק.ר.א.)	קָרָא - קָרְאָה
to unify	לְאַחֵד (א.ח.ד.)	אִיחֵד - אִיחֲדָה
to strengthen	לְחַזֵּק (ח.ז.ק.)	חִיזֵּק - חִיזְּקָה
to divide	לְחַלֵּק (ח.ל.ק.)	חִילֵּק - חִילְּקָה
to establish	לְהָקִים (ק.ו.מ.)	הֵקִים - הֵקִימָה
to enlarge; widen	לְהַרְחִיב (ר.ח.ב.)	הִרְחִיב - הִרְחִיבָה
to die	לָמוּת (מ.ו.ת.)	מֵת - מֵתָה

Expressions and Phrases	ביטויים וצירופים
never	אַף פַּעַם לֹא
the capital of the kingdom	בִּירַת הַמַּמְלָכָה
the Temple	בֵּית הַמִּקְדָּשׁ
Mount Moriah	הַר הַמּוֹרִיָּה
safely; securely	לָבֶטַח
place of residency	מְקוֹם מוֹשָׁב
loud voice	קוֹל רָם
the tribes of Israel	שִׁבְטֵי יִשְׂרָאֵל
age of glory; the Golden Age	תְּקוּפַת הַזּוֹהַר

1.b. Vocabulary Notes

In the basic text of this lesson, several of the vocabulary items are built from the root .מ.ל.כ :

מ.ל.כ.

Verbs:	פעלים:
to reign, rule	מָלַךְ - לִמְלֹךְ (עַל)
to crown	הִמְלִיךְ - לְהַמְלִיךְ

Nouns:	שמות:
king	מֶלֶךְ (ז) - מְלָכִים
queen	מַלְכָּה (נ) - מְלָכוֹת
the institution of kingship; monarchy	מְלוּכָה (נ)
kingdom; the time of reign	מַלְכוּת (נ) - מַלְכֻיּוֹת
the royal dynasty	בֵּית הַמַּלְכוּת

the throne — כִּסֵּא הַמַּלְכוּת

a sovereign state — מַמְלָכָה (נ) - מַמְלָכוֹת

the United Kingdom — הַמַּמְלָכָה הַמְאוּחֶדֶת

the animal kingdom — מַמְלֶכֶת הַחַי

a kingdom of priests — מַמְלֶכֶת כֹּהֲנִים

state, sovereign (adj.) — מַמְלַכְתִּי - מַמְלַכְתִּית

state/public school — בֵּית סֵפֶר מַמְלַכְתִּי

<u>Expressions</u>: — <u>בִּיטּוּיִים</u>:

the King of all Kings; God — מֶלֶךְ מַלְכֵי הַמְּלָכִים

king of flesh and blood — מֶלֶךְ בָּשָׂר וָדָם

the king of beasts = lion — מֶלֶךְ הַחַיּוֹת

the kings of the House of David — מַלְכֵי בֵּית דָּוִד

the king's road; highway — דֶּרֶךְ הַמֶּלֶךְ

The king is dead, long live the king! — הַמֶּלֶךְ מֵת, יְחִי הַמֶּלֶךְ!

"אֵין מֶלֶךְ בְּיִשְׂרָאֵל" (שופטים י"ח, א)

"There is no king in Israel" (i.e. there is no law or justice in Israel)

2. <u>Texts</u> — 2. <u>קטעי קריאה</u>

<u>המלוכה בישראל - יְמֵי שָׁאוּל, דָּוִד וּשְׁלֹמֹה</u>

(לפי ז. וילנאי)

מלכות דוד ושלמה היתה תקופת הזוהר של ישראל. לפני שדוד בן ישי עלה על כיסא המלכות, מלך שאול בן קִיש. שאול היה המלך הראשון בישראל. הוא איחד את שבטי ישראל ולחם באויבים רבים: הפלישתים, העמלֵקים,

המוֹאָבים, העמוֹנים, האֱדוֹמים והאֲרָמים. אחרי ששאול מת בקרב, עלה דוד על כיסא המלכות.

מקום מושבו של דוד היה בעיר חֶברוֹן. אחרי המלחמה הראשונה שלו, דוד כבש את ירושלים וקרא לה "עיר דוד". אחרי הכיבוש היתה ירושלים בירת הממלכה. דוד הרחיב את ממלכתו וחיזק אותה. אחרי שדוד מת, עלה שלמה בנו על כיסא המלכות.

תקופת המלך שלמה היתה תקופת שלום ובנין. "וַיֵּשֶׁב יְהוּדָה וְיִשְׂרָאֵל לָבֶטַח, אִישׁ תַּחַת גַּפְנוֹ וְתַחַת תְּאֵנָתוֹ". כששלמה עלה על כיסא המלכות הוא בנה את בית המקדש בהר המוריה. אחרי שהוא סיים את הפעילות הזאת, הוא הקים ערים במקומות אסטרטגיים בארץ: גֶּזֶר - ביהודה, מְגִידו - בעמק יזרעֶאל, וחצוֹר - בגליל העליון. שלמה חילק את הארץ לשנים עשר מחוזות. היה לו צבא חזק והוא הקים צי ישראלי. היו לו קשרים עם ממלכות רבות באסיה ובאפריקה.

שאלות תוכן:

1. מי היה המלך הראשון בישראל?
2. מה הוא עשה?
3. מי עלה על כיסא המלכות אחרי ששאול מת?
4. איפה היה מקום מושבו הראשון?
5. איזו עיר היתה בירת הממלכה?
6. איזו תקופה היתה תקופת המלך שלמה?
7. איפה בנה שלמה את בית המקדש?
8. מה הן הערים שהקים שלמה בארץ?
9. האם היתה לו ממלכה חזקה?

10. עם מי היו לו קשרים?

Note to the Teacher:

Be sure that the student: (1) can answer content questions without referring to the book; (2) is able to recount the passage without referring to the book.

(לפי ז. וילנאי)

ממלכת דוד ושלמה

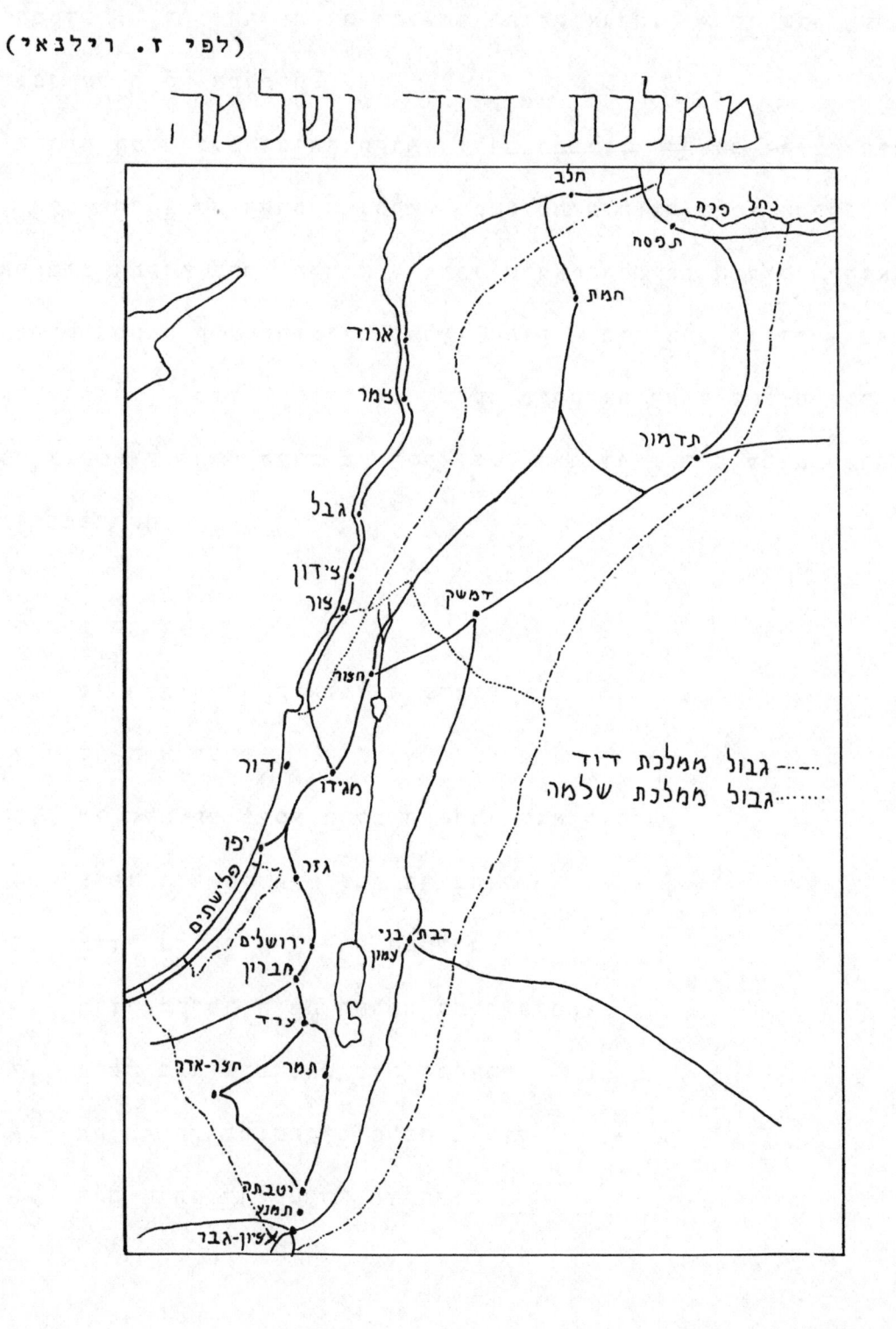

3. Grammar and Exercises

3.a. Time Adverbs

The following are adverbs which indicate frequency of occurence of an action or an event:

When?	מָתַי?
always	תָּמִיד
usually; generally	בְּדֶרֶךְ כְּלָל
often; frequently	לְעִתִּים קְרוֹבוֹת / לְעִתִּים תְּכוּפוֹת
sometimes	לִפְעָמִים / לְעִתִּים
seldom	לְעִתִּים רְחוֹקוֹת
never	אַף פַּעַם לֹא

3.a.1. Exercise   תרגיל

Change the following sentences to include the time adverbs "always" תמיד and "never" אף פעם לא:

Example: 1. שרה מגיעה לעבודה בזמן.   :דוגמא

א. שרה <u>תמיד</u> מגיעה לעבודה בזמן.

ב. שרה <u>אף פעם לא</u> מגיעה לעבודה בזמן.

2. נחום מדבר בקול רם.

א. _____

ב. _____

3. ברנשטיין עבד בממשלה.

א. ______________________________

ב. ______________________________

4. ההורים של ריבה מזמינים אותנו לארוחת ערב.

א. ______________________________

ב. ______________________________

5. נחמה ממהרת לעבודה.

א. ______________________________

ב. ______________________________

6. אורי אוהב להזמין חברים לכוס בירה.

א. ______________________________

ב. ______________________________

7. חנן ואילן אוכלים חמש ארוחות ביום.

א. ______________________________

ב. ______________________________

8. ריבה רעבה בעשר בלילה.

א. ______________________________

ב. ______________________________

9. הילדים חיים בתנאים קשים.

א. ______________________________

ב. ______________________________

10. נחמה גרה בדירה קטנה.

א. ______________________________

ב. ______________________________

3.a.2. Exercise — תרגיל

Change the following sentences to include the following time adverbs:

generally	בדרך כלל
often	לעתים קרובות
sometimes	לפעמים
seldom	לעתים רחוקות

Example: — דוגמא: 1. אני קם בשבע בבוקר.

א. בדרך כלל אני קם בשבע בבוקר.

ב. לעתים קרובות אני קם בשבע בבוקר.

ג. לפעמים אני קם בשבע בבוקר.

ד. לעתים רחוקות אני קם בשבע בבוקר.

2. רותי אוכלת ארוחת בוקר בקפטריה.

א. ____________________

ב. ____________________

ג. ____________________

ד. ____________________

3. הם פותחים את החנות בשמונה.

א. ____________________

ב. ____________________

ג. ____________________

ד. ____________________

4. אנחנו נוסעים העירה לקנות בגדים.

א. ____________________

ב. ____________________

ג. ____________________

ד. ______________________________

5. הפקידות הולכות לישון מוקדם.

א. ______________________________

ב. ______________________________

ג. ______________________________

ד. ______________________________

3.a.3. <u>Exercise</u> <u>תרגיל</u>

Read the following dialogues and note the use of time adverbs in context:

מתי? תמיד.... אף פעם לא....

א. – מתי אתה אוכל ארוחת בוקר?

– לפני שאני הולך לבית הספר.

– אתה תמיד עושה את זה?

– אני אף פעם לא יוצא מהבית לפני שאני אוכל ארוחת בוקר.

ב. – איפה אני יכול לפגוש אותך?

– בספריה.

– את תמיד במצאת שם?

– אני במצאת שם תמיד אחרי הצהריים.

– אין לך שיעורים אחרי הצהריים?

– לא. אף פעם אין לי שיעורים אחרי הצהריים.

ג. – מתי אתם מתכוננים לבקר אותנו?

– מחר בערב.

- אנחנו אף פעם לא נמצאים בבית בערב.

- מה אתם עושים?

- בערב אנחנו תמיד עסוקים.

- במה אתם עסוקים?

- אנחנו נמצאים בקולנוע.

- בקולנוע? לזה אתם קוראים "עסוקים"?

- כן. אנחנו קופאים.

3.b. How long? For how long? — כמה זמן? לכמה זמן?

Time Units: — יחידות זמן:

second	שְׁנִיָּה (נ) - שְׁנִיּוֹת
minute	דַּקָּה (נ) - דַּקּוֹת
hour	שָׁעָה (נ) - שָׁעוֹת
two hours	שְׁעָתַיִם
day	יוֹם (ז) - יָמִים
two days	יוֹמַיִם
week	שָׁבוּעַ (ז) - שָׁבוּעוֹת
two weeks	שְׁבוּעַיִם
month	חֹדֶשׁ (ז) - חֳדָשִׁים
two months	חָדְשַׁיִם
year	שָׁנָה (נ) - שָׁנִים
two years	שְׁנָתַיִם
century	מֵאָה (נ) - מֵאוֹת

(1) The question "How long?" כמה זמן? is asked about a state or an action, the duration of which is being measured.

Examples:

"How long were you in Israel?" — כמה זמן הייתם בארץ?

"We were in Israel (for) two years." — היינו בארץ שנתיים.

"How long will you be in the city?" — כמה זמן תהיו בעיר?

"We'll only be there (for) two hours." — נהיה בעיר רק שעתיים.

The question is directed at the duration of the state being described by the verb היה , and the answer gives that duration.

(2) The question "For how long" לכמה זמן? is asked about a projected or anticipated duration.

Examples:

"For how long are you going to Israel?" (How long will you be there) — לכמה זמן אתה נוסע לישראל?

"I am going for two years." — אני נוסע לשנתיים.

"For how long are you going out?" (How long will you be out) — לכמה זמן אתם יוצאים?

"We'll be out for an hour or two." — אנחנו יוצאים לשעה, שעתיים.

The question is not directed at the duration of time travelling to Israel, but at the projected duration of the stay there.

In Hebrew, the preposition -ל precedes the word כמה in the question, and the quantity of time in the answer:

לכמה זמן? ----> לשנתיים.

Note the contrast between the two expressions:

1. <u>כמה זמן</u> ישבתם במסעדה?

<u>ישבנו</u> במסעדה <u>שלוש שעות</u>.

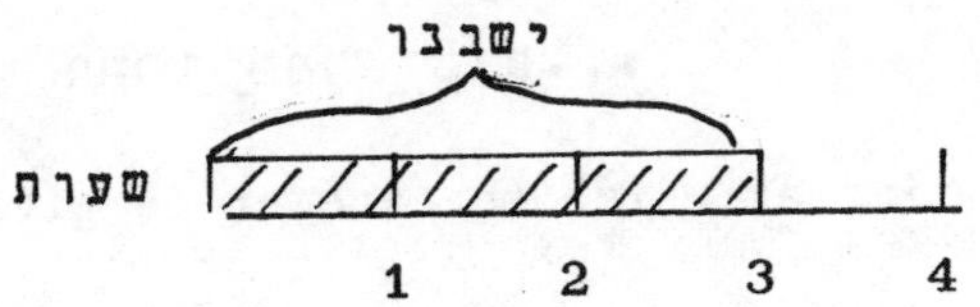

2. <u>לכמה זמן</u> נכנסתם למסעדה?

<u>נכנסנו</u> למסעדה <u>לשלוש שעות</u>.

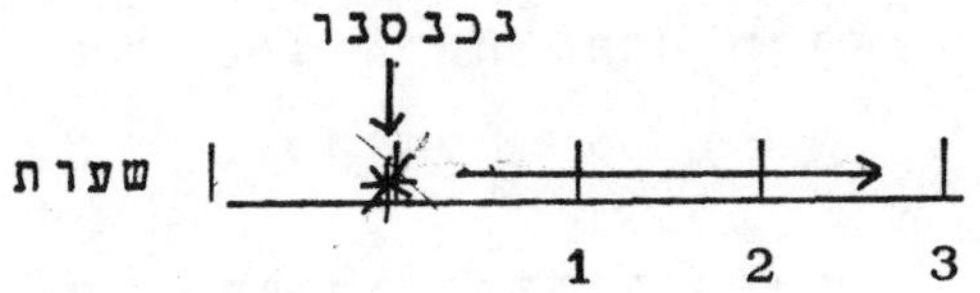

א. נכנסנו.

ב. נשב שם שלוש שעות.

In the second example, the verb נכנסנו describes a one time action, but the anticipated stay is three hours.

(3) <u>Specific time inquiries</u>: The general time inquiry is כמה זמן? "How long?" A specific time inquiry refers to a specific amount of time and the question includes one of the time units:

How many minutes?	כמה דקות?
How many hours?	כמה שעות?
How many days?	כמה ימים?
How many weeks?	כמה שבועות?
How many months?	כמה חודשים?
How many years?	כמה שנים?

(4) The prepositions לפני "before" and אחרי "after" can be added to specific as well as general time inquiries.

Observe:

<u>General</u>: "How long ago...?" <u>לפני</u> כמה זמן?

"How long after...?" <u>אחרי</u> כמה זמן?

<u>Specific</u>: "How many minutes ago..?" — לפני כמה דקות...?

"After how many days...?" — אחרי כמה ימים...?

The point of reference in the answer is the time at which the answer is given.

Example:

Q: "How long ago were you in the library?" — ש: לפני כמה שעות היית בספריה?

A: "I was in the library <u>two hours</u> ago." — ת: הייתי בספריה <u>לפני שעתיים</u>.

The answer לפני שעתיים "two hours ago" refers to the previous two hours from the perspective of the speaker.

3.b.1. <u>Exercise</u> — <u>תרגיל</u>

Answer the following questions using various time units:

Example: — דוגמא:

ש: כמה זמן הייתם בצרפת?

ת: היינו שם <u>שנתיים</u>.

1. כמה זמן תהיו בארץ?
2. כמה שנים אתם גרים כאן?
3. כמה חודשים למדתם בחיפה?
4. כמה שעות הייתם בספריה?
5. לכמה זמן אתם נוסעים לירושלים?
6. לכמה שבועות הם באו לבקר?
7. לכמה שעות הם יוצאים הערב?
8. לכמה ימים אתם יוצאים לטיול?
9. לכמה זמן אתה רוצה את הספר?

3.b.2. Exercise — תרגיל

Form questions to the following answers:

Ex.: אני ישבתי במשרד שלוש שעות. — כמה זמן את ישבת במשרד? :דוגמא

1. הם נשארו בעיר שבועיים. ________
2. הם נמצאים כאן הרבה זמן. ________
3. אלמד עברית שעתיים ביום. ________
4. הוא עובד בממשלה עשר שנים. ________
5. נסענו לגליל לשלושה ימים. ________
6. באתי לחיפה רק לשבוע. ________
7. נכנסתי רק לכמה דקות. ________
8. תן לי את הספר לשעתיים. ________
9. ריבה יוצאת העירה לארבע שעות. ________
10. היינו באנגליה חמישה שבועות. ________

3.b.3. Exercise — תרגיל

Answer the following questions according to the example:

Example: דוגמא: 1. לפני כמה זמן גמרתם את העבודה? שעה

ת: גמרנו את העבודה לפני שעה.

2. לפני כמה שעות אכלתם? שלוש שעות

____

3. אחרי כמה שנים יוסי נסע הביתה? ארבע שנים

____

4. לפני כמה זמן הגעתם לחיפה? 40 דקות

____

5. אחרי כמה שנים היא סיימה את הלימודים? שלוש שנים

____

6. אחרי כמה זמן הלכתם למסיבה? שעתיים

____

7. לפני כמה שנים היתה המלחמה? חמש שנים

____

8. אחרי כמה ימים הגעתם לנמל? שלושים ושניים

____

9. לפני כמה שבועות ביקרתם במוזיאון? שבועיים

____

10. אחרי כמה חודשים חזרתם לעבודה? חודש

____

3.b.4. Exercise תרגיל

A. Translate the following sentences:

1. We sat and talked (for) two hours.
2. They studied in New York (for) six years.
3. I slept (for) eight hours.
4. He will work here only (for) one month.
5. They have been living next to my parents (for) ten years.
6. We came for a day, but we stayed (for) two days.
7. They left town for two weeks.
8. The clerks went out for an hour.
9. He returned to town for a week.

10. Rina will travel to Jerusalem for ten days to visit old friends.

B. Translate the following dialogue:

- How long were the guests at David's?
- They were at David's place (for) two weeks.
- For how long did they come?
- They came for a week.
- When did they go home?
- They went home yesterday.
- How long do you think that it is good to visit friends?
- I think that a week is enough. After a week the guests are not guests, they are family members.
- It is good to visit for a short time, not for a long time.

3.c. **Time Expressions: Questions and Answers**

(1) The question מתי "when?" can be answered with either a word or a phrase, each referring to a specific time. The following are time phrases which refer to states or events in the present and in the past.

WHEN? מתי?		
In the Past - בֶּעָבָר		Now - עַכְשָׁיו
yesterday אֶתְמוֹל day before yesterday שִׁלְשׁוֹם		today הַיּוֹם
yesterday morning אתמול בַּבּוֹקֶר אתמול בָּעֶרֶב אתמול בַּצַּהֳרִים אתמול לפני הצהריים אתמול אחרי הצהריים אתמול בַּלַּיְלָה		this morning הַבּוֹקֶר הָעֶרֶב היום בצהריים היום לפני הצהריים היום אחרי הצהריים הַלַּיְלָה

last week		this week	
	בַּשָּׁבוּעַ שֶׁעָבַר		הַשָּׁבוּעַ
	בַּחוֹדֶשׁ שֶׁעָבַר		הַחוֹדֶשׁ
	בַּשָּׁנָה שֶׁעָבְרָה		הַשָּׁנָה

(2) The question מתי "when?" can also be answered with a full sentence which refers to time, i.e. <u>time clause</u> משפט זמן . Time clauses are introduced by the following subordinating conjunctions:

when... + time clause	כְּשֶׁ.../כַּאֲשֶׁר...
before... + time clause	לִפְנֵי שֶׁ...
after... + time clause	אַחֲרֵי שֶׁ...

Examples:

"When I came to the university I did not know many people."	כשבאתי לאוניברסיטה לא הכרתי הרבה אנשים.
"Before I came to the university I did not know many people."	לפני שבאתי לאוניברסיטה לא הכרתי הרבה אנשים.
"After I came to the university I I did not know many people."	אחרי שבאתי לאוניברסיטה לא הכרתי הרבה אנשים.

The answer to the question:

"When did you not know many people?" — <u>מתי</u> לא הכרת הרבה אנשים?

is:

"<u>When</u> I came to the university."	<u>כשבאתי</u> לאוניברסיטה.
"<u>Before</u> I came to the university."	<u>לפני שבאתי</u> לאוניברסיטה.
"<u>After</u> I came to the university."	<u>אחרי שבאתי</u> לאוניברסיטה.

The answer is thus divided into:

<u>Main Clause</u>: <u>משפט עיקרי</u>: לא הכרתי הרבה אנשים

Time Clause: משפט זמן: כשבאתי לאוניברסיטה

לפני שבאתי לאוניברסיטה

אחרי שבאתי לאוניברסיטה

Time, then, can be indicated by a word, a phrase, or a time clause.

1. Time Phrase:

"Last year I did not know many people."	בשנה שעברה לא הכרתי הרבה אנשים.
When? Last year.	מתי? בשנה שעברה.

2. Time Clause:

"When I came to the university I did not know many people."	כשבאתי לאוניברסיטה לא הכרתי הרבה אנשים.
When? When I came to the university.	מתי? כשבאתי לאוניברסיטה.

Note: The question word מתי , as well as the subordinating conjunction ..כש/ ..כַּאֲשֶׁר , are translated in English by the word "when." This word, however, has two distinct meanings for which Hebrew assigns two distinct words:

1. when? = at what time? מתי?

2. when = at the time that... כש.../כאשר...

"When?" מתי is a question word, and "when".כש./כאשר. is a relative pronoun used to introduce a time clause.

3.c.1. Exercise תרגיל

Complete the following sentences: השלם את המשפטים הבאים:

1. מתי היו ההורים אצל ריבה?

last week בשבוע שעבר הם היו אצל ריבה

last month בחודש שעבר ________

last year בשנה שעברה ________

2. מתי ריבה ביקרה אצל ההורים שלה?

yesterday אתמול ________ ... היא ביקרה אצל ההורים

last night בלילה שעבר ________

day before yesterday שלשום ________

3. מתי ראית את הרופא?

yesterday at noon אתמול בצהריים ________ .... ראיתי את הרופא

this morning הבוקר ________

this week השבוע ________

4. מתי הייתם בתיאטרון?

last evening בערב שעבר ________ .... היינו בתיאטרון

yesterday afternoon אתמול אחרי הצהריים ________

last year בשנה שעברה ________

5. מתי חזרתם מארצות הברית?

yesterday morning אתמול בבוקר ________ ..... חזרנו מארצות הברית

last week בשבוע שעבר ________

last month בחודש שעבר ________

6. מתי אתם יוצאים לטיול?

today היום ________ ..... אנחנו יוצאים לטיול

today before noon היום לפני הצהריים ________

tonight הלילה ________

3.c.2. Exercise — תרגיל

Form the questions and answers according to the given example:

Example: — דוגמא:

1. שמענו חדשות. הגענו הביתה.

א. מתי שמעתם חדשות?

ב. שמענו חדשות כשהגענו הביתה.

ג. שמענו חדשות לפני שהגענו הביתה.

ד. שמענו חדשות אחרי שהגענו הביתה.

2. היא היתה בצבא. היא סיימה את הלימודים.

א. ______

ב. ______

ג. ______

ד. ______

3. אורי קיבל את הספר. הוא הלך הביתה.

א. ______

ב. ______

ג. ______

ד. ______

4. החברים שלך ביקרו אותך. הם נסעו לטיול.

א. ______

ב. ______

ג. ______

ד. ______

5. ארי עזר להורים שלו.   הוא סיים את הלימודים.

א. ______

ב. ______

ג. ______

ד. ______

6. פתחנו את הדלת.   נכנסנו הביתה.

א. ______

ב. ______

ג. ______

ד. ______

7. קניתי כרטיסים לקולנוע.   הלכתי לעבודה.

א. ______

ב. ______

ג. ______

ד. ______

8. הם הלכו למסעדה.   היא באה למשרד שלהם.

א. ______

ב. ______

ג. ______

ד. ______

9. דוד למד צרפתית.   הוא נסע לצרפת.

א. ______

ב. ______

ג. ______________________________

ד. ______________________________

10. אכלנו ארוחת בוקר.   האורחים שלנו קמו.

א. ______________________________

ב. ______________________________

ג. ______________________________

ד. ______________________________

3.c.3. <u>Exercise</u> <u>תרגיל</u>

Review the following dialogues: מתי?   לפני ש... / אחרי ש...

א. – מתי חזרתם הביתה?

– לפני שלושה ימים.

– מה עשיתם לפני שחזרתם?

– ביקרנו בניו יורק.

– איפה הייתם לפני שנסעתם לניו יורק?

– לפני שנסענו לניו יורק ביקרנו בוושינגטון.

– ראיתם את בנייני הממשלה בוושינגטון?

– כן.

– מתי?

– אחרי שהיינו במוזיאונים ובגלריות.

ב. – מה עשית בשבוע שעבר?

– למדתי לבחינות.

– מתי למדת לבחינות?

- לפני שנסעתי לאילת.

- מתי נסעת לאילת?

- אחרי שלמדתי לבחינות.

- מה עשית אחרי שחזרת מאילת?

- אחרי שחזרתי מאילת, שוב למדתי.

- מתי הבחינות?

- היום!

3.c.4. Exercise — תרגיל

Read the following sentences and then follow the instructions below:

1. נסעתי לתל אביב.
2. הגעתי לתל אביב.
3. הלכתי לדירה של רותי.
4. אכלנו ארוחת ערב.
5. הלכנו לטייל ברחוב.
6. נכנסנו לבית קפה.
7. פגשנו את אמא של צבי.
8. דיברנו עם אמא של צבי.
9. יצאנו מבית הקפה.
10. קיבנו כרטיסים לסרט.
11. נכנסנו לקולנוע.
12. ראינו את הסרט.
13. חזרנו לבית הקפה.
14. שתינו כוס קפה.
15. הלכנו לתחנת האוטובוסים.
16. נפרדתי מרותי.
17. נסעתי הביתה.

(1) Link the above sentences with: ...אחרי ש

Example: נסעתי לתל אביב.

1. אחרי שהגעתי לתל אביב הלכתי לדירה של רותי.
2. אחרי שאכלנו ארוחת ערב ....

(2) Starting with the last sentence, link the sentences with: ...לפני ש

3.d. Time Sequence — מתי? קודם! / מתי? אחר כך!

The following expressions are used to present consecutive actions:

first...	קודם...
afterwards/then...	אַחַר כָּךְ...

Examples:

1. מה עשיתם אתמול?	"What did you do yesterday?"
קודם הלכנו לים, ואחר כך נסענו לבקר חברים.	"First we went to the beach, and then we went to visit friends."
2. מה תעשו קודם – תגמרו את הלימודים או תסעו לטיול?	"What will you do first - finish school or go on a trip?"
קודם נגמור את הלימודים, ואחר כך ניסע לטייל.	"First we'll finish school, and afterwards we'll go on a trip."
3. מה אתם עושים בדרך כלל – קודם עובדים ואחר כך לומדים או קודם לומדים ואחר כך עובדים?	"What do you do generally - first work and then study, or first study and then work."

3.d.1. Exercise — תרגיל

Review the following dialogues: — מתי? אחר כך!

א. אמא: רובית, מתי הלכת למסיבה אתמול בערב?

רובית: הלכתי בשמונה.

אמא: ומה עשית אחר כך?

רובית: אחר כך הלכתי לבית קפה עם אלי.

אמא: ואחר כך?

רובית: אחר כך שתיתי קפה.

ב. – מוטי, מתי תבוא לבקר אותנו?

– אחר כך.

– אחרי מה?

– אחרי שאבוא.

– מתי תברח?

– אחר כך.

– אחרי מה?

– אחרי שאקנה אוכל.

– מתי תקנה אוכל?

– אחרי שאגמור לדבר איתך.

3.d.2. Exercise

תרגיל

A. Translate the following sentences:

תרגם לעברית:

1. First I read the paper, and afterwards I eat breakfast.

קודם קראתי את העיתון, ואחר־כך אכלתי ארוחת בוקר.

2. First we went to the oriental market, and then we went to the Crusaders' fort.

קודם נסענו לשוק מזרחי, ואחר־כך נסענו למצודת הצלבנים.

3. First we stayed in the dormitories, and then we lived in an apartment.

קודם גרנו/ישבנו במעונות, ואחר־כך גרנו בדירה.

4. First we studied Hebrew, and then we went on a trip to Israel.

קודם למדנו עברית, ואחר־כך נסענו לטיול בישראל.

5. First Ron came home, and then he went to visit his friends.

קודם רון בא הביתה, ואחר־כך נסע לבקר את החברים שלו.

B. Translate the following dialogue:

- Ruth, what did you do in the morning? Did you go to work or did you go to school?

רות, מה את עשית בבוקר? האם את הלכת לעבודה או הלכת לבית־ספר?

- First I went to school, and then I went to work.

קודם הלכתי לבית־ספר, ואחר־כך הלכתי לעבודה.

- What did you do at noon? Did you go to buy clothes or did you eat lunch?

מה את עשית בצהריים? האם את הלכת לקנות בגדים או את אכלת ארוחת צהריים?

- First I bought new clothes, and then I ate lunch.

- What did you do after you returned home from work? Did you read the paper
  or did you listen to the news on the radio?

- First I read the paper, and then I listened to the news.

- What did you do in the evening? Did you rest or did you go out walking?

- First I went out walking, and then I rested.

- What did you do at night? Did you see a movie on television, or did you read
  a book?

- I went to sleep!

3.e. Ordinal Numbers

(1) Ordinal numbers designate the place (as first, second, third etc.) occupied

by an item in an ordered sequence. Their function in a phrase is similar to that

of adjectives, i.e. they modify nouns. Regularly, they are used to modify sin-

gular nouns.

Examples:

"the first house"   הבית הראשון

"the second student"   התלמידה השניה

"the third building"   הבנין השלישי

There is some limited use of ordinal numbers in the plural:

"the first houses"   הבתים הראשונים

"the last students"   התלמידות האחרונות

Note that since ordinal numbers function like adjectives, they agree in gender

and number with the nouns they modify.

Phrases containing ordinal numbers may be definite or indefinite. Note the following examples:

"a second car" מכונית שניה

"the second car" המכונית השניה

When the phrase is definite, the definite article precedes both the noun and the ordinal number.

In Hebrew, the form of the ordinal numbers 1-10 is different from that of the cardinal numbers. Note the following table:

Ordinal Number	Fem. - נקבה	Masc. - זכר
first - 1st	רִאשׁוֹנָה	רִאשׁוֹן
second - 2nd	שְׁנִיָּה	שֵׁנִי
third - 3rd	שְׁלִישִׁית	שְׁלִישִׁי
fourth - 4th	רְבִיעִית	רְבִיעִי
fifth - 5th	חֲמִישִׁית	חֲמִישִׁי
sixth - 6th	שִׁשִּׁית	שִׁשִּׁי
seventh- 7th	שְׁבִיעִית	שְׁבִיעִי
eighth - 8th	שְׁמִינִית	שְׁמִינִי
ninth - 9th	תְּשִׁיעִית	תְּשִׁיעִי
tenth - 10th	עֲשִׂירִית	עֲשִׂירִי

first	רִאשׁוֹנוֹת	רִאשׁוֹנִים	רִאשׁוֹנָה	רִאשׁוֹן
last	אַחֲרוֹנוֹת	אַחֲרוֹנִים	אַחֲרוֹנָה	אַחֲרוֹן

Ordinal numbers <u>above 10</u> have the same form as do the cardinal numbers.
Their order in the phrase, however, is different and follows that of noun +
adjective.

Examples:

"the <u>fifteenth</u> story"   הסיפור החמישה עשר

"the <u>eighteenth</u> student"   הסטודנט השמונה עשר

"the <u>thirteenth</u> girl"   הבחורה השלוש עשרה

Note the difference between phrases with ordinal numbers and phrases with cardi-
nal numbers:

1. Phrase with <u>ordinal</u> numbers:

"the <u>eleventh</u> year"   השנה האחת עשרה

"the <u>twelfth</u> book"   הספר השנים עשר

2. Phrase with <u>cardinal</u> numbers:

"<u>eleven</u> years"   אחת עשרה שנים

"<u>twelve</u> books"   שנים עשר ספרים

While cardinal numbers precede the noun in the phrase, ordinal numbers follow it.
At the same time, the <u>ordinal numbers tell us the order</u> in which the item appears,
while the <u>cardinal numbers count</u> the number of items present.

(2) <u>The Days of the Week</u>   ימי השבוע

In the United States, Monday is considered as the first day of the week. In
Israel, however, Sunday is always the first day of the week, as it is indeed ref-
lected in its name:

Sunday - "The First Day"   יום ראשון

471

The Israeli weekend סוֹפְשָׁבוּעַ is Friday afternoon through Saturday, rather than Saturday and Sunday as it is in the United States.

Days	יְמֵי הַשָּׁבוּעַ	
Sunday	יוֹם רִאשׁוֹן	יום א'
Monday	יוֹם שֵׁנִי	יום ב'
Tuesday	יוֹם שְׁלִישִׁי	יום ג'
Wednesday	יוֹם רְבִיעִי	יום ד'
Thursday	יוֹם חֲמִישִׁי	יום ה'
Friday	יוֹם שִׁשִּׁי	יום ו'
Saturday	שַׁבָּת	

Note that the days of the week use ordinal numbers, but they do not contain the definite article. The addition of the definite article changes the meaning of the phrase:

Sunday	1. יום ראשון
the first day	היום הראשון
Monday	2. יום שני
the second day	היום השני

The definite article is not added to the day of the week in order to specify a certain Monday, or Tuesday, or Wednesday, etc.

Example:

"We meet on the last Tuesday of the month." — אנחנו נפגשים ביום שלישי האחרון בחודש.

Months of the Year (Hebrew Calendar) חודשי השנה (לוח עברי)

תִּשְׁרֵי	נִיסָן
חֶשְׁוָן	אִיָּיר
כִּסְלֵו	סִיוָן
טֵבֵת	תַּמּוּז
שְׁבָט	אָב
אֲדָר (א׳;ב׳)	אֱלוּל

3.e.1. Transformation Drill תרגיל

Change the phrase containing the cardinal number to a phrase with an ordinal number:

Example: דוגמא: שלושה עשר ימים ------> היום השלושה עשר

1. עשר אחיות ----------------->
2. חמישה אחים ----------------->
3. עשרים ואחת שנים ----------------->
4. עשרה חברים ----------------->
5. שלושה סרטים ----------------->
6. שמונה רופאים ----------------->
7. חמש נשים ----------------->
8. שני אוטובוסים ----------------->
9. אוטובוס אחד ----------------->
10. ארבע רכבות ----------------->
11. שבעה ימים ----------------->
12. תשע מכוניות ----------------->
13. ששה עשר מלונות ----------------->
14. שמונה עשרה ספות ----------------->

3.e.2. Exercise — תרגיל

Translate the following sentences: — תרגם לעברית:

1. On the first day of the semester there were twenty students.

2. On the second day there were five students.

3. In the eighth week of the semester, there were two students, and at the end of the semester there was one student.

4. We live in the seventh house from the corner.

5. Sunday is the first day of the semester.

6. The sixth sentence is not difficult.

7. We arrived in Haifa on Tuesday on the fourth of July.

8. Henry the Eighth had many wives.

4. Additional Texts — 4. קטעי קריאה

נפוליון בארץ ישראל - 1799 (לפי ז. וילנאי)

לנפוליון היו חלומות רבים. נפוליון רצה להקים אימפריה צרפתית במזרח הקרוב. בשנת 1798 הוא כבש את מצריים. אחרי שכבש את מצריים, הוא יצא עם צבאו לארץ ישראל דרך סיני. הצבא התקדם בדרך הים. הצבא הצרפתי כבש את אֶל-עָרִיש, ואחרי שכבש את אל-עריש בא גם לעַזָּה. מעזה התקדם הצבא לרַמְלֶה, ואחרי כיבוש רמלה פנה ליָפוֹ וכבש אותה אחרי קרב קשה. מרמלה הלך הצבא צפונה, דרך השרון לעכו. עכו היתה בירת האימפריה התורכית בארץ ישראל.

נפוליון לא הצליח לכבוש את עכו. אחרי מצור ארוך וקרבות קשים, חזר הצבא הצרפתי למצריים. אחרי זמן מה, יצאו הצבאות הצרפתיים גם ממצריים. זה היה הסוף של מסע נפוליון למזרח הקרוב. הוא לא הצליח

לבנות אימפריה צרפתית במזרח הקרוב.

<u>שאלות תוכן</u>:

1. מה היו החלומות של נפוליון?

2. מתי כבש נפוליון את מצריים?

3. לאן הוא יצא אחרי כיבוש מצריים?

4. באיזו דרך התקדם הצבא הצרפתי?

5. אלו ערים הם כבשו בדרך הים?

6. מה היתה עיר הבירה של האימפריה התורכית בארץ ישראל?

7. האם נפוליון הצליח לכבוש את עכו?

8. האם הוא הצליח לבנות אימפריה במזרח הקרוב?

(לפי זאב וילנאי,
אטלס תשכ"ח, ירושלים.1968)

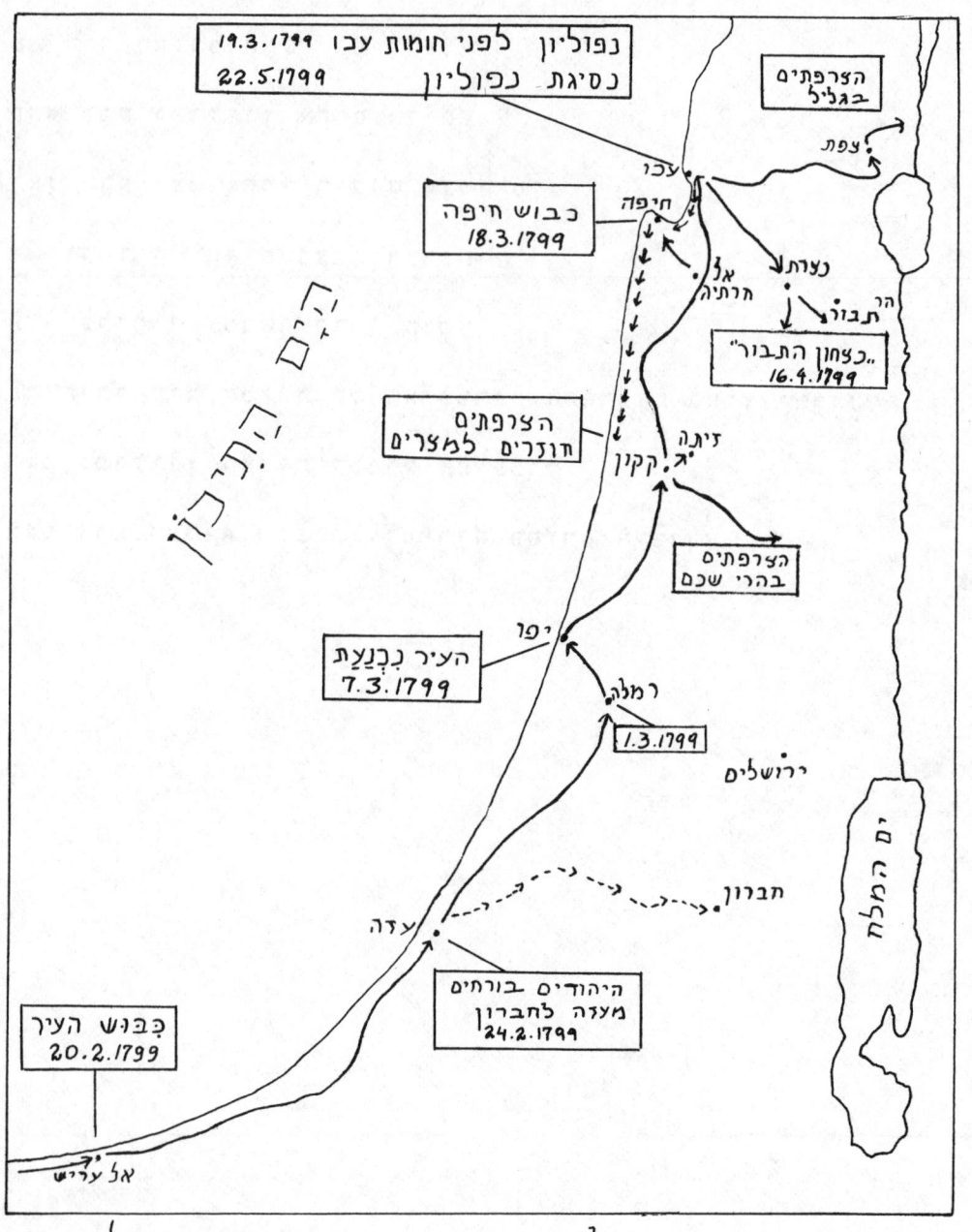

נפוליון לפני חומות עכו 19.3.1799
נסיגת נפוליון 22.5.1799
הצרפתים בגליל
צפת
עכו
חיפה
כבוש חיפה 18.3.1799
נצרת
הר תבור
"נצחון התבור" 16.4.1799
הצרפתים חוזרים למצרים
זיתה
קקון
הצרפתים בהרי שכם
יפו
העיר נכנעת 7.3.1799
רמלה
1.3.1799
ירושלים
ים המלח
הים התיכון
חברון
עזה
היהודים בורחים מעזה לחברון 24.2.1799
כבוש העיר 20.2.1799
אל עריש

מסע נפוליון בארץ ישראל

שיעור חזרה מספר 4

(שיעורים 13-16)

REVIEW LESSON NO. 4

1. תרגיל התאמה — **Substitution Exercise**

Review the verb "to be" in past and future tense (Lesson 14):

חגי היה מדריך בתנועת נוער.

שולה ______. יוסי ודבי ______.

אבי ______. אתם ______.

אנחנו ______. את ______.

אתה ______. שניהם ______.

מחר אהיה עסוק מאוד.

אתה ______. אנחנו ______.

שמואל ______. גם אתם ______.

מרים ______. הן ______.

הילדים ______. מי ______?

2. תרגיל המרה — **Transformation Exercise**

Change the following sentences to negative and to future tense:

יש לי זמן. --> אין לי זמן. --> יהיה לי זמן. --> לא יהיה לי זמן.

1. יש לדוד חברים

2. יש לחנה ספרים טובים.

3. יש להם הרבה עבודה.
4. יש לכם דירות יפות.
5. יש לדינה אחות.
6. יש להן תקליטים חדשים.
7. יש לנו מכונית חדשה.
8. יש לך מורים טובים.
9. חנה, יש לך סבלנות?
10. יש לי אפשרות לטייל בעולם.

3. תרגיל המרה — Transformation Exercise

שנה מעבר לעתיד: — Change from past to future tense:

1. רצתי למועדון הסטודנטים ---------->
2. דינה יצאה עם יעקב במוצאי שבת -->
3. אסתר וירום קנו מכונית חדשה ------>
4. דני שתה בקבוק יין במסיבה -------->
5. הוא קנה כרטיס למחזה החדש -------->
6. שרה כתבה מכתב להורים שלה -------->
7. קראת את הספר החדש --------------->
8. גמרתם את העבודה ונחתם ----------->
9. שמעתם את הרעש ופתחתם את הדלת ---->
10. שמעון קרא את העיתון בבוקר ------->
11. האם למדתם את השיעור? ------------>
12. מה מצאתם בחנות? ----------------->
13. לא היה לי הרבה כסף -------------->
14. לא היתה לאמא של צבי סבלנות ------>
15. לא היתה לצבי רשות לצאת מהבית ---->
16. לא היה לי חשק ללמוד ------------->
17. לא היו לנו מדריכים טובים במחנה -->

Exercise 4. **תרגיל**

Answer the following questions: ענה על השאלות הבאות:

1. לכמה זמן תצא לחופש? (שבועיים)

2. לכמה זמן יצאת לחופש? (חודשיים)

3. כמה זמן הייתם במזרח הקרוב? (שנתיים)

4. לכמה זמן נסעתם לטיול? (שבוע)

5. כמה זמן למדתם באוניברסיטה? (שנה)

6. כמה זמן אתם מתכוננים להיות בנמל? (שעה)

7. יעקוב, לכמה ימים באת לביקור? (שלושה ימים)

8. דליה, לכמה ימים תבואי לביקור? (חמישה ימים)

9. כמה זמן דוד ישב בספריה? (שעתיים)

10. כמה זמן הן ישבו פה? (שעה)

Review of Cardinal and Ordinal Numbers 5. חזרה על מספרים

Completion Exercise תרגיל השלמה

Remember: Masculine and feminine sets differ! Definite and indefinite numerical phrases differ!

1. להברי ______ (8th) היו ______ (6) בשים.

2. דליה נולדה בשנת ______ (1962).

3. דליה היא לא הבת ______ (1st) של משפחת כץ, היא הבת ______ (4th).

4. ב ______ (6) ימים בשבוע אנחנו עובדים ולומדים, וביום ______ (7th)

אנחנו נחים.

5. תן לי את ________ (18) הספרים שקנית בחנות הספרים החדשה.

6. רציתי לקנות ________ (15) כרטיסים להצגה, אבל נשארו רק ________ (2)

כרטיסים, לכן לקחתי את ________ (2) הכרטיסים.

7. יוסי גר בבית ________ (3rd) מהפינה.

8. מ________ (18) המתנדבים מארגנטינה נשארו רק ________ (13).

________ (11) המתנדבים שעזבו את הקיבוץ הלכו ללמוד באוניברסיטה.

9. ב________ (7) בבוקר רות הלכה לעבודה, ב________ (3) היא עזבה את

המשרד והלכה לקניות, וב________ (8) בערב היא חזרה הביתה.

10. כתבנו ________ (30) משפטים. ________ (17) המשפטים ________ (1st) היו

לא רעים, אבל ________ (13) המשפטים ________ (last) ....

11. ב________ (15) באוגוסט ________ (1970) יצאנו עם ________ (3) חברים לטיול.

12. ל________ (2) החברים שלנו אין מכונית, אבל יש להם הזדמנות לנסוע

לטיול ל________ (5) שבועות.

13. האיש ה________ (1st) שנכנס למשרד הוא ידיד שלנו, את ה________ (2nd)

אנחנו גם מכירים, אבל אין לנו מושג מי האיש ה________ (3rd) שבא.

14. יוסי הוא רק בן ________ (18). יום ההולדת שלו הוא ב ________ (4/12).

15. דליה נולדה בשנת ________ (1954). היא בת ________.

16. ביקרנו ב ________ (3) ערים גדולות בישראל.

Translation Exercise — תרגיל תרגום

Translate to Hebrew: — תרגם לעברית:

1. I have one book which I read three times.
2. Eilat was built in 1952.
3. We bought seven new books in the bookstore.
4. Five new students (f.) came today to class.
5. My house is the fourth house from the corner.
6. There are twelve girls and twelve boys in the room.
7. He wrote six (term) papers during the semester.
8. Go seven blocks, and then you will reach the post office.
9. Fourteen good cars were sold today.
10. The ticket costs two dollars and fifty cents.
11. There are five chairs, one table, two beds and three pictures in my apartment.
12. There are thirteen apartments in this building.
13. I was in Europe for three weeks.
14. Ten thousand people visited the museum this month.
15. The United States is two hundred years old.

Translation Exercise — תרגיל תרגום

Translate to Hebrew: — תרגם לעברית:

1. Fifteen glasses of cold milk.
2. Twelve big wine bottles.
3. Four hot lunches.
4. Nine fresh apples.
5. Seventeen new government members.
6. One hundred old kibbutz members (f.).
7. Six slices of dark bread.
8. Three old airports.
9. Eighteen short lessons.
10. Thirty-three glasses of cold water.
11. Five long movies.
12. Seventy-five interesting professions.

6. Review of Prepositions — חזרה על מילות יחס

Fill in the appropriate prepositions (with or without pronouns):

השלם את החסר ב: אצל, ב- , ל-, את, של, עם, מ-(מן):

1. נשארתי ____ בית שלושה ימים.
2. לא פגשנו ____ אורי, אבל שמענו שיש ____ בית יפה.
3. מר כהן כתב ספר ____ מר לוי. הם אנשים מעניינים והספר מעניין.
4. הגענו ____ שדה התעופה ____ שמונה בבוקר.
5. ריבה יצאה ____ החנות והלכה ____ בנק.
6. אורי יבוא ____ מסיבה ____ מרים. הוא תמיד בא ____ כל המסיבות.

7. הילדים ישבו ____ השטיח ודיברו ____ החברים שלהם.

8. הבית ____ דליה נמצא קרוב ____בית ____ יונתן.

9. יונתן, ראינו ____, אבל לא דיברנו ____.

10. משה, מה ראית ____ניו יורק? ראיתי ____ המוזיאונים והייתי ____הרבה הצגות ____ חברים.

11. רצינו ללון ____מלון, אבל לא היה ____ כסף, אז ישנו ____ מרים.

12. יונתן מצא ספר ____ספריה.

13. אנחנו מרוצים מאוד ____העבודה שלנו.

14. המנהל נסע ____ שלושה פקידים מהמשרד. הוא נסע ____, כי הוא אוהב לנסוע ביחד ____ אנשים.

15. ____ מי אתם נמצאים? ____ הקרובים שלכם או ____ חברים?

7. <u>חזרה על פעלים</u> **Review of Verbs**

Review the verbs in הפעיל on pages 515-16.

<u>תרגיל נטיה</u> **Conjugation Exercise**

הטה את הפעלים הבאים בזמן בינוני: Conjugate in present tense:

להחליט	to decide
להזמין	to invite (people); order (goods)
להאמין ל...	to believe (someone)
ב...	(in)
ש...	(that)

The verb להאמין has a חטף פתח under the א . The חטף vowel is present in the entire הפעיל conjugation.

After conjugating the above verbs do the following exercises:

Completion Exercise

תרגיל השלמה

Fill in the correct verb form of the verbs: להאמין, להזמין, להחליט

1. רותי ________ ארוחת ערב טובה במסעדה.
2. דן לא ________ את מי להזמין לארוחת צהריים. אשתו ________ את מי להזמין.
3. האם אתה לא ________ שאנחנו חדשים כאן?
4. הם ________ לנו שאנחנו לא יכולים לבוא כי אנחנו לומדים.
5. אורי ________ ללמוד, ואורי לומד.
6. בדרך כלל אנחנו ________ אורחים בשבת.
7. הילדות ________ מתי לקום בבוקר. אנחנו לא ________.
8. המלצר לא ________ שיש לך כסף והוא לא רוצה לתת לך לאכול.
9. ריבה ________ סלט ירקות, דגי ________ עוגת גבינה, ואנחנו ________ פירות ומשקאות.
10. פתי ________ לכל דבר!

Translation Exercise

תרגיל תרגום

Translate to Hebrew:

תרגם לעברית:

1. I have a chance to sit and dream.
2. Rina slept late and did not eat breakfast.
3. We do not rest at noon. We get up early, go to work early and come home in the evening.
4. Shimon dreamt that he got up late and did not go to work.
5. My brother returned to his house after the trip and slept till (עד) noon (צהריים).

6. Ruth works a lot, but she also rests a lot.

7. We sat and talked till late.

8. Ron sat and ate, and talked to us. He did not eat and run.

9. We came, we ate and we ran.

10. I sat and heard the lecture, but Danni sat and slept and did not hear the lecture.

11. We plan to stay overnight at a hotel.

12. I am preparing for the course -- I am reading many books.

Vocabulary Review   חזרה על אוצר המילים

Translation Exercise   תרגיל תרגום

Words not found in the lessons can be found in the English-Hebrew glossary at the end of the book.

1. When will you finish your studies? I will finish my studies in December.

2. I was a member of the youth movement six years ago.

3. Last month we saw Danni on the way back from Jerusalem.

4. When we were children we went to the beach every day.

5. Last year we were in the United States. We were there for three months.

6. When did you arrive in the airport? An hour or two (ago).

7. Last year Dan finished his studies and found work in the office of a lawyer.

8. When will you get up? I'll get up at 6:00.

9. He tells us many stories about his many trips.

10. On the first day of our vacation we will get up very late.

11. We hope to see you because we only seldom have a chance to talk to you.

12. He phoned and said to us that we can visit him Saturday night.

13. They plan to stay overnight at our place on the way back from Haifa.

14. Daniel does not want to order food in restaurants, because he decided never to eat in restaurants.

15. Rina cannot help us, because she often works at night.

16. Many students want to earn money in the summer, but not all of them had an opportunity to work last year.

17. The waitresses plan to meet at noon and talk about the situation at work.

18. We have no idea why you can never stay home in the evening -- and why you always have to go to the library.

19. David plans to unite the employees and to talk with them about the problems in city hall.

20. Rina and Dan always have many excuses and they always like to tell long stories.

Situation

You are a waiter/waitress in a restaurant. A tourist comes in and sits down, waiting to order a meal.

1. Go over, greet him and give him the menu.

2. He asks for a drink. Tell him that there are no alcoholic drinks at the restaurant. Ask him if he'd like a soft drink or juice.

3. He wants to know what you have for a first course. Tell him that you have soup, salad and fish.

4. He wants to know what you have for a main course. Tell him that there is meat, chicken, rice and vegetables.

<u>Additional Activity</u>.

Unscramble the following words and form sentences which include each of these words.

________ .1	1. גפלציאיה
________ .2	2. יצ
________ .3	3. אצב
________ .4	4. החזמ
________ .5	5. ארתיך
________ .6	6. יהעיר
________ .7	7. דרמיך
________ .8	8. השקמ
________ .9	9. שרודא
________ .10	10. שרלמש
________ .11	11. מתיד
________ .12	12. איתנ
________ .13	13. בהה
________ .14	14. כאי
________ .15	15. הקפ

The Sound System of Modern Hebrew

a. Consonantal Phonemes (sound units which contrast).

The consonantal phonemes are classified according to points of articulation, manner of articulation, and voicing. The points of articulation indicate where a closure or a decisive narrowing occurs as air is expelled in the production of certain sounds. The manner of articulation describes the type of closure or friction. Voicing refers to the vibration or lack of vibration of the vocal chords during the utterance of a sound. The following diagram will give account of the Hebrew consonantal phonemes in terms of four general areas where the specific sounds are articulated: the labial area (bilabial and labiodental), the dental-palatal area (dental, alveolar and alveopalatal), and the back-palatal area (velar, pharyngeal and uvular), as well as the glottal area (vocal chords).

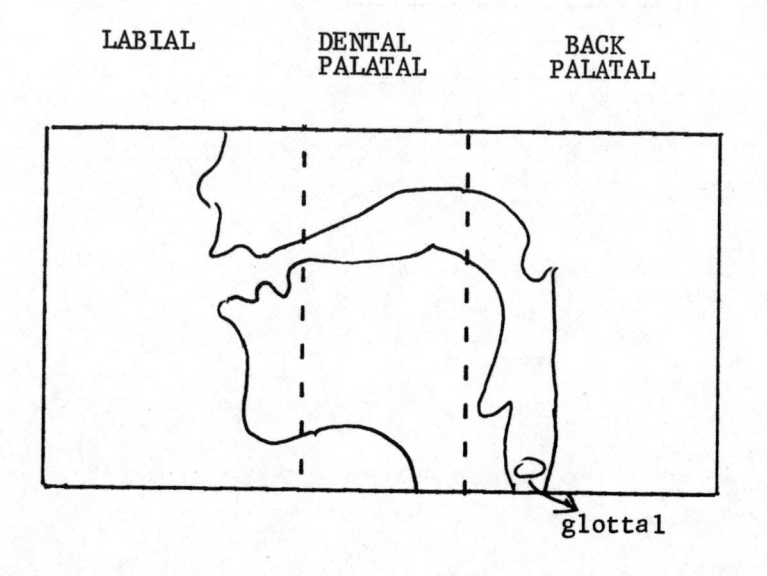

When manner of articulation is discussed, the folowing terms are impor-
tant for understanding the way in which the sounds are produced: stops,
fricatives, affricates, nasals, liquids and semivowels. Stops are produced
when there is a complete closure of air passage. The sounds /b/ /d/ and /g/
are produced in such a manner at different articulation points. These sounds
are produced with a vibration of the vocal chords and are thus labeled as
voiced (vd.) stops. The sounds /p/ /t/ and /k/ are produced in points of
articulation corresponding to the ones above, with a complete closure of air
passage, but without voicing (without a vibration of the vocal chords).
Thus they are labeled voiceless (vl.) stops. Fricatives are consonants
produced with friction at various points obstructing air passage. There are
voiceless fricatives in Modern Hebrew: /f/ /s/ /š/ and /x/, as well as voiced
fricatives: /v/ /z/ /j/ and /ž/. The affricates are combined sounds, which
are composed of a stop followed by a fricative. Thus the sound /c/ begins
with the stop /t/ and is followed by the fricative /s/ to produce the combined
sound /ts/. Other affricates are the sounds /č/ as in Charley, and /ĵ/ as
in George. Nasal sounds are produced when the oral passage is completely
blocked and air escapes through the nose. The sounds /m/ and /n/ are nasal
phonemes. The consonant /l/ is a liquid sound which is realized by touching
the tip of the tongue to the palate directly behind the teeth. The phoneme
/r/ is either pronounced as a uvular trill or as a front postdental trill.
The phonemes realized by closure or friction in the glottal area are /'/ and
/h/. The phoneme /'/ is a stop, while /h/ is a voiceless fricative. The sound
/y/ is the only semivowel in Modern Hebrew (unlike Biblical Hebrew which

489

included /w/ as well).

Table of Hebrew Phonemes

Manner of articulation	Points of articulation			
	LABIAL	DENTAL-PALATAL	BACK-PALATAL	GLOTTAL
STOPS				
vl	/p/	/t/	/k/	/'/
vd	/b/	/d/	/g/	
FRICATIVES				
vl	/f/	/s/ /š/	/x/	/h/
vd	/v/	/z/ /ž/	/r/	
AFFRICATES				
vl		/c/ /č/		
vd		/j/		
NASALS				
	/m/	/n/		
LIQUIDS		/l/		
SEMIVOWELS		/y/		

b. Vowel Phonemes.

The vowels are all voiced and are articulated in an open position, without any closure or frictions. They are classified in three important ways: the position of the tongue when the vowels are articulated, the distance of the lower jaw from the palate, and the shape of the lips. The terms used to indicate the direction in which the tongue is raised during articulation are: front, central and back. The lower jaw position is indicated as high, medial or low. The aperture formed by the lips is either rounded or unrounded.

490

In Modern Hebrew there are eleven simple vowel signs and three additional compound vowel signs. There are, however, only seven vowel phonemes, of which five are primary: /i/ /e/ /a/ /o/ /u/. The other two are /ay/ and /ə/ which serve as allophones.

Table of Hebrew Vowel Phonemes

	FRONT	CENTRAL	BACK
HIGH	/i/		/u/
MEDIAL	/e/		
LOW		/a/	/o/

The two back vowels are pronounced with rounded lips, while the front and central vowels are pronounced with unrounded lips.

c. Use of diacritical marks

In addition to the vowel points, there are two types of pointings which occur within letters in fully vocalized texts: דגש חזק, דגש קל, מפיק Each indicates a different phonological, morphophonemic or morphological occurrence. Their shape is identical. It consists of a dot inserted in a letter.

The דגש חזק historically meant the gemination or doubling of certain consonants. Today it is still written in voweled texts and basically reflects both historical facts as well as existing morphological patterns, which include such gemination. However, the consonant containing the דגש חזק is not doubled. Certain consonants can never be doubled: א. ה. ח. ע. ר.

The דגש קל occurs in six letters: ב.ג.ד.כ.פ.ת. Historically the presence of the דגש קל in these letters altered their pronunciation. Those including a דגש קל were pronounced as stops, while those which did not include it were pronounced as fricatives. In Modern Hebrew today this differentiation is only valid for three of the consonants. The fricative allophones of the other three consonants were lost.

Historical contrast				loss of contrast in Modern Hebrew		
/g/	גּ	/gh/	ג	/g/	גּ	ג
/d/	דּ	/dh/	ד	/d/	דּ	ד
/t/	תּ	/th/	ת	/t/	תּ	ת

Remaining contrast in Modern Hebrew			
/b/	בּ	/v/	ב
/k/	כּ	/x/	כ;ך
/p/	פּ	/f/	פ;ף

Some rules can be given for the choice of allophones for ב כ פ

1. If the word pattern, be it verb or noun, includes gemination, then the consonants ב כ פ will always be pronounced /b/ /k/ and /p/: מְסַפֵּר סִפּוּר

2. In word initial position or following an unvoweled consonant, the /b/ /p/ and /k/ allophones are used: בֶּגֶד, מִדְבָּר, מֶרְכָּבָה, כֶּרֶם, מִסְפָּר, פֶּרַח

3. Following a vowel, when gemination is not part of the pattern of the word, the fricative allophones are used: סֵפֶר, עֶבֶד, מֶלֶךְ, שֵׁבֶט

4. When any of the letters ב כ פ is the second consonant of a consonant cluster, they will always be of the fricative variety: סְפָרִים, בְּכוֹר, שְׁבִיתָה

5. When they appear as the second consonant in a closed syllable following a vowel, the fricative is used: מִכְרוֹת, סַבְלָנוּת, סַפְרָן

The מפיק has the same shape as the דגש , but it can only be inserted in the letter הּ . The מפיק usually serves a morphological function to indicate a third person feminine possessive pronoun suffix, such as in סִפְרָהּ "her book". It can also be found in words which end in a ה with a vowel, like in גָּבוֹהַּ . In the past a מפיק indicated that the final ה should be aspirated at the end of the word, but this is no longer observed.

d. Some rules of vocalization.

1. The Definite Article.

The definite article consists of the letter ה which is prefixed to nouns or adjectives. It is, with some exceptions, vocalized with a פתח . The consonant following the definite article is geminated, unless it consists of the following letters: א.ה.ח.ע.ר.

Examples: הַסֵּפֶר, הַיֶּלֶד, הַגָּלִיל, הַיּוֹם, הַלַּיְלָה

When the word begins with any of the following letters א ע ר the vowel of the definite article changes. In all cases, with the exception of unaccented ע , the vowel of the definite article is a קמץ . The same is true if the word begins with an accented ה .

Examples:	accented ה and ע	initial א ע ר
	הָעָב הָהָר	הָעֶרֶב הָאֹכֶל הָרוּחַ

Before unaccented ה ח ע the definite article is vocalized with a סגול

Examples: הֶחָתוּל הֶעָצוּב הֶהָרִים הֶחָכָם הֶעָרִים הֶהָרוּס

In spoken standard Modern Hebrew the vocalization of the definite article is in most cases /ha-/, regardless of the vocalization rules which apply to pointed texts.

<u>2. The Prepositions ל and ב .</u>

(i) When the preposition ב "in, at" and ל "to, for" precede an indefinite noun, they are usually vocalized with a שוא .

Examples:	"in a room"	בְּחֶדֶר
	"to a room"	לְחֶדֶר

(ii) If the word starts with a consonantal cluster the prepositions ב and ל are vocalized with a חיריק .

Examples:	"in writing"	בִּכְתָב
	"to a student"	לִסְטוּדֶנְט

(iii) If the prepositions are added to words which begin with the letters ב כ פ , the fricative allophones are used.

Examples:	"in writing"	בִּכְתָב	כְּתָב
	"to a clerk"	לִפְקִיד	פָּקִיד
	"in a house"	לְבַיִת	בַּיִת

(iv) Before compound vowels, the prepositions' vowels will be influenced by the vowel following it and will take on a similar vowel.

Examples:	"in a ship"	בָּאֳנִיָּה

This rule is rarely observed in speech.

(v) When these prepositions are followed by a noun with definite article, the ה of the definite article is omitted, and the vowel of the definite article is transferred to the prepositions (see rules for vocalizing the article)

Examples: "in the house" בַּבַּיִת

"to the mountains" לֶהָרִים

"in the streets" בָּרְחוֹבוֹת

3. The Conjunction ו.

The conjunction ו is usually vocalized with a שוא, with the following exceptions:

(i) Before the letters ב.ו.מ.פ. שוא become a שורוק.

Examples: "home and family" בַּיִת וּמִשְׁפָּחָה

"plot and house" מִגְרָשׁ וּבַיִת

"garden and orchard" גַּן וּפַרְדֵּס

(ii) Before the initial letter י which has the vowel שוא, the conjunction vowel is חיריק

Examples: "adults and children" מבוגרים וִילָדִים

"Tel Aviv and Jerusalem" תל אביב וִירוּשָׁלַיִם

(iii) Before any of the combined vowels, the vowel of the ו takes on the sound of the vowel following it.

Examples: "hopes and dreams" תקוות וַחֲלוֹמוֹת

"Be strong and of good courage" חזק וֶאֱמָץ

"plane and ship" מָטוֹס וָאֳנִיָּה

(iv) In certain idiomatic expression which usually involve pairs of nouns, the vowel of the conjunction is קמץ.

Examples: "day and night" יוֹמָם וָלַיְלָה

"house and garden" בַּיִת וָגַן

HEBREW-ENGLISH GLOSSARY

אוצר מילים

Vocabulary entries: All Hebrew vocabulary items appear in the glossary without vowels.

1. Nouns:

   a. Nouns usually appear in the singular form, with gender notations in parentheses. The plural form follows.

   Example: month   חודש (ז) חודשים

   b. +animate: nouns are entered in masculine singular and are followed by the feminine singular.

   Example: physician   רופא – רופאה

2. Adjectives: masculine singular form is presented followed by feminine singular form.

   Example: large   גדול – גדולה

3. Verbs: The third person masculine singular form of the past tense is presented followed by the feminine singular form.

   Example: study   למד – למדה

4. Adverbs and Particles:

   Adverbs and particles appear in the form in which they occur in the text.

   Example: at times   לעתים
                often   לעתים קרובות
                often   לעתים תכופות
                seldom   לעתים רחוקות

father	אב(ז) אבות
Dad	אבא(ז)
but	אבל
nut	אגוז(ז) אגוזים
pear	אגס(ז) אגסים
Mr., sir	אדון(ז) אדונים
sir!	אדוני!
love	אהב-אהבה
or	או
August	אוגוסט
bus	אוטובוס(ז) אוטובוסים
enemy	אויב(ז) אויבים
perhaps	אולי
food	אוכל(ז)
miserable, unhappy	אומלל-אומללה
university	אוניברסיטה(נ) אוניברסיטות
Australia	אוסטרליה(נ)
opera	אופרה(נ) אופרות
October	אוקטובר(ז)
rice	אורז(ז)
guest	אורח-אורחת
then	אז
since then	מאז
brother	אח(ז) אחים
one	אחד-אחת
several, some	אחדים-אחדות
sister	אחות(נ) אחיות
afterwards	אחר-כך
after	אחרי
responsibility	אחריות(נ)
which	איזה
region	איזור(ז) איזורים
unite	איחד-איחדה
Italy	איטליה(נ)

Italian (person)	איטלקי-איטלקיה
Italian (language)	איטלקית(נ)
how	איך
there is not/there are not	אין
intimate	אינטימי-אינטימית
where	איפה
Europe	אירופה (נ)
man, person	איש(ז) אנשים
eat	אכל-אכלה
no! (imperative)	אַל
to, toward	אֶל
these	אלה/אלו
thousand	אלף(ז) אלפים
mother	אם(נ) אמהות
Mom	אמא(נ)
say	אמר-אמרה
America	אמריקה(נ)
American	אמריקאי/אמריקני-אמריקאית/אמריקנית
England	אנגליה(נ)
English (person)	אנגלי-אנגליה
English (language)	אנגלית(נ)
we	אנחנו(ז.ר.+נ.ר.)
I	אני (ז+נ)
strategic	אסטרטגי-אסטרטגית
Asia	אסיה(נ)
never	אף פעם לא
April	אפריל (ז)
Africa	אפריקה (נ)
peach	אפרסק(ז) אפרסקים
possibility	אפשרות (נ) אפשרויות
it is possible	אפשר
at (person)'s	אצל
meal	ארוחה (נ) ארוחות
long	ארוך-ארוכה
country, land	ארץ (נ) ארצות
woman; wife	אשה (נ) נשים

grapefruit	אשכולית (נ) אשכוליות
direct object particle	אֶת
you (feminine singular)	אַתְּ(נ)
you (masculine singular)	אתה(ז)
you (masculine plural)	אתם(ז.ר.)
you (feminine plural)	אתן(נ.ר.)
yesterday	אתמול (ז)
in, at...	ב..
come	בא-באה
please	בבקשה
clothing	בגד(ז) בגדים
joke	בדיחה(נ) בדיחות
exactly	בדיוק
usually	בדרך כלל
morning	בוקר(ז) בקרים
inexpensively	בזול
young person	בחור-בחורה
examination,test	בחינה(נ) בחינות
sure	בטוח-בטוחה
surely	בטח
securely	לבטח
Biology	ביולוגיה (נ)
expensively	ביוקר
visit	ביקור (ז) ביקורים
capital city	בִּירה (נ) בִּירות
beer	בירָה (נ) בירוֹת
cook	בישל-בישלה
house	בית(ז) בתים
hospital	בית חולים
factory	בית חרושת
synagogue	בית כנסת
school	בית ספר
coffeehouse, cafe	בית קפה
without	בלי
during	במשך

son	בן(ז) בנים
how old?	בן כמה?-בת כמה?
build, erect	בנה-בנתה
building	בנין(ז) בנינים
bank	בנק(ז) בנקים
all right	בסדר
problem	בעיה(נ) בעיות
husband	בעל (ז) בעלים
onion	בצל(ז) בצלים
welcome	ברוך הבא-ברוכה הבאה
meat	בשׂר(ז)
daughter	בת(נ) בנות
cheese	גבינה(נ) גבינות
Ms.	גברת(נ) גברות
large, big	גדול-גדולה
gallery	גלריה(נ) גלריות
also, too	גם
finish, complete	גמר-גמרה
garden, park	גן(ז) גנים
grape vine	גפן(נ) גפנים
live, reside	גר-גרה
Germany	גרמניה(נ)
German (language)	גרמנית(נ)
worry	דאגה(נ) דאגות
matter, thing	דבר(ז) דברים
honey	דבש(ז)
fish	דג(ז) דגים
mail	דואר(ז)
speak, talk	דיבר-דיברה
apartment	דירה(נ) דירות
fuel	דלק(ז)
December	דצמבר(ז)
minute	דקה(נ) דקות
Dr.	ד"ר (דוקטור)
Druze	דרוזי-דרוזית
manners; way of the land	דרך ארץ

500

lawn, grass	דשא(ז) דשאים
the	ה-
question word	האם
believe	האמין-האמינה
tell, say	(ל)הגיד
arrive	הגיע-הגיעה
he	הוא(ז)
parents	הורים(ז.ר.)
opportunity	הזדמנות(נ) הזדמנויות
invite; order (place an order)	הזמין-הזמינה
decide	החליט-החליטה
she	היא(נ)
was	היה-היתה
where?	היכן
everything, all	הכל
acquaintance (getting acquainted)	הכרות(נ)
recognize, know	הכיר-הכירה
they (masculine)	הם(ז.ר.)
continue	המשיך-המשיכה
they (feminine)	הן(נ.ר.)
(to) here	הֵנָּה
behold!	הִנֵּה
history	הסטוריה(נ)
intermission, interval	הפסקה(נ) הפסקות
show	הצגה(נ) הצגות
success	הצלחה(נ) הצלחות
erect, build	הקים-הקימה
mountain	הר(ז) הרים
many, much	הרבה
earn	הרויח-הרויחה
adventure	הרפתקה(נ) הרפתקות
argue, discuss	התוכח-התוכחה
begin	התחיל-התחילה
plan; get ready	התכונן-התכוננה
get dressed	התלבש-התלבשה
wash up	התרחץ-התרחצה

and	ו...
veteran, old-timer	ותיק-ותיקה
this (feminine)	זאת(נ)
this (masculine)	זה(ז)
it depends	זה תלוי
olive	זית(ז) זיתים
masculine	זכר(ז)
time	זמן(ז) זמנים
some time	זמן מה
old (person)	זָקֵן-זקנה
omelette	חביתה(נ) חביתות
friend	חבר-חֲבֵרָה
social circle; society; business firm	חֶבְרָה(נ) חברות
room	חדר(ז) חדרים
new	חדש-חדשה
news	חדשות(נ.ר.)
month	חודש (ז) חודשים
two months	חודשיים (ז.ר.)
widsom	חוכמה(נ) חוכמות
abroad	חוץ לארץ (חו"ל)
seashore	חוף ים (ז) חופי ים
strong	חזק-חזקה
return	חזר-חזרה
strengthen	חיזק-חיזקה
life	חיים(ז.ר.)
wait	חיכה-חיכתה
divide	חילק-חילקה
milk	חלב(ז)
warm, hot	חם-חמה
butter	חמאה(נ)
sour	חמוץ-חמוצה
store	חנות(נ) חנויות
midnight	חצות(נ)
half	חצי(ז) חצאים
eggplant	חציל (ז) חצילים
mustard	חרדל(ז)

sharp (taste)	חריף-חריפה
bill, account	חשבון(ז) חשבונות
important	חשוב-חשובה
urge, desire	חשק(ז)
piece	חתיכה(נ) חתיכות
good	טוב-טובה
trip , excursion	טיול(ז) טיולים
to take a trip; go for a walk; hike	טייל-טיילה
technical institute	טכניון(ז)
phone	טלפן-טלפנה
tasty	טעים-טעימה
taste	טעם(ז)
friend, acquaintance	ידיד-ידידה
know	ידע-ידעה
July	יולי(ז)
day	יום(ז) ימים
Sunday	יום ראשון
Monday	יום שני
Tuesday	יום שלישי
Wednesday	יום רביעי
Thursday	יום חמישי
Friday	יום ששי
birthday	יום הולדת(ז)
diary	יומן(ז) יומנים
June	יוני(ז)
advisor	יועץ-יועצת
extraordinary, unusual	יוצא מן הכלל-יוצאת מן הכלל
more	יותר
wine	יין(ז) יינות
can	יכול-יכולה
boy	ילד(ז) ילדים
girl	ילדה(נ) ילדות
sea	ים(ז) ימים
24 hours day	יממה(נ) יממות
January	ינואר(ז)

pretty, beautiful	יפֶה-יפָה
Japan	יפן(נ)
Japanese (language)	יפנית(נ)
exit, go out	יצא-יצאה
sit	ישב-ישבה
sleep	יָשַׁן-יָשְׁנָה
old (object)	יָשָׁן-יְשָׁנָה
Israel	ישראל(נ)
Israeli	ישראלי-ישראלית
such (plural)	כאלה
here	כאן
when	כאשר
road	כביש(ז) כבישים
loaf; (city) square	כיכר(נ) כיכרות
Chemistry	כימיה(נ)
class, classroom	כיתה(נ) כיתות
thus, so	כך
several, some	כמה
how much? how many?	כמה?
church	כנסיה(נ) כנסיות
money	כסף (ז) כספים
village	כפר (ז) כפרים
cabbage	כרוב(ז) כרובים
cauliflower	כרובית(נ) כרוביות
ticket	כרטיס(ז) כרטיסים
when	כש...
write	כתב-כתבה
to , for	ל..
no, not	לא
(to) where	לאן
bread	לֶחֶם (ז)
fight	לָחַם-לחמה
bread roll	לחמניה(נ) לחמניות
night	לילה(ז) לילות
study (noun)	לימוד(ז) לימודים
teach	לימד-לימדה

lemon	לימון(ז) לימונים
study (verb)	למד-למדה
why	למה
spend the night	לן-לנה
at times	לעתים
often	לעתים קרובות
often	לעתים תכופות
seldom	לעתים רחוקות
before	לפני
sometimes	לפעמים
dessert	לפתן(ז) לפתנים
hundred; century	מאה(נ) מאות
very	מאוד
late	מאוחר
happy	מאושר-מאושרת
May	מאי(ז)
from where	מאין
from where	מאיפה
article	מאמר (ז) מאמרים
quiz, test	מבחן(ז) מבחנים
understands	מבין-מבינה
speaks	מדבר-מדברת
why	מדוע
guide, leader	מדריך-מדריכה
what	מה
you don't say!	מה אתה שח!-מה את שחה!
enjoyable	מהנה-מהנה
museum	מוזיאון(ז) מוזיאונים
music	מוסיקה(נ)
club	מועדון(ז) מועדונים
like	מוצא חן בעיני-מוצאת חן בעיני
early	מוקדם
teacher	מורה-מורה
idea, concept	מושג(ז)
luck, fortune	מזל(ז) מזלות
kitchen	מטבח(ז) מטבחים

who	מי
right away	מיד
bed	מיטה(נ) מיטות
water	מים(ז.ר.)
juice	מיץ(ז) מיצים
apricot	מישמיש(ז)
car	מכונית(נ) מכוניות
letter	מכתב(ז) מכתבים
full	מלא-מלאה
kingdom , reign	מלוכה(נ) מלוכות
hotel	מלון(ז) מלונות
king-queen	מֶלֶך-מַלְכָּה
rule, reign	מָלַך-מָלְכָה
kingdom, kingship	מלכות(נ) מלכויות
waiter	מלצר-מלצרית
state, kingdom, realm	ממלכה(נ) ממלכות
government	ממשלה(נ) ממשלות
from	מן/מ..
portion, course	מנה(נ) מנות
party	מסיבה(נ) מסיבות
mosque	מסגד(ז) מסגדים
enough	מספיק
journey, travel	מסע(ז) מסעות
interested	מעוניין-מעוניינת
little, few	מעט
interesting	מעניין-מעניינת
encounter	מפגש(ז) מפגשים
find	מצא-מצאה
situation, condition	מצב(ז) מצבים
seige	מצור(ז)
Egypt	מצריים(נ)
place	מקום(ז) מקומות
occupation	מקצוע(ז) מקצועות
Mr.	מר(ז)
bitter	מר-מרה
satisfied	מרוצֶה-מרוצָה

soup	מרק(ז) מרקים
boring	משעמם-משעממת
family	משפחה(נ) משפחות
drink	משקה(ז) משקאות
office	משרד(ז) משרדים
sweet	מתוק-מתוקה
when?	מתי
Mathematics	מתמטיקה(נ)
mathematician	מתמטיקאי-מתמטיקאית
good looking	נאה-נאה
marvellous	נהדר-נהדרת
November	נובמבר(ז)
nice	נחמד-נחמדה
satisfaction, joy	נחת(נ)
enter	נכנס-נכנסה
port	נמל(ז) נמלים
fishermen port	נמל דייגים
airport	נמל תעופה
is found	נמצא-נמצאת
travel	נסע-נסעה
pleasant	נעים-נעימה
meet	נפגש-נפגשה
part from	נפרד-נפרדה
feminine	נקבה(נ)
sausage	נקניק(ז)
hot dog	נקניקיה(נ)
remain.	נשאר-נשארה
around	סביב
surrounding, neighbourhood	סביבה(נ) סביבות
patience	סבלנות(נ)
secret	סוד(ז) סודות
sugar	סוכר(ז)
end	סוף(ז)
weekend	סופשבוע(ז)
Sociology	סוציולוגיה(נ)
student	סטודנט-סטודנטית

termination, end	סיום(ז) סיומים
end, complete	סיים-סיימה
China	סין(נ)
Chinese (language)	סינית(נ)
tale, story	סיפור(ז) סיפורים
salad	סלט(ז) סלטים
sofa	ספה(נ) ספות
September	ספטמבר(ז)
sport	ספורט(ז)
athlete	ספורטאי-ספורטאית
counting	ספירה(נ) ספירות
the Common Era	הספירה הכללית
book	ספר(ז) ספרים
Spain	ספרד(נ)
Spanish(language)	ספרדית(נ)
library	ספריה(נ) ספריות
film; ribbon	סרט(ז) סרטים
work (verb)	עבד-עבדה
work (noun)	עבודה(נ) עבודות
pass; pass by	עבר-עברה
Hebrew	עברית(נ)
tomato	עגבניה(נ) עגבניות
cart	עגלה(נ) עגלות
until, up to	עד
world	עולם(ז) עולמות
cake	עוגה(נ) עוגות
immigrant	עולה-עולה
chicken , poultry	עוף (ז) עופות
lawyer	עורך-דין - עורכת-דין
tired	עייף-עייפה
eye	עַיִן(נ) עֵיניים
city	עיר(נ) ערים
municipality	עיריה(נ) עיריות
newspaper	עיתון(ז) עיתונים
now	עכשיו
on, about	על

next to	על יד
cost	עלה-עלתה
with	עִם
grapes	ענבים(ז.ר.)
matter	עניין(ז) עניינים
busy	עסוק-עסוקה
tree	עץ(ז) עצים
potted plant	עציץ(ז) עציצים
evening	ערב(ז) ערבים
do, make	עשׂה-עשׂתה
future	עתיד(ז)
February	פברואר(ז)
meet, encounter	פגש-פגשה
philosopher	פילוסוף-פילוסופית
Philosophy	פילוסופיה(נ)
corner	פינה(נ) פינות
psychologist	פסיכולוג-פסיכולוגית
Psychology	פסיכולוגיה(נ)
activity	פעילות(נ) פעילויות
one time	פעם(נ) פעמים
twice	פעמיים
clerk	פקיד-פקידה
slice	פרוסה(נ) פרוסות
professor	פרופסור-פרופסורית
flower	פרח(ז) פרחים
fruit	פרי(ז) פירות
simple	פשוט-פשוטה
open	פתח-פתחה
army	צבא(ז) צבאות
noon	צהריים
before noon	לפני הצהריים
afternoon	אחרי הצהריים
navy	צי(ז)
mark, grade	ציון(ז) ציונים
raisin	צימוק(ז) צימוקים
thirsty	צמא-צמאה

couple	צמד(ז)
vegetarian	צמחוני-צמחונית
young	צעיר-צעירה
France	צרפת(נ)
French(language)	צרפתית
first of all	קודם
moviehouse	קולנוע(ז)
concert	קונצרט(ז) קונצרטים
cashier	קופאי-קופאית
cash register, box office	קופה(נ) קופות
receive	קיבל-קיבלה
wall	קיר(ז) קירות
easy, light	קל-קלה
flour	קמח(ז)
buy	קנה-קנתה
coffee	קפה(ז)
cafeteria	קפטריה(נ) קפטריות
a little bit	קצת
cold	קר-קרה
read	קרא-קראה
battle	קרב(ז) קרבות
close, near	קרוב-קרובה
close to	קרוב ל...
difficult, hard	קשֶה-קשָה
tie, connection	קשר(ז) קשרים
see	ראה-ראתה
interview	ראיון(ז) ראיונות
first	ראשון-ראשונה
fight, quarrel	רָב-רָבָה
many	רַבִּים-רבות
quarter	רבע(ז) רבעים
moment	רגע(ז) רגעים
radio	רדיו(ז)
Rumania	רומניה(נ)
Russia	רוסיה(נ)
physician	רופא-רופאה

distant, far	רחוק-רחוקה
far from	רחוק מ..
jam	ריבה(נ) ריבות
smell	ריח(ז) ריחות
train	רכבת(נ) רכבות
gossip	רכילות(נ)
hungry	רעב-רעבה
noise	רעש(ז)
run	רץ-רצה
want	רצה-רצתה
serious	רציני-רצינית
floor	רצפה(נ) רצפות
permission	רשות(נ)
that...	ש...
the rest of	שאר
satiated, full	שָׂבֵעַ-שבעה
week	שבוע(ז) שבועות
two weeks	שבועיים
tribe	שבט(ז) שבטים
Sabbath	שבת(נ)
table	שולחן(ז) שולחנות
nothing	שום דבר לא...
market	שוק(ז) שוקים
plum	שזיף(ז) שזיפים
actor, player	שחקן-שחקנית
rug, carpet	שטיח(ז) שטיחים
lesson	שיעור(ז) שיעורים
song, poem	שיר(ז) שירים
neighbor	שכן-שכנה
of	של
peace	שלום(ז)
there	שָׁם
name	שֵׁם(ז) שמות
oil (cooking)	שמן(ז)
cream	שמנת(נ)
hear	שמע-שמעה

year	שנה(נ) שנים
two years	שנתיים
second	שניה(נ) שניות
drink	שתה-שתתה
fig	תאנה(נ) תאנים
date	תאריך(ז) תאריכים
tea	תה(ז)
thanks	תודה(נ) תודות
plan, program	תוכנית(נ) תוכניות
Torah	תורה(נ)
strawberry	תות שדה(ז) תותי שדה
station	תחנה(נ) תחנות
under	תחת
theatre	תיאטרון(ז) תיאטרונים/ות
excuse	תירוץ(ז) תירוצים
pupil	תלמיד-תלמידה
picture	תמונה(נ) תמונות
always	תמיד
condition	תנאי(ז) תנאים
apple	תפוח(ז) תפוחים
potato	תפוח-אדמה (תפו״א)
orange	תפוח-זהב (תפו״ז)
apple	תפוח-עץ
menu	תפריט(ז) תפריטים
hope	תקווה(נ) תקוות
record (music)	תקליט(ז) תקליטים

VERB LIST

שרש	עבר הוא-היא	בינוני יחיד-יחידה	עתיד אני-אתה	ציווי אתה	ש"פ
בנין פָּעַל:					
א.ה.ב.	אָהַב-אָהֲבָה	אוֹהֵב-אוֹהֶבֶת	אֹהַב-תֹּאהַב	אֱהַב	לֶאֱהֹב
א.כ.ל.	אָכַל-אָכְלָה	אוֹכֵל-אוֹכֶלֶת	אֹכַל-תֹּאכַל	אֱכֹל	לֶאֱכֹל
א.מ.ר.	אָמַר-אָמְרָה	אוֹמֵר-אוֹמֶרֶת	אֹמַר-תֹּאמַר	אֱמֹר	לוֹמַר
ב.ו.א.	בָּא-בָּאָה	בָּא-בָּאָה	אָבוֹא-תָּבוֹא	בּוֹא	לָבוֹא
ב.נ.ה.	בָּנָה-בָּנְתָה	בּוֹנֶה-בּוֹנָה	אֶבְנֶה-תִּבְנֶה	בְּנֵה	לִבְנוֹת
ג.ו.ר.	גָּר-גָּרָה	גָּר-גָּרָה	אָגוּר-תָּגוּר	גּוּר	לָגוּר
ג.מ.ר.	גָּמַר-גָּמְרָה	גּוֹמֵר-גּוֹמֶרֶת	אֶגְמֹר-תִּגְמֹר	גְּמֹר	לִגְמֹר
ה.י.ה.	הָיָה-הָיְתָה		אֶהְיֶה-תִּהְיֶה	הֱיֵה	לִהְיוֹת
ה.ל.כ.	הָלַךְ-הָלְכָה	הוֹלֵךְ-הוֹלֶכֶת	אֵלֵךְ-תֵּלֵךְ	לֵךְ	לָלֶכֶת
ח.ז.ר.	חָזַר-חָזְרָה	חוֹזֵר-חוֹזֶרֶת	אֶחְזֹר-תַּחֲזֹר	חֲזֹר	לַחֲזֹר
י.ד.ע.	יָדַע-יָדְעָה	יוֹדֵעַ-יוֹדַעַת	אֵדַע-תֵּדַע	דַּע	לָדַעַת
י.צ.א.	יָצָא-יָצְאָה	יוֹצֵא-יוֹצֵאת	אֵצֵא-תֵּצֵא	צֵא	לָצֵאת
י.ש.ב.	יָשַׁב-יָשְׁבָה	יוֹשֵׁב-יוֹשֶׁבֶת	אֵשֵׁב-תֵּשֵׁב	שֵׁב	לָשֶׁבֶת
י.ש.נ.	יָשַׁן-יָשְׁנָה	יָשֵׁן-יְשֵׁנָה	אִישַׁן-תִּישַׁן	יְשַׁן	לִישֹׁן
כ.ב.ש.	כָּבַשׁ-כָּבְשָׁה	כּוֹבֵשׁ-כּוֹבֶשֶׁת	אֶכְבֹּשׁ-תִּכְבֹּשׁ	כְּבֹשׁ	לִכְבֹּשׁ
כ.ת.ב.	כָּתַב-כָּתְבָה	כּוֹתֵב-כּוֹתֶבֶת	אֶכְתֹּב-תִּכְתֹּב	כְּתֹב	לִכְתֹּב
ל.ו.נ.	לָן-לָנָה	לָן-לָנָה	אָלוּן-תָּלוּן	לוּן	לָלוּן
ל.ח.מ.	לָחַם-לָחֲמָה	לוֹחֵם-לוֹחֶמֶת	אֶלְחַם-תִּלְחַם	לְחַם	לִלְחֹם
ל.מ.ד.	לָמַד-לָמְדָה	לוֹמֵד-לוֹמֶדֶת	אֶלְמַד-תִּלְמַד	לְמַד	לִלְמֹד
מ.ל.כ.	מָלַךְ-מָלְכָה	מוֹלֵךְ-מוֹלֶכֶת	אֶמְלֹךְ-תִּמְלֹךְ	מְלֹךְ	לִמְלֹךְ

מ.צ.א.	מָצָא-מָצְאָה	מוֹצֵא-מוֹצֵאת	אֶמְצָא-תִּמְצָא	מְצָא	לִמְצֹא
נ.ס.ע.	נָסַע-נָסְעָה	נוֹסֵעַ-נוֹסַעַת	אֶסַּע-תִּסַּע	סַע	לִנְסֹעַ
ע.ב.ד.	עָבַד-עָבְדָה	עוֹבֵד-עוֹבֶדֶת	אֶעֱבֹד-תַּעֲבֹד	עֲבֹד	לַעֲבֹד
ע.ל.ה.	עָלָה-עָלְתָה	עוֹלֶה-עוֹלָה	אֶעֱלֶה-תַּעֲלֶה	עֲלֵה	לַעֲלוֹת
ע.ש.ה.	עָשָׂה-עָשְׂתָה	עוֹשֶׂה-עוֹשָׂה	אֶעֱשֶׂה-תַּעֲשֶׂה	עֲשֵׂה	לַעֲשׂוֹת
פ.ג.ש.	פָּגַשׁ-פָּגְשָׁה	פּוֹגֵשׁ-פּוֹגֶשֶׁת	אֶפְגֹּשׁ-תִּפְגֹּשׁ	פְּגֹשׁ	לִפְגֹּשׁ
פ.ת.ח.	פָּתַח-פָּתְחָה	פּוֹתֵחַ-פּוֹתַחַת	אֶפְתַּח-תִּפְתַּח	פְּתַח	לִפְתֹּחַ
ק.נ.ה.	קָנָה-קָנְתָה	קוֹנֶה-קוֹנָה	אֶקְנֶה-תִּקְנֶה	קְנֵה	לִקְנוֹת
ק.ר.א.	קָרָא-קָרְאָה	קוֹרֵא-קוֹרֵאת	אֶקְרָא-תִּקְרָא	קְרָא	לִקְרֹא
ר.א.ה.	רָאָה-רָאֲתָה	רוֹאֶה-רוֹאָה	אֶרְאֶה-תִּרְאֶה	רְאֵה	לִרְאוֹת
ר.ו.צ.	רָץ-רָצָה	רָץ-רָצָה	אָרוּץ-תָּרוּץ	רוּץ	לָרוּץ
ר.י.ב.	רָב-רָבָה	רָב-רָבָה	אָרִיב-תָּרִיב	רִיב	לָרִיב
ר.צ.ה.	רָצָה-רָצְתָה	רוֹצֶה-רוֹצָה	אֶרְצֶה-תִּרְצֶה	רְצֵה	לִרְצוֹת
ש.מ.ע.	שָׁמַע-שָׁמְעָה	שׁוֹמֵעַ-שׁוֹמַעַת	אֶשְׁמַע-תִּשְׁמַע	שְׁמַע	לִשְׁמֹעַ
ש.ת.ה.	שָׁתָה-שָׁתְתָה	שׁוֹתֶה-שׁוֹתָה	אֶשְׁתֶּה-תִּשְׁתֶּה	שְׁתֵה	לִשְׁתּוֹת

בנין פִּעֵל:

א.ח.ד.	אִחֵד-אִחֲדָה	מְאַחֵד-מְאַחֶדֶת	אֲאַחֵד-תְּאַחֵד	אַחֵד	לְאַחֵד
ב.ק.ר.	בִּקֵּר-בִּקְּרָה	מְבַקֵּר-מְבַקֶּרֶת	אֲבַקֵּר-תְּבַקֵּר	בַּקֵּר	לְבַקֵּר
ב.ש.ל.	בִּשֵּׁל-בִּשְּׁלָה	מְבַשֵּׁל-מְבַשֶּׁלֶת	אֲבַשֵּׁל-תְּבַשֵּׁל	בַּשֵּׁל	לְבַשֵּׁל
ד.ב.ר.	דִּבֵּר-דִּבְּרָה	מְדַבֵּר-מְדַבֶּרֶת	אֲדַבֵּר-תְּדַבֵּר	דַּבֵּר	לְדַבֵּר
ח.ז.ק.	חִזֵּק-חִזְּקָה	מְחַזֵּק-מְחַזֶּקֶת	אֲחַזֵּק-תְּחַזֵּק	חַזֵּק	לְחַזֵּק
ח.ל.ק.	חִלֵּק-חִלְּקָה	מְחַלֵּק-מְחַלֶּקֶת	אֲחַלֵּק-תְּחַלֵּק	חַלֵּק	לְחַלֵּק
ט.י.ל.	טִיֵּל-טִיְּלָה	מְטַיֵּל-מְטַיֶּלֶת	אֲטַיֵּל-תְּטַיֵּל	טַיֵּל	לְטַיֵּל

ל.מ.ד.	לִמֵּד-לִמְּדָה	מְלַמֵּד-מְלַמֶּדֶת	אֲלַמֵּד-תְּלַמֵּד	לַמֵּד	לְלַמֵּד
ס.י.מ.	סִיֵּם-סִיְּמָה	מְסַיֵּם-מְסַיֶּמֶת	אֲסַיֵּם-תְּסַיֵּם	סַיֵּם	לְסַיֵּם
ס.פ.ר.	סִפֵּר-סִפְּרָה	מְסַפֵּר-מְסַפֶּרֶת	אֲסַפֵּר-תְּסַפֵּר	סַפֵּר	לְסַפֵּר
ק.ב.ל.	קִבֵּל-קִבְּלָה	מְקַבֵּל-מְקַבֶּלֶת	אֲקַבֵּל-תְּקַבֵּל	קַבֵּל	לְקַבֵּל

מרובעים:

ט.ל.פ.נ.	טִלְפֵּן-טִלְפְּנָה	מְטַלְפֵּן-מְטַלְפֶּנֶת	אֲטַלְפֵּן-תְּטַלְפֵּן	טַלְפֵּן	לְטַלְפֵּן
ת.ר.ג.מ.	תִּרְגֵּם-תִּרְגְּמָה	מְתַרְגֵּם-מְתַרְגֶּמֶת	אֲתַרְגֵּם-תְּתַרְגֵּם	תַּרְגֵּם	לְתַרְגֵּם

בנין הִתְפַּעֵל:

ר.כ.ח.	הִתְרַכֵּחַ-הִתְרַכְּחָה	מִתְרַכֵּחַ-מִתְרַכַּחַת	אֶתְרַכֵּחַ-תִּתְרַכֵּחַ	הִתְרַכֵּחַ	לְהִתְרַכֵּחַ
כ.נ.נ.	הִתְכּוֹנֵן	מִתְכּוֹנֵן-מִתְכּוֹנֶנֶת	אֶתְכּוֹנֵן	הִתְכּוֹנֵן	לְהִתְכּוֹנֵן
ל.ב.ש.	הִתְלַבֵּשׁ-הִתְלַבְּשָׁה	מִתְלַבֵּשׁ-מִתְלַבֶּשֶׁת	אֶתְלַבֵּשׁ-תִּתְלַבֵּשׁ	הִתְלַבֵּשׁ	לְהִתְלַבֵּשׁ
ר.ח.צ.	הִתְרַחֵץ-הִתְרַחֲצָה	מִתְרַחֵץ-מִתְרַחֶצֶת	אֶתְרַחֵץ-תִּתְרַחֵץ	הִתְרַחֵץ	לְהִתְרַחֵץ

בנין נפעל:

כ.נ.ס.	נִכְנַס-נִכְנְסָה	נִכְנָס-נִכְנֶסֶת	אֶכָּנֵס-תִּכָּנֵס	הִכָּנֵס	לְהִכָּנֵס
מ.צ.א.	נִמְצָא-נִמְצְאָה	נִמְצָא-נִמְצֵאת	אֶמָּצֵא-תִּמָּצֵא	הִמָּצֵא	לְהִמָּצֵא
פ.ג.ש.	נִפְגַּשׁ-נִפְגְּשָׁה	נִפְגָּשׁ-נִפְגֶּשֶׁת	אֶפָּגֵשׁ-תִּפָּגֵשׁ	הִפָּגֵשׁ	לְהִפָּגֵשׁ
פ.ר.ד.	נִפְרַד-נִפְרְדָה	נִפְרָד-נִפְרֶדֶת	אֶפָּרֵד-תִּפָּרֵד	הִפָּרֵד	לְהִפָּרֵד
ש.א.ר.	נִשְׁאַר-נִשְׁאֲרָה	נִשְׁאָר-נִשְׁאֶרֶת	אֶשָּׁאֵר-תִּשָּׁאֵר	הִשָּׁאֵר	לְהִשָּׁאֵר

בנין הפעיל:

א.מ.נ.	הֶאֱמִין-הֶאֱמִינָה	מַאֲמִין-מַאֲמִינָה	אַאֲמִין-תַּאֲמִין	הַאֲמֵן	לְהַאֲמִין
ז.מ.נ.	הִזְמִין-הִזְמִינָה	מַזְמִין-מַזְמִינָה	אַזְמִין-תַּזְמִין	הַזְמֵן	לְהַזְמִין
ח.ל.ט.	הֶחְלִיט-הֶחְלִיטָה	מַחְלִיט-מַחְלִיטָה	אַחְלִיט-תַּחְלִיט	הַחְלֵט	לְהַחְלִיט
מ.ש.כ.	הִמְשִׁיךְ-הִמְשִׁיכָה	מַמְשִׁיךְ-מַמְשִׁיכָה	אַמְשִׁיךְ-תַּמְשִׁיךְ	הַמְשֵׁךְ	לְהַמְשִׁיךְ
נ.ג.ע.	הִגִּיעַ-הִגִּיעָה	מַגִּיעַ-מַגִּיעָה	אַגִּיעַ-תַּגִּיעַ	הַגַּע	לְהַגִּיעַ

נ.כ.ר.	הכיר-הכירה	מכיר-מכירה	אכיר-תכיר	הכר	להכיר
ק.ו.מ.	הקים-הקימה	מקים-מקימה	אקים-תקים	הקם	להקים
ר.ו.ח.	הרויח-הרויחה	מרויח-מרויחה	ארויח-תרויח	הרוח	להרויח
ר.ח.ב.	הרחיב-הרחיבה	מרחיב-מרחיבה	ארחיב-תרחיב	הרחב	להרחיב
ת.ח.ל.	התחיל-התחילה	מתחיל-מתחילה	אתחיל-תתחיל	התחל	להתחיל

PRONOUN SUFFIXES

Singular nouns with pronoun suffixes: שמות ביחיד עם כינורים:

(handwritten: Ask about a 3rd Person — How's She (fem) — He How's (S masc) — S fem (you) — S masc (you) — I)

	She (fem)	He (S masc)	fem (you)	masc (you)	I	
	שְׁלוֹמָהּ	שְׁלוֹמוֹ	שְׁלוֹמֵךְ	שְׁלוֹמְךָ	שְׁלוֹמִי	שָׁלוֹם --

(handwritten: They fem — her. M plural — You all fem — you all m plural — we)

	שְׁלוֹמָן	שְׁלוֹמָם	שְׁלוֹמְכֶן	שְׁלוֹמְכֶם	שְׁלוֹמֵנוּ	
	אָבִיהָ	אָבִיו	אָבִיךְ	אָבִיךָ	אָבִי	אָב --
	אֲבִיהֶן	אֲבִיהֶם	אֲבִיכֶן	אֲבִיכֶם	אֲבִינוּ	

Prepositions with suffixes of singular nouns: מילות יחס עם כינורים כשם יחיד:

(handwritten: to her — to him — to you f sing — to you m sing — to me)
(handwritten margin: for, to: my you he say we they)

	to her	to him	to you f sing	to you m sing	to me	
	לָהּ	לוֹ	לָךְ	לְךָ	לִי	לְ --
	לָהֶן	לָהֶם	לָכֶן	לָכֶם	לָנוּ	
	בָּהּ	בּוֹ	בָּךְ	בְּךָ	בִּי	בְּ --
	בָּהֶן	בָּהֶם	בָּכֶן	בָּכֶם	בָּנוּ	
	שֶׁלָּהּ	שֶׁלּוֹ	שֶׁלָּךְ	שֶׁלְּךָ	שֶׁלִּי	שֶׁל --
	שֶׁלָּהֶן	שֶׁלָּהֶם	שֶׁלָּכֶן	שֶׁלָּכֶם	שֶׁלָּנוּ	
	אוֹתָהּ	אוֹתוֹ	אוֹתָךְ	אוֹתְךָ	אוֹתִי	אֶת --
	אוֹתָן	אוֹתָם	אֶתְכֶן	אֶתְכֶם	אוֹתָנוּ	
	אֶצְלָהּ	אֶצְלוֹ	אֶצְלֵךְ	אֶצְלְךָ	אֶצְלִי	אֵצֶל --
	אֶצְלָן	אֶצְלָם	אֶצְלְכֶן	אֶצְלְכֶם	אֶצְלֵנוּ	
	אִתָּהּ	אִתּוֹ	אִתָּךְ	אִתְּךָ	אִתִּי	עִם --
	אִתָּן	אִתָּם	אִתְּכֶן	אִתְּכֶם	אִתָּנוּ	
	מִמֶּנָּה	מִמֶּנּוּ	מִמֵּךְ	מִמְּךָ	מִמֶּנִּי	מִן(.מ)--
	מֵהֶן	מֵהֶם	מִכֶּן	מִכֶּם	מִמֶּנּוּ	
	(מֵאִתָּן)	(מֵאִתָּם)	(מֵאִתְּכֶן)	(מֵאִתְּכֶם)	(מֵאִתָּנוּ)	
	עַל יָדָהּ	עַל יָדוֹ	עַל יָדֵךְ	עַל יָדְךָ	עַל יָדִי	עַל יַד--
	עַל יָדָן	עַל יָדָם	עַל יְדְכֶן	עַל יָדְכֶם	עַל יָדֵנוּ	

517

Plural nouns with pronoun suffixes: **שמות ברבים עם כינויים:**

הורים--	הורי	הוריך	הוריך	הוריו	הוריה	Parents
	הורינו	הוריכם	הוריכן	הוריהם	הוריהן	
עינים--	עיני	עיניך	עיניך	עיניו	עיניה	eyes
	עינינו	עיניכם	עיניכן	עיניהם	עיניהן	

Prepositions with plural noun suffixes: **מילות יחס עם כינויים כשם רבים:**

אל--	אלי	אליך	אליך	אליו	אליה	to
	אלינו	אליכם	אליכן	אליהם	אליהן	
על--	עלי	עליך	עליך	עליו	עליה	about on
	עלינו	עליכם	עליכן	עליהם	עליהן	
לפני--	לפני	לפניך	לפניך	לפניו	לפניה	before ago
	לפנינו	לפניכם	לפניכן	לפניהם	לפניהן	
אחרי--	אחרי	אחריך	אחריך	אחריו	אחריה	behind after
	אחרינו	אחריכם	אחריכן	אחריהם	אחריהן	
בלי-- בלעדי--	בלעדי	בלעדיך	בלעדיך	בלעדיו	בלעדיה	
	בלעדינו	בלעדיכם	בלעדיכן	בלעדיהם	בלעדיהן	